U0129284

金剛經之中道觀

葉宣模 著

文史哲學集成
文史哲出版社印行

國家圖書館出版品預行編目資料

金剛經之中道觀 / 葉宣模著.-- 初版 -- 臺北
市：文史哲, 民 103.11
頁；公分（文史哲學集成；665）
　　參考書目：頁
　　ISBN 978-986-314-225-6（平裝）

　　1.般若部　2.佛教說法

221.44　　　　　　　　　　　103021605

文史哲學集成　665

金剛經之中道觀

著　　者：葉　　　宣　　　模
出　版　者：文　史　哲　出　版　社
　　　　　　http://www.lapen.com.tw
　　　　　　e-mail:lapen@ms74.hinet.net
登記證字號：行政院新聞局版臺業字五三三七號
發　行　人：彭　　　正　　　雄
發　行　所：文　史　哲　出　版　社
印　刷　者：文　史　哲　出　版　社
　　　　臺北市羅斯福路一段七十二巷四號
　　　　郵政劃撥帳號：一六一八○一七五
　　　　電話886-2-23511028・傳真886-2-23965656

實價新臺幣四六○元

中華民國一○三年（2014）十一月初版

ISBN 978-986-314-225-6　　　00665

自　序

　　《金剛經》是我第一部接觸到的佛典。三十年前，初次請到這部佛經時，內心充滿好奇，徹夜披讀，竟不知天色既白。不過，當時因為自己毫無佛學基礎，無法體會其中經義，只是對於經中的三句論留下深刻印象，卻不知道經中一再出現的「佛陀說 A，即非 A，是名 A。」到底是什麼意思。

　　民國九十三年，我從職場退休，享受了兩年閒雲野鶴的日子。在四處旅遊之際，突然覺得內心空虛，心想似乎不應該如此浪費時光，於是開始研讀封存在書櫃裡也已三十年的《大智度論》。這部論典篇幅多達一百卷，一天讀一卷，全部唸完耗時即達三、四個月，結果一年下來，連同做筆記，總共讀了三遍。問題是，在缺乏良師指導之下，只有自己埋頭苦幹，卻是事倍功半，每天都有撞牆的感覺。為了尋求突破，於是造訪位於宜蘭礁溪林美山上的佛光大學，就讀該校宗教系碩士班。

　　在佛大的短短兩年修學，我幸逢多位阿闍黎，選修了多門企盼已久的課程，包括：釋永東師的「中觀」、「唯識」、「印度佛教史」等三門專題研究；劉國威師的「佛教譯經研究」；游祥洲師的「佛教哲學」；奧村浩基師的「梵文」；索羅寧師的「華嚴思想」。這些課程幫我奠定了紮實的佛學

基礎，構建了爾後深入經藏的能力。尤其永東師更擔任我的論文指導老師，在她的費心教導之下，我才能在兩年之內完成學業，真是惠我良多。

離開佛大之後，我隱居花蓮的鄉下，遨遊墳典之中，從四阿含讀起，並重讀三論，再擴及法華、華嚴等各宗之重要經論。四年下來，深覺收穫豐碩。去年下半年的某日，腦海突然浮現游祥洲師在課堂中所解析的：「一切賢聖皆以無爲法而有差別。」這句《金剛經》中的重要經文，頓時讓我靈感泉湧，旋即決心提筆撰寫一部有關解析《金剛經》經義的書籍。

然而，迎面而來的第一個大問題是，一千六百年來，有關《金剛經》的注疏成千上萬，數量之多，難以估算。不但歷代各宗派高僧大德多有造疏，甚至儒、道、民間宗教人士、學者等，亦踴躍加入注疏行列，因此幾乎一切可以採用的各種不同的宗教或學術理論角度，包括扶乩在內，都已被延用於《金剛經》的注疏中，在這種情況下，經義的多樣化詮釋，無異構成了一座迷宮，讓初學者無從下手，甚至越讀越迷糊。爲了解決這個問題，我嘗試以單純且明確的主軸來解釋經義，那就是「以羅什詮釋羅什」。也就是說，以鳩摩羅什所翻譯的各種經論來闡釋他所翻譯的《金剛經》。依循這個主軸，衍生出以空慧爲體、二諦爲宗、中道爲用、三論爲教相的架構，再以信、解、行、證等四門爲切入點，進行橫向剖析。此外，並輔以各宗派的理論作比較及疏釋，以求增加內容的豐富性。

羅什所翻釋的《大智度論》與《中論》、《百論》、《十

二門論》等三論，合稱四論，係龍樹菩薩與其高徒提婆所造，
為大乘中觀派之核心論典。其基本理論是，般若波羅蜜畢竟
空，無所得。依據此一觀點，行者得以遠離一切執著與相想，
行於無所得的中道。而《金剛經》正是這麼一部宣說離相、
無住之中道的般若系經典。因此，本書即以《金剛經之中道
觀》為書名，以展現書中的基本理路，在於詮釋經中所蘊涵
的中道第一義諦。

　　《金剛經》中，佛陀一再垂示應將此經內容「為他人說」。
筆者十年來親飲佛法甘露，深蒙惠澤，無以回報，因此決心
完成本書，履行「為他人說」的教誡，以奉報佛恩。

　　本書得以完成付梓，除應感謝多位師長的教導之外，內
人袁慧萍女士四十年來的陪伴與護持，更是居功厥偉，在此
謹伸衷心感恩之情。由於個人入門甚晚，才識淺薄，書中若
有疏誤之處，尚祈先進大德不吝指正。

葉宣模　謹識

2014 年 6 月 20 日於花蓮

金剛經之中道觀

目　　次

第一章　緒　論

　　《金剛經》是一部佛教徒與佛學研究者必讀的經典，不但初學者用心讀誦，精研佛法者持續長期鑽研的例子亦不罕見。在久讀精研之後，心得不斷累積，而後發乎文字，於是一部部各具見解的注疏陸續問世。其中不乏各宗派的創始人，包括三論宗吉藏、天台宗智顗、法相宗窺基、華嚴宗二祖智儼、禪宗慧能等，都曾為《金剛經》造疏，可謂高僧雲集，大放異彩。

　　回顧一千六百多年來，不但漢傳佛教界對於《金剛經》造疏的熱誠不減，即令教外的儒道二教或民間居士，亦不落人後大量注疏。其中不乏在儒道二教中頗具知名度的注疏者，例如：梁朝傅大士、明朝曾鳳儀、清朝石成金與俞樾等。延至近代，所謂居士佛學的興起，加上國際佛教學界對於《金剛經》的研究仍方興未艾，這股疏注風潮依然蒸蒸日上。

　　儘管《金剛經》的注疏數量可謂汗牛充棟，但並非毫無頭緒可尋。楊惠南認為，歷代的注疏有兩個特點：一、越是後代的註本，越是視該經為究竟了義之經；二、越是「非正統」的註本，越是讚美該經的義理深奧美妙。[1]他所說的非正統，是指非屬正信佛教的其他流派與儒、道、民間宗教等。

---

1 楊惠南，〈金剛經的詮釋與流傳〉，《中華佛學學報》第十四期，2001，頁185。

由此可知，致力於《金剛經》注疏的研究者，其範圍遍及中國歷代的宗教與社會各階層，而且年代愈晚的注疏，愈見普遍給予該經崇高的評價。

各方詠贊《金剛經》的情況，猶如環繞一顆巨型金剛鑽，各各因所站立的角度有異，所看見的璀璨色彩亦有所不同，因而發出不一樣的稱美。這個「站立的角度」就是，各自的宗教立場或學術背景。於是各種注疏如繁花怒放，爭奇鬥艷，在正統的佛教領域中，主要包括以二諦說、三諦說、三身說、真空妙有等理論來詮釋《金剛經》。至於教外更有揉合儒、釋、道三教學說而作的三教合一的疏釋，甚至道教的扶乩，亦被引用於詮釋《金剛經》。

除了宗教立場或學術背景不同的因素之外，採用何種解析方法，對於注疏的內容亦影響重大。傳統的佛教經論注疏，都是採取直線演繹法，從經首的「如是我聞」開始著手，接著逐字逐句詳細注釋考證，直到以「信受奉行」結經。此種「依經解義」的作法，不但一向是所有佛經注疏的典範，從僧肇的《金剛經注》開始，直至一千六百年後的今天，仍然高居《金剛經》注疏的主流。於是所呈現的千篇一律現象是，每本注疏的格式幾乎完全相同，內容大同小異。

從五世紀初，後秦鳩摩羅什的譯本問世，訖唐朝六祖慧能時期的七世紀末，大約三百年之間，《金剛經》的注疏累計竟有多達八百多種問世。[2]然而注疏的數量雖多，但是品質

---

2 此經讀誦者無數，稱讚者無邊。造疏及註解者，凡八百餘家。所說道理，各隨所見。見雖不同，法即無二。《金剛經解義》卷上，X24，n459，p517a11-13。

是否良好,則頗有疑問。公元十二世紀的宋朝宗鏡禪師,在其所撰述的《銷釋金剛科儀會要註解》中,即以一首禪詩描繪此種現象:「金剛般若體如如,翠竹黃華滿路途。八百餘家呈妙手,大家依樣畫葫蘆。」[3]大意是,般若妙智的本體即是真如,開滿道路沿途的翠竹與黃花,都是真如之所顯現。雖然一遍花團錦簇,但都是同一真如所流出。如同八百餘位高手在注疏《金剛經》時的依經解義一樣,雖然數量多如雨後春筍,但都是同一個解經模式 —— 依樣畫葫蘆。詩中所針砭的即是,多數的注疏落入依經解義的傳統窠臼,流於俗套,缺乏獨創的見解與風格。

延至明朝萬曆戊午(1618),洪瞻祖為雲棲袾宏講述的《金剛經鎞》作序,他在序中指出:「辭愈新而義愈匿,文彌彩而旨彌昏。」[4]他描述當時注解《金剛經》者數量雖然眾多,但常見的問題是,措辭越新穎而經義卻越隱諱,文筆越

---

3 言八百餘家者,羅什門下有八百學徒,秦主勅僧肇等八百沙門,咨受什旨,翻譯經論,三百八十卷。八百人中,有四聖:道生、僧肇、道融、僧叡。又有十哲:加曇影、慧嚴、慧觀、僧肇、道常、道標。於弘始五年,在草堂寺譯出此經,故云八百餘家。《銷釋金剛科儀會要註解》卷第二,X24,n467,p673c12-16。
　明代的覺連禪師重述《銷釋金剛科儀會要註解》,他在上述詮釋中,直指所謂的八百餘家,是指羅什譯經時的人數。然而,羅什(344-413)在翻譯《金剛經》的公元五世紀初,亦同時著手翻譯百卷鉅著的《大智度論》,據筆受之一的僧叡於《大智度論》序中指出:「乃集京師義業沙門,命公卿賞契之士五百餘人,集於渭濱逍遙園堂。鑾輿佇駕於洪涘,禁禦息警於林間。躬覽玄章,考正名於梵本;諮通津要,坦夷路於來踐。」詳見《大智度論》卷第一,T25,n1509,p57b5-8。由此可知,當時負責《金剛經》的譯經潤文人數頂多為五百多人,而非八百多人。
4 辭愈新而義愈匿,文彌彩而旨彌昏。鬪諍競起,壇幟橫興,末法之弊極矣!《金剛經鎞》,X25,n475,p71a12-13。

華麗而宗旨卻越模糊。這種講究文字章句的修飾，卻忽視經義的闡釋，所導致的結果是，任意以一己之見解來科判經義，作疏者彼此之間更互相鬥諍攻伐，末法的弊病暴露無遺。不過，明代的《金剛經》疏注界雖有上述積弊，但至少顯示這股注疏風氣仍然方興未艾。

　　清朝康熙四十一年（1702）石成金出版《金剛經石注》，他在自序中指出：「**此經註解極多，大半隔靴撓痒。須要實悟真參，纔得心明性朗。**」[5]意即，累積至清初，有關《金剛經》之注解數量非常龐大，但是論其內容，大半是意義不透徹，不切實際，猶若隔靴搔癢。因此學者必須認真參悟，才能心性明朗。由此可知，雖然石成金指出了清初注疏《金剛經》的水平，並非每一位作者都達到一定的高度，但是也透露了一個訊息，那就是自唐初以來的一千三百年間，這一股注疏熱潮依然歷久不衰。

　　自民國初年以來，依循傳統，凡是高僧大德講經，必定依僧眾要求宣說《金剛經》，講述結束之後，筆記旋即付梓問世，於是一部部依經解義之注疏不斷流通社會各階層，此種趨勢迄今仍無改變。

　　本書在詮釋《金剛經》經義時，不擬沿襲傳統的依經解義模式，持續依樣畫葫蘆，也不敢任憑己意，無的放矢。而是採取橫剖歸納法，依據《占察善惡業報經》等佛教經典中所說的信、解、行、證等四個佛道修行階段，依序歸類與分

5　略曰：此經註解極多，大半隔靴撓痒。須要實悟真參，纔得心明性朗。我今直說根源，不用狐思亂想。但能至誠受持，開卷瞭如指掌。《金剛經石注》，X25，n497，p580c10-12。

析《金剛經》中的相關內容。

　　所有的佛經都可以用信、解、行、證等四個範疇，分別其經文與義理，這是古今佛教學者公認的說法。綜觀佛教之中，能具體宣說信、解、行、證等四個階段，並視為修證成佛之梯隥的經典，當推《占察善惡業報經》，該經稱其為「四滿成佛」。至於《華嚴經》更是處處闡揚信、解、行、證，不但全經之經文可以劃分為此四部分，更是經中品品都可以此四分縱橫剖析，所以信、解、行、證等四部分，華嚴學者名之為「華嚴四分」。

　　所謂信、解、行、證，係指行者於修行佛道（阿耨多羅三藐三菩提）時，大前提是必須信樂佛法，其次是解悟經義，之後接著身體力行，最後乃能證入佛地，證滿成佛。此一修道進程見之於《占察善惡業報經》與《華嚴經》之相關注疏，其內容略述如下：

一、信解行證 ── 四種成佛之梯隥

　　《占察善惡業報經》是隋朝菩提燈所譯的經典，係敍述地藏菩薩代替佛陀，為堅淨信菩薩演說占察善惡業報的方法以及大乘實義。經文計分為上、下兩卷，上卷闡釋使用木輪相占察善惡業報的方法，下卷則弘宣大乘實義。在下卷之中，明確指出：「善男子！當知如上勤心修學無相禪者，不久能獲深大利益，漸次作佛。」[6]經義指出，如果修學無相禪，不

6　《占察善惡業報經》卷下，T17，n839，p909a19-21。

久能獲得兩大果報,其一是獲得深大利益,其次是漸次作佛。

　　所謂的無相禪,經中係指「真如實觀」,意謂:「**真如實觀者,思惟心性無生無滅,不住見聞覺知,永離一切分別之想。**」[7]修此無相禪之後,可以證入心寂三昧,接著進入一行三昧,而後成就信忍、順忍、無生忍等三忍的深大利益。

　　經中更值得重視的是,標舉出「漸次作佛」的說法。意指,可以透過信、解、行、證等四種方法,漸次修行,即可成佛。經文是:[8]

> 1.**信滿法故作佛**:所謂依種性地,決定信諸法不生不滅,清淨平等,無可願求故。
>
> 2.**解滿法故作佛**:所謂依解行地,深解法性,知如來業無造無作,於生死涅槃不起二想,心無所怖故。
>
> 3.**證滿法故作佛**:所謂依淨心地,以得無分別寂靜法智,及不思議自然之業,無求想故。
>
> 4.**一切功德行滿足故作佛**:所謂依究竟菩薩地,能除一切諸障,無明夢盡故。

　　《占察經》提出信、解、行、證四種修行滿足即能成佛的教說,通稱「四滿成佛」。但其經文中所列順序是信、解、證、行,而非信、解、行、證,分析產生此種差異的原因,可能有兩項。

7　《占察善惡業報經》卷下,T17,n839,p908b16-17。
8　《占察善惡業報經》卷下,T17,n839,p909a25-b5。

（一）依據地地升進的原則作排列。例如信滿成佛一項是屬於種性地，係菩薩地前成就佛種因性的境界。解滿成佛一項屬於解行地，相當於十住、十行、十迴向等三賢階位。證滿成佛一項屬於第一地至第九地的淨心地，是登地菩薩之階位。行滿成佛一項則屬於十地菩薩因行圓滿的究竟地。《占察經》所列種性地、解行地、淨心地、究竟地等四地，在《地持經》中則細分爲七地：種性地、解行地、淨心地、行跡地、決定地、決定行地、畢竟地。[9]依照這個漸進成佛的序列階隥，所以將四滿成佛的順序排列爲：信、解、證、行。

（二）登地菩薩實際上已分證真如，離無明住地之惑。雖然只是初地菩薩，甚至是八地菩薩，皆於修行尚未圓滿，但因已證覺部分真如，所以可以視爲進入證悟之階段。正如同《金剛經》所說的：「一切賢聖皆以無爲法而有差別。」由於證悟之淺深各有不同，所以雖有所證，仍須繼續修行，以求早登究竟菩薩地，直至圓滿成佛。或許因爲這個緣故，《占察經》將「證」排列於「行」前。基於此一推論可以看出，「行」與「證」之間的關係，可以是「行而後證」，也可以是「行證並進」。

二、信解行證 —— 五周因果之顯現

唐朝的華嚴宗第四祖清涼澄觀認爲，《華嚴經》八十卷本一部三十九品，可以用信、解、行、證四部分攝盡全部經

---

9 《菩薩地持經》卷第十，T30，n1581，p954a9-11。

義。[10]所以信、解、行、證等四部分，又稱爲「華嚴四分」。其劃分方式大致分爲經文與義理兩個範疇。

就經文之架構而言，可以分爲：教起因緣分、舉果勸樂生信分、修因契果生解分、託法進修成行分、依人入證成德分等五分。就經文之義理而言，可以分爲：所信、差別、平等、成行、證入等五周之因果。

在經文之架構方面，華嚴宗第三祖法藏科判《華嚴經》（此處指六十卷本之《華嚴經》，故經文包含七處、八會、三十四品。）爲五部分：[11]

> 1.〈初品〉：教起因緣分。所謂教起，是指說明教法
>   成立之理由，在佛經之中又稱爲序分。
> 2.〈舍那品〉中一周問答：舉果勸樂生信分。
> 3.從第二會至第六會來一周問答：修因契果生解分。
> 4.第七會中一周問答：託法進修成行分。
> 5.第八會中一周問答：依人入證成德分。

《華嚴經》六十卷本共有三十四品，法藏的科判是，〈初品〉是序分，〈盧舍那品〉以下屬於正宗分，流通分則付之闕如。理由是，流通分之梵文原文並未流傳到東土。此外，經文是稱合法界法門而說，法界廣大而無邊際，所證入經義

---

10 第八以義圓收者，上來諸門，或以七字攝盡，如前已辯；或以教、義攝盡；或以理、智攝盡；或以人、法攝盡；或信、解、行、證攝盡；或唯普賢、文殊、毘盧遮那三聖攝盡。《大方廣佛華嚴經疏》卷第三，T35，n1735，p526b1-4。

11 《華嚴經探玄記》卷第二，T35，n1733，p125b7-11。

亦無極限，是故有序分與正宗分，而無流通分。除了序分之外，第一會的其餘部分屬於「信分」，第二會至第六會屬於「解分」，第七會屬於「行分」，第八會屬於「證分」。法藏同時指出：「**此五分皆依前起後，文次相生，義理周足，是故不增減也。**」[12]也就是說，整部《華嚴經》區別為五個部分，每一個部分的範疇稱為「一周」，因此有序、信、解、行、證等五周。他主張這五個部分都是依於前文而起後文，或是彼此互為因果，所說義理圓滿，所以不必在這五周之外再增減任何項目。由此可知，除了眾經皆備的序分之外，他顯然以為《華嚴經》的經文，就是講信、解、行、證，以此四分即可完整的該攝全經之經文架構。

　　澄觀就《華嚴經》（此處指八十卷本之《華嚴經》，故經文包含七處、九會、三十九品。）義理的科判，也是區分為五分，即是知名的「五周因果」。但是他所說的五周因果，與法藏的主張稍有出入，其內涵為：[13]

1. 初會中一周因果，謂先顯舍那果德，後遮那一品明彼本因，名所信因果。

2. 從第二會至第七會中〈隨好品〉，名差別因果，謂二十六品辯因，後三品明果，亦名生解因果。

3. 〈普賢行品〉辯因，〈出現品〉明果，即明平等因果，非差別顯故，亦名出現因果。

4. 第八會初明五位因，後明八相果，名出世因果，亦

12　《華嚴經探玄記》卷第二，T35，n1733，p125b13。

13　《大方廣佛華嚴經疏》卷第四，T35，n1735，p527b21-c1。

　　名成行因果。

　　5.第九會中，初明佛果大用，後顯菩薩起用修因，名
　　　證入因果。

　　　澄觀科判的五周因果，在信、解與行、證等四周因果之
間，再施設一周出現因果，其內容包括〈普賢行品〉與〈出
現品〉，前者爲辨因，後者爲明果。由於普賢行因是得菩提
果之因，所以說「因是果因」。依其菩提果而證涅槃果，故
涅槃是果位之果，名爲果果。如此則「差別相盡，因果體均。」
[14]所謂因賅果海，果徹因源，故稱爲平等因果。除此之外，
其餘四周因果之名稱與法藏所說相同，只有「所信因果」部
分略有差異。法藏將第一會的內容分爲序分與信分兩周，澄
觀則以第一會的全部爲信分，因爲序分即稱爲證信序，不必
再作細部分別。

　　　除了五周因果的詮釋之外，澄觀再依據九會的內容作分
判。他認爲第一、二會是信分。第三、四、五、六、七、八
會分別是十住、十行、十迴向、十地、行滿、普賢大行，以
上都屬解、行因果。第九會則爲證分。[15]換句話說，無論是
以粗或以細作分別，整部《華嚴經》都可以信、解、行、證

---

14 依性起修，依性起用，差別相盡，因果體均，故云平等因果。《大方廣
　佛華嚴經疏》卷第四十八，T35，n1735，p869c27-28。
15 七、隨其本會科者，亦為十分。一、初會名舉果令信分。二、第二會明
　能信成德分。三、第三會初賢十住分。四、第四會中賢十行分。五、第
　五會上賢十向分。六、第六會聖位十地分。七、第七會因圓果滿分。八、
　第八會普賢大行分。九、第九會初行成證入分。十、善財下，善友教證
　分。《大方廣佛華嚴經疏》卷第四，T35，n1735，p528a26-b3。

四分涵括全部經義。

三、信解行證 —— 攝盡《金剛經》之經義

　　觀察以信、解、行、證四門作爲《金剛經》之主要研究框架時，首先所面臨的問題是，《金剛經》中信、解、行、證等四門的經文，並非條理分明的呈現，而是四種成分交相雜陳，不如《華嚴經》所表達經義之清晰明確。分析其中可能的原因之一是，《金剛經》爲較早期輯出的般若經，而且梵文字數只有三百偈，爲九千六百字，經羅什譯成漢文，全經字數縮減爲約五千一百多字，篇幅僅有半卷，不容易再作四部分的舖陳。而《華嚴經》輯出時間較晚，相傳篇幅可能多達十萬偈（三百二十萬字），故夙有《百千經》之稱（印度數法一百個千即是十萬），發揮空間相當寬廣，幾乎每一品都可以劃爲四分，因此體例比較清楚。

　　儘管不能以四門明確切割，但《金剛經》整篇經文五千一百多字，卻是處處說信、解、行、證，其內涵簡述如下：

　　（一）信：以「信心」的層面來解析時，可以發現從「如是我聞」開經，「如是」講的是「信」。直到流通分的「信受奉行」結經，「信受」指的不但是「信」，而且內心能領納，成爲堅定的仰信。當然一切的佛經都是以「如是我聞」的證信序開經，而且絕大多數的佛經也以「信受奉行」結經，《金剛經》並無例外。但是其正宗分中，不斷提到「於此章句能生信心以此爲實」、「生實信」、「一念生淨信」、「信心清淨則生實相」、「信解受持」、「信心不逆」，可以看

出，《金剛經》全經所強調的重點之一就是信心。

（二）解：以「解義」的層面觀察，《金剛經》的經義主要在於闡明無我、離相的大乘佛教般若思想。如果採用中觀學派的主張，《金剛經》是以空慧為體性，以二諦為宗趣，因此經中以三種「三句論」的句型，呈現佛陀依二諦說法的真義。全經從「莊嚴佛土者，即非莊嚴，是名莊嚴。」開始，陸續鋪陳了三十六則各種型式的三句論，並以多種不同的角度詮釋無住、離相的義涵。此外，在正宗分中，更以四句偈闡揚離相見佛的真諦。經中並指出：「若當來世，後五百歲，其有眾生，得聞是經，信解受持，是人則為第一希有。」其中的信解受持，即是四門中的信、解、行。因此可以說，《金剛經》也是一部重視解義的般若經，它充分顯示文字般若的屬性，亦即文字雖非般若，但能詮、能生般若。

（三）行：就「菩薩行」的層面而言，發心與修行兩者缺一不可。觀察《金剛經》全經之中，提到「發阿耨多羅三藐三菩提心」之文句，累計出現多達二十九次，可見經中所強調的菩薩行，特重發菩提心。發心之後，接著應是啟動自利利他的修行，上求佛道，下化眾生，所以整部《金剛經》是由須菩提的發問：「善男子、善女人，發阿耨多羅三藐三菩提心，應云何住？云何降伏其心？」而展開。其中的住與降，即是修行。而度生的圭臬，經中指出，應無住生心，離相布施。至於佛法的弘揚方面，更明示：「若復有人，聞此經典，信心不逆，其福勝彼，何況書寫、受、持、讀、誦、為人解說。」其中的書寫、受、持、讀、誦、為人解說，即是所謂的「十法行」中的六項，又稱為「六法師」。而六法

師則相當於般若經論中一再強調的，書寫經卷，為他人說，即是般若。[16]《金剛經》中極力推崇說法的重要，光是「為他人說」一句，前後累計即提及十次之多。至於弘經的功德，經中指出：「若有人能受持讀誦，廣為人說，如來悉知是人，悉見是人，皆成就不可量、不可稱、無有邊、不可思議功德。」顯示弘經功德之大，不可以心思口議。

（四）證：在「證覺」的層面，《金剛經》是從「一切賢聖皆以無為法而有差別。」這句經文，揭開果地證覺的序幕。由於修行過程中的證悟程度有淺深的差別，所以雖然賢聖同證無為，卻有證入之果地不同的行布，因此產生聲聞、緣覺、菩薩、佛等四種不同位階的賢聖。經中細數聲聞四果的修行，無論須陀洹、斯陀含、阿那含、阿羅漢，其得果的前提都是必須離相、無我。其後擴及菩薩的修證，同樣講求離相、無我，所以經中說：「若菩薩通達無我、法者，如來說名真是菩薩。」無我是人空，無法是法空，無我、法合論則是俱空，依此三空，才稱得上是真正的菩薩。至於證入極致的佛果境界，《金剛經》說：「離一切諸相，則名諸佛。」也就是說，欲證入諸佛位階，前提還是與聲聞四果、三賢、十聖等賢聖一樣，必須離相，只有徹底的離一切相，才能達成。由此可見，《金剛經》不但強調修行，同時也不忽略佛果的證覺，而且提出整套的佛道修證軌則，那就是 ── 離相、無我。

綜合上述的初步論述，大略可以推知，雖說《金剛經》

---

16 而文字語言書般若波羅蜜經卷，為他人說，是此中般若 ── 於此因中而說其果。《大智度論》卷一百，T25，n1509，p755b26-27。

全經之大要，如明朝的宗泐所說，不過是須菩提所提問的「安住大乘、降伏妄心」，而如來所回答的修行方法，亦不出「破執、斷疑」而已。[17]但如果採用信、解、行、證等四門，作為深入剖析《金剛經》全經之經文與經義的架構，應可進一步發掘出隱藏在經文背後更深一層的涵義，本書因此嘗試以此四門探索全經。

---

17 然一經之大要，不過善現所問，安住大乘、降伏妄心。如來所答修行之法，亦不出乎理、事二行，破執、斷疑而已。《金剛般若波羅蜜經註解》，T33，n1703，p229a1-3。

第二章 信
—— 信心不逆福德不可思議

　　從現代宗教學的理論來說，宗教具有許多特徵，其中的主要特徵之一是信仰，甚至可以說，沒有信仰就沒有宗教。因此在眾多的宗教定義中，有一種主張：**宗教是人對屬於實在或「超自然」實在的存有物的信仰。**[1]其中的實在，並非僅止於是一種抽象的概念，而是可以涵括多種抽象與具體的概念。然而無論任何一種概念，其存在的先決條件是，必須建立信心。

　　就佛教而言，它們可以是，信眾對佛經中的因果、三界、六道、諸佛、佛國、涅槃等等概念存在的信仰。因此，必須讓信眾相信一切佛經中的教說是真實的，沒有虛誑的言論，一切眾生都有成佛的可能性，善惡行業必有果報。建立這類信仰之後，佛教才能長久流傳下去。在這種情況下，幾乎全部的佛教經典都一致強調信心的重要。信眾只有對經中的教說堅信不疑，才可能在長期的修證之後，踏上成佛之道。

　　在《華嚴經・賢首品》中有一句名偈：「**信為道源功德**

---

1 瓦鄧伯葛著，《宗教學入門》，台北：東大，2003，頁12。

母，長養一切諸善法。斷除疑網出愛流，開示涅槃無上道。」[2]此一偈頌的意義在於，強調信心是進入佛道的初門，它能增長滋養所有的善法，能令人斷除疑惑，出離貪愛暴流，開顯修證涅槃的無上法門。其實在〈賢首品〉中，還有數十偈頌，皆為宣說信心的重要，例如：「信能惠施心無吝，信能歡喜入佛法，信能增長智功德，信能必到如來地。」[3]它表達的是，一個人在產生信心時，信心促成他可以無慳吝的布施；信心幫助他歡喜進入佛法大門；信心增長他的智慧與福德；信心最後必定讓他能成佛。凡此種種經中的教說，都是為了增強眾生對佛法的信心。

鳩摩羅什在翻譯《智論》時，更凸顯信心的重要。他將梵文原版九十品之內容大幅刪減，但對初品則採全譯方式，結果是，原文的初品，譯成漢文之後，篇幅多達三十四卷，佔漢譯本全部一百卷篇幅的三分之一。用意無他，顯然意圖透過對大量引述釋迦牟尼，以及其諸大弟子的本生因緣，襯托出聖者的累世多劫勤修苦行，大慈大悲，濟度眾生的偉大德行，以增強佛子的信心。在《智論》中，引用佛經中的一句話：「經中說，信為手，如人有手，入寶山中，自在取寶；有信亦如是，入佛法無漏根、力、覺、道、禪定寶山中，自在所取。無信如無手，無手人入寶山中，則不能有所取。」[4]上述的禪定是指四念處、四如意足與四正勤，根、力、覺、道是指五根、五力、七覺分、八正道。總合而言，全句即是

2　《大方廣佛華嚴經》卷第十四，T10，n279，p72b18-19。
3　《大方廣佛華嚴經》卷第十四，T10，n279，p72b22-23。
4　《大智度論》卷一，T25，n1509，p63a8-11。

說明，以信心修行三十七道品這個無漏佛法，如此即可像是有手的人，進入寶山，可以任意挖取佛法寶藏。反之，缺乏信心的人，就算進入寶山，也像是沒有手的人一樣，空無所得。

在《金剛經》中，可以說特別重視信心的建立。在全經五千一百多字中，從序分的「如是我聞」開始，即是強調信心。直到正宗分的結束「應作如是觀」，也是注重信心。中間不乏提振信心的章句，例如：信心不逆；於此章句能生信心；一念生淨信心；聞是經不怖不畏；或有人聞心則狂亂狐疑不信；信心清淨則生實相等等。因此可以說，本經是「**徹首徹尾，最重信心**」。[5]至於相關章句的內容，以下是比較詳細的剖析。

第一節　通序所透露的「信心」

多數佛經，其經文架構都可以分成三大部分：序分、正宗分與流通分。序分主要是陳述教起緣由，也就是該經之由來以及因緣；正宗分則詳細述說該經之宗趣；末段的流通分是囑付信眾未來如何推廣該部佛經。

序分亦分為兩部分：證信序與發起序。其中證信序，又稱為通序，是每部佛經共有的由序架構，主要由「聞、信、時、主、處、眾」等六事所構成，故自唐代以來習稱「六成就」。因為這六項要素如果不能具足，即不足以啟發眾生對

5　《金剛經大意》，X25，n484，p183a14-17。

佛教的信心，佛陀的教法就不能順利推展。反之，如果六事皆備，說法的基礎紮實，足可取信於眾生，則可令正教繁興。因此，稱之爲六成就，又名爲「證信序」。

如同其他佛經一樣，《金剛經》具有完整的證信序，其內容如下：

> 如是我聞，一時，佛在舍衛國祇樹給孤獨園，與大比丘眾千二百五十人俱。

在這段開頭的經文中，所涵括的六成就分別爲：如是（信）、我聞（聞）、一時（時）、佛（主）、在舍衛國祇樹給孤獨園（處）、與大比丘眾千二百五十人俱（眾）。在「聞、信、時、主、處、眾」等六事皆成就之下，佛陀開始演說大法。而後世眾生，基於此一法會具備上述六事，即可相信佛陀在會中所說的正法絕無虛誑，都是實實在在的真言。

就各句經文的個別意義來說，如是我聞的「如是」，一千多年來，許多註疏家從勝義諦或世俗諦的觀點，作深入的解釋。勝義諦的說法認爲，如是的意義在於表彰諸佛全體，並顯示諸佛之大智。[6]但世俗諦的詮釋則視爲是指法之辭，係逆指下文所說正宗分之全部內容。因此，如是我聞，可以詮釋爲：如是之法，我從佛聞。[7]惟無論作何種角度的闡釋，這

---

6 以如是故，而彰諸佛全體。以如是故，而顯諸佛大智。諸法如故，故名如是。《金剛經正眼》，X25，n477，p115c2-3。

7 若離釋之，則如是者，指法之辭。雖前此無法，而逆指下文所說正宗之法也。《金剛般若波羅蜜經鎞》卷上，X25，n475，p72b22-c3。

四個字用於經首，總是在於表詮證信之意義。所以龍樹在《智論》中直接指明：如是就是「信」。

> 云如是者，佛法大海，信為能入，智為能度。如是者，
> 即是信也。以信故，言此事如是。若不信，則言此事
> 不如是。[8]

　　龍樹認為，必須是具有仰信的人，才敢於進入汪洋佛海，尋求重大佛寶。其中，般若智則是讓他搭乘而渡越大海到彼岸的載具。現今要令眾生能由信得入佛法，是故經初建言如是。

　　至於我聞兩字，其中的我，明白指的是阿難，因為阿難是佛陀的堂弟，侍從佛陀長達二十五年，在佛陀所有的弟子中多聞第一，而為十大弟子之一。他並於佛陀涅槃之後主導編輯佛經，因此，所有佛經的開頭，所安的「如是我聞」這句話，其中的我，都是指阿難。

　　上述經文中的「一時」，是指說法當時，並未指明確定的時日。至於其後的兩句經文，歷代的各部註疏都有詳盡的解釋，此處不再贅述。

　　此一證信序，若以白話來表達是：

　　以下的經文，是我阿難親自從佛陀那兒聽到的。佛陀當時是在舍衛國的祇園，對一千二百五十位大比丘說這部《金

8　問曰：諸佛經何以故初稱「如是」語？答曰：佛法大海，信為能入，智為
　　能度。「如是」義者，即是信。若人心中有信清淨，是人能入佛法；若無
　　信，是人不能入佛法。不信者言：「是事不如是」，是不信相。信者言：
　　「是事如是。」《大智度論》卷一，T25，n1509，p63a1-5。

剛經》。

這種證信的寫作體裁，雖歷經了二千多年，但仍然歷久不衰。即使在現代社會中，依然被各行各業廣泛運用，從新聞寫作到企業管理等，無不借重這個六成就的概念而在該行業中盡情揮灑，尤其新聞事業更是如此。

無論是平面媒體或是電子媒體，在從事新聞報導時，第一段的所謂「導言」通常是由 5W1H 所構成：who 誰、when 時、where 地、what 事、why 為何、How 如何。這個 5W1H 的新聞寫作準則，與佛經中的六成就證信序的構成要項，兩者若合符節，經由以下的一則中央社報導可以明確驗證。

> 【中央社／安卡拉 8 日綜合外電報導】法新社引用土耳其媒體報導，土耳其政府開革了 16 省警察首長。土耳其貪腐醜聞涉及總理艾爾段（Recep Tayyip Erdogan）重要盟友，政府加強整肅執法單位。
> 土耳其多安通訊社（Dogan News Agency）報導，內政部下令，開革 10 餘位警察首長，其中若干省分與大城市同名，包括首都安卡拉、西部伊茲米爾（Izmir）、西南部安塔利亞（Antalya）和東南部迪亞巴克爾（Diyarbakir）。

在上述的外電中，包括：安卡拉（where 地）、8 日（when 時）、土耳其政府（who 誰）、開革了 16 省警察首長（what 事）、土耳其貪腐醜聞涉及總理艾爾段（Recep Tayyip Erdogan）重要盟友，政府加強整肅執法單位（why 為何）、

內政部下令，開革 10 餘位警察首長…（How 如何）。

　　如果改採「六成就」的寫作規則來分析，則所呈現的結果是：中央社（聞）、安卡拉（處）、8 日（時）、綜合外電報導（信）、法新社引用土耳其媒體報導（主）。由於此一新聞事件是平面的文字新聞報導，而且新聞發生現場，亦非如同佛陀說法的聚會，因此缺乏「眾成就」這項元素。如果以電子媒體的畫面加以報導，則可具足六成就。由此可見，儘管時隔二千多年，此一證信之寫作規範，仍然歷久彌新，而且更廣泛的運用於現代社會的各個階層。

第二節　發起序的三種意義

　　序分中，相對於前述「證信序」的另一種序，是發起序。在各部佛經的序分中，若屬僅記載該部經典個別發起緣由的序文，則稱為發起序。由於文字內容並非共通使用於所有的佛經，是故又稱為「別序」。

　　在《金剛經》中屬於別序部分的經文是：

> 爾時，世尊食時，著衣持缽，入舍衛大城乞食。於其城中，次第乞已，還至本處。飯食訖，收衣缽，洗足已，敷座而坐。

　　這段經文是描述佛陀當天的作息，亦如同每天的日常作息一樣，清晨穿著袈裟，手持缽具，走進舍衛城化緣。之後，

將所得的飯食帶回祇園食用。餐後，洗滌雙腳，並親自舖好座具，然後開始禪坐。

此一別序的內容，只是敘述佛陀平日的行、住、坐、臥等日常生活，平淡無奇。然而仔細推敲，其中至少具有三種涵義。

一、金剛般若不離日用

經中所說，佛陀的去來行住，吃飯穿衣，日用尋常，與一般出家僧眾並無兩樣。如此，從世俗諦的眼光看來，雖然與常人無異，甚至不值一提。然而從勝義諦的視角觀察，卻是一種平凡中的不平凡表現。以禪宗的語言來說，就是全真如體發揮大用，所展出來的一段「本地風光」。這是佛陀即日用事而示現，作為後文的「如來若來、若去、若坐、若臥，是人不解我所說義。」之張本！

二、序義異於其他大乘經

大乘經中所安置的別序，其中蘊涵的意義亦可分為兩種。其一是，諸經共通的意義。其次是，諸經個別的意義。

各部大乘經的別序，所含的共通意義是，都是為了召集有緣的會眾齊聚聽法。因此，即令採取各種不同的手法，包括放光、動地等，無不為了提振會眾的信心，廣泛聚集，與會聆聽，以期聽後能皆大歡喜，信受奉行。

諸經所表達的個別序義，依據菩提流支所作的歸納，大

抵分為七種。他首先指出的是：放光、動地，召集有緣，廣
現瑞相，然後說法。這是大乘經最常見的一種別序。[9]

　　在同為般若經系的《大品經》的別序中，佛陀從腳底到
頭頂的肉髻，全身共二十六處同時各綻放六百萬億光明，遍
照三千大千世界，並綿延至無量數諸佛國土。此外，佛陀的
全身毛孔、常光與廣長舌相亦同時放出無量光明。經中宣示，
眾生如果有幸接觸到佛陀所放出的光明，必能證入阿耨多羅
三藐三菩提。[10]如此璀璨耀眼的神通示現，《金剛經》付之
闕如，而只是以佛陀素樸的日常作息的描述取而代之。

　　另以《華嚴經》為例，該經的譯本分為八十卷、六十卷、
四十卷三種，內容都是宣示佛陀與諸菩薩在七處九會中的教
法，指出依於一真法界而地地昇進的種種修行法門。雖然在
經首的別序中尚無放光的神通敘述，然而，在一至七會的起
始，仍然都是以放光揭幕，分別為：第一會放齒光與面門光、

9　所以初明序分者，然如來將欲說法故，以威神冥如，召集有緣，為興發
　　之由，故名為序。然諸經明序義次第發起，皆先放光、動地，召集有緣，
　　廣作由致，然後方說。此經所以異於眾經者，以如來說法序義，凡有多
　　種：
　　一、放光、動地，召集有緣，廣現瑞相，然後說法。
　　二、不放光、動地，廣現瑞相，如來知眾生機感，自然說法，不待請問。
　　三、眾中有怯弱眾生，內心懷疑，不放問佛。是故如來自唱：我是一切
　　智人，汝何故不問於我？汝若問我，我當為汝說法。
　　四、如來威神冥加，與其智力，令其說法。
　　五、諸菩薩在餘處說法竟，至如來所，印其所說。
　　六、有人生疑發問，如來為說。
　　七、如來直以己相貌，為說法之序。
　　今此經序，即是第四、如來威神冥加，故說此為序也。
　　《金剛仙論》卷第一，T25，n1512，p800a29-b15。
10　《摩訶般若波羅蜜多經》卷第一，T8，n223，p217b13-c5。

第二會兩足發輪光、第三會兩足指放光、第四會兩足趺放光、
第五會膝蓋放光、第六會眉間放毫光、第七會放眉間口光。
反觀《金剛經》亦省卻正宗分中的放光神通示現。

　　所謂動地，就是現代所說的「地震」。在佛教中，多部
重要經典都對地震這個自然現象有相當深入的描述：

　　《大品經》指出有六種震動：東涌西沒、西涌東沒、南
涌北沒、北涌南沒、邊涌中沒、中涌邊沒。[11]這六種地震震
波移動方向的分類，相當符合現代科學的觀測原則。

　　《大般涅槃經》則以地表的震動相貌、地鳴的聲音大小
以及人心受到震撼的程度作分類，分為地動與大地動兩種，
小動者名為地動，大動者名大地動。有小聲者名地動，大聲
者名大地動等等。[12]

　　《華嚴經》另有六種十八相震動的分類，分別以動、起、
覺、震、吼、涌等六種，每種各分別再加上「遍」與「等遍」
而為三相，總計十八相。[13]如此一來，已將地震發生時，上
下左右的地塊移動與地鳴現象，分成三種不同的尺度，作詳

11　《摩訶般若波羅蜜多經》卷第一，T8，n223，p217c6-9。
12　是時，此地六種震動，乃至梵世亦復如是。地動有二，或有地動，或大
　　地動。小動者名為地動，大動者名大地動。有小聲者名曰地動，大聲者
　　名大地動。獨地動者名曰地動，山河、樹木及大海水一切動者名大地動。
　　一向動者名曰地動，周迴旋轉名大地動。動名地動，動時能令眾生心動
　　名大地動。菩薩初從兜率天下閻浮提時名大地動，從初生、出家、成阿
　　耨多羅三藐三菩提、轉於法輪及般涅槃名大地動。《大般涅槃經》卷第
　　二，T12，n374，p375b21-c1。
13　爾時佛神力故，蓮花藏莊嚴世界海，六種十八相震動。所謂：動、遍動、
　　等遍動。起、遍起、等遍起。覺、遍覺、等遍覺。震、遍震、等遍震。
　　吼、遍吼、等遍吼。涌、遍涌、等遍涌。《大方廣佛華嚴經》卷第二，
　　T9，n278，p405a9-12。

細的觀察與描述。這一點，《金剛經》亦從缺。

　　就其他六種別序分析，流支認為，《金剛經》的別序應屬於第四類的「如來威神冥加，與其智力，令其說法。」究其緣由，可能流支是以與佛陀對談的須菩提，雖是解空第一的大弟子，但本質上係屬聲聞眾，其能力不足與佛陀對談甚深的般若空慧，只有在佛陀威神冥加的狀況下，才有可能。其實，若以天親作論，分本經正宗分為二十七疑來看，將其別序列為第六項的「有人生疑發問，如來為說。」亦不失允當。

三、展現早期大乘經典原貌

　　《金剛經》以佛陀的日常行止為發起序，迥異於其他般若經，甚至與一般大乘經的放光、動地等的神通示現明顯不同，其中所蘊涵的另一種意義是，顯示本經屬於較早期的般若經。印順認為：「《金剛般若》與中品般若的成立，大約是同一時代。」[14]他推斷中品般若集成的年代，約在公元 50至 150 年之間。[15]也就是說，《金剛經》集成的年代應該在公元一至二世紀之間。

　　雖然本經輯出年代晚於四阿含等原始佛教的根本經典，但因屬於較早期的大乘經典，所以仍沿襲四阿含的撰寫格式。這一點，在《雜阿含經》中，可以找到甚多範例。

　　在《雜阿含經》第五十七經中，其序分作如下的記載：

---

14 印順，《初期大乘佛教之起源與開展》，新竹：正聞，2003，頁 754。
15 印順，《初期大乘佛教之起源與開展》，新竹：正聞，2003，頁 701。

> 如是我聞：一時，佛住舍衛國祇樹給孤獨園。爾時世
> 尊著衣持鉢，入舍衛城乞食，還持衣鉢，不語眾，不
> 告侍者，獨一無二，於西方國土人間遊行。[16]

　　證信序中，從如是我聞至祇園，共包括信、聞、時、主、處等五項成就，省略眾成就。別序則述說佛陀著衣持鉢，進入舍衛城乞食，並於還回之後，再持衣鉢出行，而且是獨自語默，於人間遊行，顯示佛陀度生時，不一定會率領大批僧眾。從此處觀察《金剛經》的別序，其中並未提及佛陀進入舍衛城時，是有弟子隨行，抑或單獨行動。因此，有可能如同五十七經所說的，佛陀是「獨一無二」的遊行人間。

　　又如《雜阿含經》第一〇二經所述，則是入城乞食行程中，遇有施主提出任何疑問，當場為其說法解惑。

> 如是我聞：一時，佛住王舍城迦蘭陀竹園。爾時，世
> 尊晨朝著衣持鉢，入王舍城乞食。次第乞食，至婆羅
> 豆婆遮婆羅門舍。[17]

　　此經之證信序亦於六成就中省略眾成就。別序中，則強調次第乞食至一位名為婆羅豆婆遮的婆羅門家，進而發起正宗分中，化度該事火婆羅門出家的經過。在《金剛經》的別序中，亦載明佛陀次第乞食，不同的是，乞食之後，佛陀是回祇園說法，而非即時隨緣度化眾生。

16　《雜阿含經》卷第二，T2，n99，p13c7-10。
17　《雜阿含經》卷第四，T2，n99，p28b19-21

從以上幾部經別序的對照，可以看出《金剛經》仍保有根本佛教經典素樸的架構。與後出的《華嚴》等經不同，《金剛經》中的佛陀，說法之前，既不放光，也不動地，而是以他活潑潑、赤灑灑且具體可見的身行，告訴信眾，般若就存在於日常生活之中，不必神通，也不抽象，而是以平凡中的不平凡的相貌，即可透徹的呈現出甚深般若。此外，這個素樸的別序，發起了後文正宗分中離相無住的核心佛法，並有持續強化會眾對佛法所具信心的作用。

第三節　正宗分與流通分中證信之句義探索

經由上述對本經序分的分析可知，不管是其中的哪部分，可以說都是為了引起信心而舖陳。就通序而言，六成就的證信意義貫通古今，而且遍及一切佛經，顯而易見。別序中，無論是其他大乘經的放光、動地，或是《雜阿含經》與《金剛經》中所述的佛陀行止，也是為了起發信心。至於正宗分與流通分中，也是處處提倡對佛教的信心。其中所說的信心，則有實信、淨信等等體性的差異，值得進一步探索。

一、無所得實相正信

《金剛經》可以說是一部以無相為體，以無住為宗的般若經，這是古今多數疏家所承認的觀點。所謂的無相，亦名實相，即是於一切事務存無所得心。無住是不執著，不愛戀

世間，亦不沉滯於涅槃，不著於有無，取中道而行。職是之故，所有的般若經都有一個共同的核心思想，那就是「般若波羅蜜畢竟空，無所得。」在這個思想主導之下，無論一切有爲法，或是無爲法，都是畢竟空，沒有絲毫實自性可得。依循此一理路，《金剛經》主張三輪體空的無相布施；無我等四相的利己修行；以無相法行嚴土熟生的利他菩薩行；隨順真如爲人說經而不動搖；修無相行而得以成佛。在這「向上一路」的成佛之道中，從最初的出發點開始必須具備的是「信心」，所以《華嚴經》說：「信為道元功德母。」修行過程中更須堅強的信心，所以《金剛經》說：「信心清淨，則生實相。」其中有關實信的意義，經中作如下的陳述：

> 須菩提白佛言：世尊！頗有眾生，得聞如是言說章句，生實信不？佛告須菩提：莫作是說。如來滅後，後五百歲，有持戒修福者，於此章句能生信心，以此為實。當知是人，不於一佛、二佛、三、四、五佛而種善根，已於無量千萬佛所種諸善根。

　　各家註疏對此段經文的詮釋，主要是以「實信」爲焦點來探討，惟大抵可以分成兩個方向：

第一、就本經章句的前後文作解釋。

第二、由甚深般若的角度作更進一步的發揮。

　　就經中前後文的句義而言，此處所謂的實信，可以解釋

爲：確認佛陀以上所說的話真實無妄，因而生起正信之心。[18]
因爲佛陀在前文中已指出，無相布施之福德不可思量，以及
證見無相之佛。凡此令人難以置信的言說，若有人深信不疑，
即稱之爲實信。在玄奘與真諦的譯本中，都將實信翻爲「實
想」，窺基詮釋爲「取信以爲真實之像貌」。[19]意即：取信
佛陀上文所說內容爲真實無訛。雖然兩種譯文稍有出入，但
所欲表達的意義並無不同，都是指向「相信佛說」，皆以佛
說爲真實不虛，因此內心生起仰信。

　　在深般若思想的探究方面，則是引用《大品經》「不信
一切法名信般若」的佛說，以證成上述的實信。[20]主要論點
是，前述經文中，佛陀所說，菩薩在因地行無住布施得福無
量，且離相得見果地無相之佛，可謂因深果深，不可思議，
令凡夫難以完全信服，因此才產生「**頗有眾生，得聞如是言
說章句，生實信不？**」的疑問。由於一切有爲法無實自性，
如夢如幻，因此如果信一切有爲法有其實體者，即屬虛信。
反觀證入般若波羅蜜畢竟空者，能夠了解一切法空，即生實
信。所以說，不信一切法，名信般若。

---

18 是人於我今所說之章句，聞之而必能生正信之心，以我此言爲真定非誑。
　《金剛經易解》卷上，X25，n510，p912c6-7。
19 於此經句，頗生信解，爲實相不？爲正興問。故真諦經名爲真實相。此
　及《能斷》云：生實想不？經言稱正理，名爲真實。於此經中，頗生真
　實想解以不？想者，取像之能信心。取信以爲真實之像貌已不？羅什云：
　生實信不？名異意同。《金剛般若論會釋卷》第一，T40，n1816，p735c
20 佛告須菩提：「色不可得故，信般若波羅蜜不信色。乃至一切種智不可
　得故，信般若波羅蜜不信一切種智。以是故，須菩提！信般若波羅蜜時，
　不信色乃至不信一切種智。」《摩訶般若波羅蜜經》卷第十一，T8，n223，
　p303b12-16。

　　從另一方面解析，上述的無住布施的無住，即是不取著、施無所得。離相見佛的離相，即是空相、相不可得。無所得與不可得都是空慧，都是般若的異名。所以如是信解，稱之爲信般若。此外，離般若外，皆非正信，所以能信般若，是爲實信。[21]

　　經中又說：「有持戒修福者，於此章句能生信心，以此爲實。」此處所說，亦在於彰顯堅持戒律且勤修福德者，對於本經經義能生實信。因爲相信踐行無住之因，必得無相之果，此種信心不動不搖，故言以此爲實。吉藏則以無所得實信的角度加以分析，以爲信此無所得實相，所以說以此爲實。[22]由此可知，前一種說法是從修行的因果門作解釋，後一種說法則從般若的信受門著手。

二、不生妄念清淨信

　　繼說明無所得正信的內涵之後，佛陀標舉了內心產生此種清淨信的功德。前述的持戒修福者，由於其善根深植，故聽聞佛說的無住布施與離相見佛之章句，即生信心。但是其他並非具有累劫於無量佛所深植善根的凡夫，是否可能聞而生信，同樣得到如同虛空般廣大的無量福德果報？佛陀作了如下的說明。

21　《金剛經筆記》，X25，n478，p121b8。
22　以此爲實者，即是無所得實信。若有所得信，雖異小乘不信，若望無所得信，還成不信。故《大品》有信毀之品，欲明有所得信，此即成毀。今此是無所得實相正信，故言以此爲實。亦信波若是法之實相，故云以此爲實也。《金剛般若疏》卷第三，T33，n1699，p105c25-29。

> 聞是章句，乃至一念生淨信者，須菩提！如來悉知悉
> 見，是諸眾生，得如是無量福德。何以故？是諸眾生
> 無復我相、人相、眾生相、壽者相。

　　佛陀指出，如有某些人在一念之頃的極短時間內，聽聞
佛陀宣說此一妙法，而能生真淨信心，那麼他們所植善根，
亦非淺鮮，同樣可以獲得無量福德，因為這些人已無我、人
等四相，同為離相而生清淨信心者。

　　這段經文中明示，得無量福德的兩個條件，包括一念生
淨信與離相。吉藏認為，所謂的淨信，即是無所得信，也是
能與無相融合的信心。[23]因為心不取相，即不生妄念，心常
清淨，即是淨信。而「一念」的意義，簡明的詮釋是形容極
短的時間，因此一念生淨信，可以是指剎那間產生的一個清
淨信的念頭。此外，還可以作更深入的演繹，依禪宗三祖僧
璨的《信心銘》所述：「一念萬年，萬年一念。」[24]意謂一
念即萬年，萬年即一念。捨棄時間長短的相對概念，剎那一
念即可攝納如萬年之久的縣長時光。如果從這個面向推論，
經中所說的一念生淨信，也可以視為是亙古通今，長久不退
轉的信心。

　　如果從信受門談清淨信，到底是信什麼？引《大品經》

23　淨信，無所得信也。無相者為淨信。《金剛般若經疏》，T33，n1698，
　　p78a7。
24　宗非促延，（一念萬年，萬年一念）。無在不在，十方目前。極小同大，
　　妄絕境界。極大同小，不見邊表。有即是無，無即是有。《信心銘》，
　　T48，n2010，p377a4-7。

的說法是，不信一切法，信般若。六祖慧能認為，信心是信般若能除一切煩惱、成就一切出世功德、出生一切諸佛，信自身佛性本來清淨與諸佛平等，信眾生無相而且皆能成佛，這就是經中所謂的清淨信心。[25]慧能的這段詮釋，幾乎已經將《金剛經》中有關信心的重要內容，作了扼要的整理。換句話說，信受本經中佛陀所指出的一切教說，即是清淨信。

三、信心清淨則生實相

佛陀說完《金剛經》的前半部經文，全經的主要內容都已大致表達完整，許多疏家認為，後半部經文實屬重複。不過，也有人主張應是為後到的會眾重說。須菩提諦聽之後，深受啟發，感激涕零，進而呼應佛說，作如下之感言。

> 世尊！若復有人，得聞是經，信心清淨，則生實相，當知是人成就第一希有功德。

須菩提向佛陀陳述心得，就佛陀前述聞經生無所得實信與清淨信，進一步推演至「生實相」，以及「成就希有功德」的勝義諦層次。

「信心清淨」係指聆聽全經經義之後，由聞慧而產生思

---

25 信心者，信般若波羅蜜能除一切煩惱；信般若波羅蜜能成就一切出世功德；信般若波羅蜜能出生一切諸佛；信自身中佛性本來清淨，無有染污，與諸佛性平等無二；信六道眾生本來無相；信一切眾生盡能成佛。是名清淨信心也。《金剛經解義》卷上，X24，n459，p521a19-24。

慧。再由思慧衍生出修慧，即是「則生實相」。正信自心清淨，解了前經所說的無住布施、離相成佛等義理，即生實信。而實信一生，則諸法不生。既諸法不生，即實相生。所謂諸法不生，而般若生。[26]此處所謂的實相，是諸法實相的簡稱。般若則是諸法實相的異名。因此，信一切法空無自性，不自生、不他生、不共生、不無因生。一切法不生，不生則不滅，只有如夢如幻的緣生。相信這一番道理，即是信般若，亦是生實相。而諸法實相畢竟空，言語道斷，心行處滅，沒有能生所生，只是為開顯正智，假名曰生。[27]由此可知，經中雖採用「生」字，其意義並非指無中生有的生，而是用於表示「顯發」的意思。也就是，將原已無所不在的諸法實相顯發，讓行者得以證入，而非證得。

　　至於正信無所得實相的功德，經中說：「**當知是人成就第一希有功德。**」所謂希有，根據龍樹在《智論》中的詮釋，係指能信受無相可取、可信、可受的甚深般若。[28]亦即信受，雖行萬行而實無所行的無住行，雖得菩提果而實無所得的離相果。如此，欲信受一切無住無得，實為難信。正因為難信而能信，所以此種功德最為希有。

26　佛告舍利弗：「色不生故，般若波羅蜜生；受想行識不生故，般若波羅蜜生。檀那波羅蜜不生故，般若波羅蜜生；乃至禪那波羅蜜不生故，般若波羅蜜生。內空乃至無法有法空，四念處乃至八聖道分，佛十力乃至一切智、一切種智不生故，般若波羅蜜生。如是諸法不生故，般若波羅蜜應生。」《摩訶般若波羅蜜經》卷第十一，T8，n223，p302c18-24。

27　《金剛般若波羅蜜經心印疏》卷上，X25，n505，p835c2-9。

28　般若波羅蜜甚深，無相可取、可信、可受；若能信受，是為希有！如人空中種殖，是為甚難！《大智度論》卷第六十六，T25，n1509，p522c29-523a2。

四、信解受持之人第一希有

前述的第一希有是指功德的事法，成就第一希有功德的是人法。這種人以何種修行而得以成就？須菩提向佛陀提出自己的看法。

> 世尊！我今得聞如是經典，信解受持不足為難，若當來世，後五百歲，其有眾生，得聞是經，信解受持，是人則為第一希有。

須菩提稟報佛陀，自己聽聞本經章句，而能生起信心，解悟義理，受持修行，並非難事。但如果佛陀涅槃五百年後，還有人聞經，而同樣能信解受持，這個人倒是最為希有難得。

經文中的重點在於「聞經信解受持」六字，一般而言，大抵有兩種詮釋：

第一、就聞、思、修三慧加以分析。

第二、與隨後佛陀的印可，一齊解釋為信解成就。

作三慧解時，得聞是經是聞慧，信解是思慧，受持是修慧，由於能夠具備三慧者並不多見，所以稱為希有。因為，聞佛教說而生無漏聖慧，是屬聲聞所成就；思惟所聞而生無漏聖慧，為緣覺所成就；依聞、思二慧修習所生無漏聖慧，是菩薩所成就。由於能依此三慧修行，於三乘階位地地昇進的菩薩相當難得，是故說此人真是希有。

在須菩提表達心得之後，佛陀加以印可，並補充說：

> 佛告須菩提：「如是！如是！若復有人，得聞是經，
> 不驚、不怖、不畏，當知是人甚為希有。

佛陀以連說兩次「如是」來肯定須菩提的前述說法，並就其內容加以延伸，認為如果再有人，在聽聞本經之後，內心不驚愕、不怖懼、不畏縮，應當知道此人甚為希有。

般若無相，不可取說，因此難以令人信受。[29]其中深理，如果有人聽聞而能不驚愕，才能接受其義理而生無漏聖慧，成就聞慧。思惟所聞甚深妙法而不怖懼，則生思慧。不驚不怖的修習，則得以不畏縮退轉，而生修慧。如此一來，三慧具備，信解成就，當列賢聖位階，是故甚為希有，因為此人已遠離我、人等四相。

五、信心不逆其福殊勝

在聞經實信，信心清淨，而顯發實相之後，佛陀贊許此人希有，且成就第一希有功德。然而，此種無相而不可見的功德，尚有一個必要條件才能形成，那就是「信心不逆」。在此段經文中，佛陀並以具相的身施有漏功德加以比較，以襯托出堅信般若，隨順《金剛經》經義，所產生的無漏功德之殊勝。

---

29 是實知慧，四邊叵捉；如大火聚，亦不可觸；法不可受，亦不應受。《大智度論》卷第六，T25，n1509，p104a12-13。

須菩提！若有善男子、善女人，初日分以恒河沙等身
布施，中日分復以恒河沙等身布施，後日分亦以恒河
沙等身布施，如是無量百千萬億劫以身布施；若復有
人，聞此經典，信心不逆，其福勝彼，何況書寫、受、
持、讀、誦、為人解說。

　　佛陀告訴須菩提，如果有善男信女，一日三時，以無量
數身命布施，而且此種善舉，不是暫行一日而已，而是延續
至無量劫的長久時日，因此累積的功德，固然大到難以稱量，
但如果有人聞此《金剛經》的甚深般若無相妙理，能信心堅
定不疑且不退轉，所得的福報，更甚前者。

　　佛陀在此處設定獲得無漏功德的大前提是「信心不疑」，
理由安在？窺基的詮釋是，在六道輪迴的生死流轉中，雖捨
身命，總是有漏功德，不能契合菩提。如果一念顯發清淨信
心，雖然也是慧解未生，但因為有信心，則能聽聞正法，長
養善根，增益智慧，未來一定能成佛，所以其中福德較大。[30]
由此可知，恒沙身施的有漏功德再多，也不能與契合般若信
心不疑的無漏功德相提並論。

　　此外，如果與末段的受持讀誦、為人演說合併闡釋，則
信心不逆的「逆」，可以訓為「謗」義。因此信心不逆，意
即不毀謗《金剛經》，隨順經中文字般若無住離相的正法，
僅此一項，其福德即勝恒沙身施，更何況對於經文能受持讀

---

30 謂於生死中雖捨身命，終無能契菩提法身；一生信心，雖亦未生慧解，
　然由信故，因即聽聞，生長智慧，定當成佛，其福即多也。已生隨順之
　意故。《金剛般若經贊述》卷下，T33，n1700，p142c7-10。

誦、為人解說，如此能自利，且能利他，所獲福德更非身施
福德所能比擬。[31]捷要言之，在以上的雙重校德之後，可以
了解，佛陀極力推崇應該對經義秉持堅信不疑的用心。

六、如是信解受持奉行

　　正宗分中，佛陀對於無所得信的義涵，已作詳盡解說，
並極言其無量功德。在結經之前，再諄諄教悔，不但對於《金
剛經》，甚至對於一切法，皆應如佛陀的叮囑，隨順信受解
悟，離相無住。

　　　　須菩提！發阿耨多羅三藐三菩提心者，於一切法，應
　　　　如是知，如是見，如是信解，不生法相。

　　此句經文的重點在於「如是知見信解」，歷來各疏家的
註解亦頗有出入，不過，皆能言之成理。大體而言，可以分
為從「信」與「證」兩個不同視角來申論。以下是就信心的
部分所作的分析。
　　概括而論，對於一切法，應如佛陀所說而聞知，如佛陀
所見而真見，如佛陀所說而深信解悟，不再妄生法相。這是
從一切法的高度來理解經義。
　　如果限縮在《金剛經》本身的範疇，則可逐句分析，作
如下的推敲：

31　《金剛經心印疏》卷上，X25，n505，p841b1-6。

　　應如是知 —— 通達無我法，知一切法無我。

　　如是見 —— 不以色相見如來，以行正道見如來。

　　如是信解 —— 聞章句則信，說是法則信，領解佛陀所說經義。

　　不生法相 —— 離一切相。[32]

　　以上是將經中所說的重點，分別配置在知、見、信解、不生法相等四部分，而為：知法無我；無相見佛；信解佛說；離相無住。惟無論如何，若無仰信，則於經義無從解悟，亦將無所知，無所見，更不能離相。是故從信心的層面來看，成就知、見、解、離相的先決條件，還是在於信心。

七、起信為行經之門

　　絕大多數的佛經都有流通分，是各經在結經時的常規儀式，其施設目的是，描述會眾聞佛說法之後，法喜充滿，不但內心信受，還能虔誠遵行。《金剛經》的流通分全文如下：

> 佛說是經已，長老須菩提及諸比丘、比丘尼、優婆塞、優婆夷、一切世間天、人、阿修羅等，聞佛所說，皆大歡喜，信受奉行。

　　此句經文由兩部分構成，首先是述說會眾的身分，其次是會後接續的行為反應。在會眾中提及當機的須菩提、比丘

---

32 《金剛經解義》卷下，X25，n509，p903b19-23。

等四眾，以及六道中的天、人、阿修羅等三種眾生。至於地
獄、餓鬼、畜生等三種眾生，則不能與會，因為這三種眾生
受苦無量，難有機會值佛聽法，是所謂的「八難」中的三難。
[33]此外，因八難中的眾生沒有時間或沒有機會修道聽法，故
又稱為「八無暇」。

　　流通分強調的重點，在於信受奉行。如果會眾心中不能
生信，那麼佛陀說了也是白說。即使眾生仰信不疑，內心領
納，但僅起信而不能遵奉行持，則聽了也是白聽。兩者都是
因緣不能和合，有違修道常法，難有成就。因此必須著重在
信受奉行，以此結經。

　　《金剛經》從序分的「如是我聞」開經，「如是」講的
是「信」。直到流通分的「信受奉行」結經，「信受」指的
不但是「信」，而且內心能領納，成為堅定的仰信。中間的
正宗分中，亦以甚多章句強調信心的重要，尤其明確指出，
實信與淨信可以幫助行者修得無量福德，並面見諸佛現前，
進而證入佛道，是為福慧雙修的兩大助緣。就經中整體內容
而言，全文雖僅有五千一百多字，但名、體、宗、用、教，
五重玄義具足，並以離相、平等修善法及六如觀智，作為修
證法門。可謂章句簡潔而經義深奧，理論與行法軌則同時皆
備。惟自序分至結經，其中一再叮嚀的先決條件則是，全經
的起修，還是以起信為入門。

---

33 根據《中阿含經》的一二四經所述，八難分別是：一、地獄。二、畜生。
　　三、餓鬼。四、長壽天。五、邊國。六、盲聾瘖啞。七、世智辯聰。八、
　　佛前佛後。《中阿含經》卷第二十九，T1，n26，p613b2-c10。

第三章　解
—— 明住降離相與發心無法

　　《金剛經》的經義主要在於闡明無我離相的大乘佛教思想，這一點歷代數以千計的疏家少有異議，但其體性與宗趣為何，卻是眾論紛紜，莫衷一是。其中以主張空慧、無住、實相、無相、文字般若等為體者，較為普遍。宗趣方面，則以主張二諦、無相、無住、離相、檀波羅蜜等較多。由於對於體性與宗趣的認知差異，將影響經義的詮釋方向，因此在解析經文時，必須有所抉擇。

　　以下對於《金剛經》經義的探索，除採弘通最普及的羅什譯本之外，其詮釋的根據，則以羅什翻譯、龍樹所造的《中論》、《十二門論》、《智論》等般若論典為核心，並參照功德施的《不壞假名論》，以及羅什門下四聖之一的僧肇的注疏為主。亦即以中觀之教為軌則，採空慧為體、二諦為宗的基本理路，將經文章句作分類解說。

第一節　以《中論》之核心理論解《金剛經》

　　《中論》之核心思想在於闡揚八不中道，因此在初始的讚佛偈即高揚：「**不生亦不滅，不常亦不斷，不一亦不異，不來亦不出。能說是因緣，善滅諸戲論。我稽首禮佛，諸說中第一。**」[1]而雖分別說有八不，但八不則統攝於一不 —— 不生。[2]雖第一義是一切法不生，但論述不生的目的則在於證明一切法是緣生。

　　龍樹主張一切法不生的理由是，一切法的生相皆不可得。他以偈頌說明：「**諸法不自生，亦不從他生，不共不無因，是故知無生。**」[3]此一偈頌的傳統詮釋是，一切萬物都不能自己生自己，也不能由他物所生，因爲他即是相待的自。一切萬物也不能由共生而來，因爲同一物，既是自生，又是他生，此種論述是矛盾的。所以最後的推論是，一切法不生。

　　宋朝的永明延壽提出另一種解釋，他認爲內心的覺知必須經由六根與外境接觸才會產生，亦即所謂的根、境、識三合觸，所以說諸法不自生；[4]而對於外境的覺知則是產生於內

1　《中論》卷第一，T30，n1564，p1b14-17。
2　法雖無量，略說八事，則爲總破一切法。不生者，諸論師種種說生相，或謂因果一，或謂因果異，或謂因中先有果，或謂因中先無果，或謂自體生，或謂從他生，或謂共生，或謂有生，或謂無生，如是等說生相皆不然，此事後當廣說。生相決定不可得，故不生。不滅者，若無生，何得有滅？以無生、無滅故，餘六事亦無。《中論》卷第一，T30，n1564，p1c14-21。
3　《中論》卷第一，T30，n1564，p2b6-7。
4　比丘！譬如兩手和合相對作聲。如是緣眼、色，生眼識，三事和合觸，觸俱生受、想、思。《雜阿含經》卷第十一，T2，n99，p72c8-10。

心，而非外境所生，所以亦不從他生；至於內心不是外境，外境也不是內心，兩者各各別異，因此不是共生；由此可知，內心與外境相因而有，是故謂之不無因生。[5]既然四種生起都不可能，所以只有緣起無生是唯一可能的生相。

　　然而在世界上，我們都看到萬物繁興，生生不息，又作何解釋？龍樹說，一切法都是緣生，如偈頌說：「**眾因緣生法，我說即是無，亦為是假名，亦是中道義。未曾有一法，不從因緣生，是故一切法，無不是空者。**」[6]正因為是因緣所生，所以這種生相是無常的，緣聚則生，緣散則滅，空無自性，不能永遠存在。雖然這種無自性的空相，難以透過語言文字完整的表達，但為引導眾生對於此法門的理解，故勉強假藉名字來表述。能夠如此理解緣生之有、緣生即空、緣生是假名，即是證入中道第一義。至於隨後的一偈，只是在詮釋此中道偈，它所下的結論是，世上絕無任何一法不是因緣所生，因此，一切法皆空。

　　如果進一步分析上述的中道偈，可以看出，偈中四句的每一句，都各各指向不同的意義。但各家說法不一，其中的一種是，眾因緣生法 —— 有義，我說即是無 —— 空義，亦為是假名 —— 假義，亦是中道義 —— 中義。而這四種句義，都在詮釋因緣兩字，所以長水子璿說，佛教的全部經典教義，都是以因緣為宗趣。[7]

5　夫境由心現，故不從他生。心籍境起，故不自生。心境各異，故不共生。相因而有，故不無因生。《宗鏡錄》卷第三，T48，n2016，p430a4-6。

6　《中論》卷第四，T30，n1564，p33b11-14。

7　又如《中論》都明有等四義，云：「因緣所生法，我說即是空，亦名為假名，亦名中道義。」即三乘教中所說，空、有、中、假等義，並不出因緣，故云佛教統宗因緣也。《金剛經纂要刊定記》卷第二，T33，n1702，p182b4-8。

「眾因緣生法」指向有義，是因世上一切法都有生、有滅，依因緣聚散而定。

「我說即是無」中的無，部分版本使用「空」字，意義相同。是指，有生滅之法即是無自性、非常存之法，諸法既無自體，即稱為空。

「亦為是假名」是指，諸法自性雖空，但緣合之相狀卻宛然而有，而得以假藉名字加以描述。

「亦是中道義」這句話有兩種以上的解釋，其中之一是，總攝前三句義，而主張非空非有、即空即有的中道第一義。說法如下：

非空：因有假名，所以不能說完全沒有，正似所謂的「幻有宛然」。此處的非空，是指偈中的「眾因緣生法，亦為是假名」。

非有：既然是緣生，即無自性，所以是空非有。此處的非有，是指偈中的「眾因緣生法，我說即是無。」

非空非有、即空即有：因為假有，所以非空。也因為本體是空，所以是非有。體悟這種不有不無，即有即無的實相，就稱為中道第一義。

本章初始即以探討中道第一義為重點，主要是《金剛經》全經總要即是在於闡發中道第一義，中道第一義即是空慧。而真俗二諦說法，亦以發揚中道第一義為歸趣。因此說《金剛經》是，以中道為體，以二諦為宗，亦不失允當。[8]

---

8 夫理歸中道，二諦為宗。何者？萬法之生，皆假因緣而有生滅流謝，浮偽不實，稱之為俗也。因緣諸法，皆無自性。自性既無，因緣都忘。本自不生，今則無滅。體極無改，目之為真。真俗為二，理審為諦。聖心正觀，鑒真照俗。此當中道法相之解，稱為般若。般若，慧也。⋯此經本體，空慧為主。略存始終，凡有三章。《金剛般若波羅蜜經注》，X24，n454，p395a14-b1。

　　《金剛經》的正宗分是從須菩提發問而揭開序幕：「世
尊！善男子、善女人，發阿耨多羅三藐三菩提心，應云何住？
云何降伏其心？」其中的住，並非指如凡夫的住於有相，也
不是如二乘的住於偏空，而是指住於真如、法性、實際，這
是非假非空的中道諦。[9]在探索中道的經文架構之前，則必須
就緣起即空、八不中道與二諦說法等概念先行釐清，俾能顯
發經文所蘊含的深義。

一、緣起即空之鐵律

　　《金剛經》中只提到「虛空」兩字，並未提及緣起、緣
生或空等名字，然而經文意在言外，可謂處處以緣起即空為
說法之基礎。如說：「離一切相，則名諸佛。」吉藏疏釋為，
離一切相即是無所得，無所得名為涅槃，名為諸佛。[10]吉藏
所說的無所得，是指體悟無相之理，內心無所執著，無所分
別。因為諸法皆由因緣生，無自性，無自性即是無定相可得，
所以稱為無所得。[11]既無定相可得，內心無所執著，即不墮

9　所云住者，非住於相，如凡夫所住。亦非住於空，如二乘所住。乃真如、
　　實際，非假非空，住於中道諦也。《金剛經宗通》卷一，X25，n471，
　　p3b24-c2。

10　問：佛何故離一切相耶？答：有一切相則是有所得，無一切相則是無所
　　得。有所得故，是生死凡夫。無所得，名為涅槃，名為諸佛也。《金剛
　　般若疏》卷第四，T33，n1699，p115a13-16。

11　無所得有二種：一者、世間欲有所求，不如意，是無所得；二者、諸法
　　實相中，受決定相不可得故名無所得；非無有福德智慧、增益善根。如
　　凡夫人分別世間法故有所得；諸善功德亦如是，隨世間心故說有所得，
　　諸佛心中則無所得。《大智度論》卷第十八，T25，n1509，p197b4-9。

於生滅、常斷、一異、來去等四雙八計之中，此種內心不偏
於兩端的觀行，名爲中道正觀。亦因其係爲發明緣起即空的
道理，故又稱爲八不緣起。

　　《金剛仙論》對於離一切相的意義，則進一步解釋爲法
空。理由是，諸佛見能取之我與所取之法，兩者皆虛誑不實，
本來是空，所以離斷。然而論中特別強調，是指因緣法空，
而非佛性法空。[12]此係因菩提流支所譯《金剛仙論》屬瑜伽
系之論典，主張真常唯心論，不同於中觀系之性空唯名論，
因此雖說法空，但佛性例外，佛性是常，它不同意中觀系主
張之一切法畢竟空，涅槃與佛性等一切無爲法亦空的觀點。

　　有關緣起即空之論證，請參閱第五章。

二、八不中道之闡揚

　　「八不中道」一詞未曾出現在《金剛經》的經文中，但
如以其內涵，不生不滅、不常不斷、不一不異、不來不去等
別相而言，則經中可謂皆有深妙的發揮。其特徵是，每說二
不一雙之後，並不說此亦是中道第一義，但其蘊含的整體義
理正是述說中道，而中道即是第一義，亦是空慧。因此佛陀
提出的四依之中，即有「依義不依語」的教誡。佛陀提醒佛
弟子，修道者當以中道第一義爲依，不可以文字、語言之表
相爲依。龍樹以「指月之指」爲喻，章句言說是手指，經文

---

12 明諸佛見此能取所取我之與法，虛誑不實，以皆是空，故所以離也。此
　明法空者，但論因緣法空，不明佛性法空也。《金剛仙論》卷第五，T25，
　n1512。834c1-3。

義涵是月亮，手指指向月亮，是意圖讓人依循手指所示方向，看到月亮，而非僅叫人看到指月之指而已。[13]《金剛經》經文義涵的解悟亦應如此，遵行此項「依義不依語」的原則。

（一）不生不滅

如《金剛經》說：「無法相，亦無非法相。」所謂法相是指，自五陰、十二入、十八界，以至菩提、涅槃，凡是一切法中，有名字、有相狀者，皆稱為法相。而非法相意謂，上述之法相，無實自性，皆不可得，不可得即是空義。全句所表達的意義是，若就中道第一義而言，法本不生，故無法相。由於諸法本來不生，故亦無滅，故無非法相。若就二諦來說，雖於第一義層次是離一切相而沒有法相可言，但隨世間言說，因此於俗諦層次則亦無非法相。正如《華嚴經》偈頌所說：「觀察於諸法，自性無所有，如其生滅相，但是假名說。一切法無生，一切法無滅，若能如是解，諸佛常現前。」[14]簡而言之，這種即言說即遮遣的句型，在大乘佛經中到處可見，其基本義涵應是在於發揚不生不滅、不落兩邊的中道第一義。

---

13 如佛所說，是諸比丘當依四法。何等為四？依法不依人；依義不依語；依智不依識；依了義經不依不了義經。《大般涅槃經》卷第六，T12，n375，p642a21-23。
在般若經中「依義」是指：「依義」者，義中無諍好惡、罪福、虛實故，語以得義，義非語也。如人以指指月以示惑者，惑者視指而不視月，人語之言：「我以指指月令汝知之，汝何看指而不視月？」此亦如是，語為義指，語非義也。是以故不應依語。《大智度論》卷第九，T25，n1509，p125a29-b5。

14 《大方廣佛華嚴經》卷第十六，T10，n279，p81c11-14。

（二）不常不斷

不常不斷與不生不滅意義相同，不常即是不生，不斷是不滅。諸法若實有則是常，先有今無則為斷，就緣起理論而言，常與斷的說法不能成立，因此說不常不斷，其用意在於助成不生不滅義。[15]

從有無邊看，常是定有，斷則是定無，所以常見屬有見，斷見則是無見。[16]因此《金剛經》所說：「我皆令入無餘涅槃而滅度之。如是滅度無量無數無邊眾生，實無眾生得滅度者。」即是在於遮遣斷常、有無之見。因為菩薩若說有眾生可度，即是落於常見。若說無眾生可度，則墮於斷見。經中說，雖度無量眾生而實無所度，故屬降伏常見。雖無所度而常度眾生，故屬降伏斷見。

《金剛經》中此類遮遣斷常、有無之見的例子相當多，略舉如下：

（1）菩薩於法，應無所住，行於布施 —— 不斷。

（2）若菩薩有我相、人相、眾生相、壽者相，則非菩薩 —— 不常。

（3）但凡夫之人貪著其事 —— 非有。

---

15 問曰。不生不滅已總破一切法，何故復說六事？答曰：為成不生不滅義故。有人不受不生不滅，而信不常不斷。若深求不常不斷，即是不生不滅。何以故？法若實有則不應無，先有今無是即為斷，若先有性是則為常，是故說不常不斷，即入不生不滅義。《中論》卷第一，T30，n1564，p1c21-2a3。

16 定有則著常，定無則著斷，是故有智者，不應著有無。《中論》卷第三，T30，n1564，p20b17-18。

（4）亦無非法相 —— 非無。

（5）以三十二相觀如來 —— 常見。

（6）如來不以具足相故，得阿耨多羅三藐三菩提 —— 斷見。

（7）發阿耨多羅三藐三菩提者，說諸法斷滅 —— 斷見。

（8）發阿耨多羅三藐三菩提者，於法不說斷滅相 —— 不斷。

　　上述八例中，以第八例對於不常不斷、非有非無說得最直接。根據窺基的疏釋：「於法不說斷滅者，謂發心菩薩知因說果，去離斷常，故不說斷滅也。」[17]這是從無住修行的觀點切入，以解釋不常不斷的含意。直指發心菩薩證覺緣起因果的道理，因此雖證涅槃而能超越涅槃，還住生死而不斷生死。如果斷滅生死，即同二乘，住於涅槃，入而不出，因此稱為不說斷滅相。既然不說斷滅相，即是去離斷常，正觀中道。

（三）不一不異

　　不一不異的概念，主要在於說明因果之間的不即不離。《中論》說：「若法從緣生，不即不異因。」[18]因果兩者，因是能生，果是所生，能生與所生意義有別，不能視為一體，也就是，從能所的觀點看，兩者不能相即。但從緣生的角度

---

17 「於法不說斷滅」者，謂發心菩薩知因說果，去離斷常，故不說斷滅也。謂雖得涅槃，還住生死，然不令斷生死。若斷滅生死者，即同二乘，住涅槃故。以此故名不說斷滅相也。《金剛般若經贊述》卷下，T33，n1700，p152c4-8。

18 《中論》卷第三，T30，n1564，p24a9。

看，因是果之因，果是因之果，如同波即是水，水即是波，兩者不能說相異。

在《金剛經》中亦有不一不異的章句，其中以世界與微塵關係的論述最具代表性。經說：「以三千大千世界碎為微塵。」經義以微塵從壓碎之世界而生，則世界與微塵兩者不可為異。至於「一合相者，則是不可說。」依無著之《金剛般若論》，一合相是「搏取」的意思。[19]既然是捏聚塵土而為世界，則一邊是塵土，一邊是世界。塵土與世界，兩者形狀與大小截然不同，不可相即。如果能秉持世界與微塵兩者是不一不異關係的看法，即是中道正觀。

（四）不來不去

龍樹提出八不論述，目的在於破斥因果相生的說法。最後這兩不，不來不去（出），旨在破斥果從因內而出，與果從因外而來的兩種邊見，所以說不來不去，以論證一切法皆從因緣生，緣合則有，緣散則滅，所謂來去，只是幻相。

《金剛經》說：「如來者，即諸法如義。」又說：「如來者，無所從來，亦無所去，故名如來。」旨在闡明如來法身即等同真如，體性遍一切處、一切時，橫遍十方，豎窮三際。因為遍一切處，所以不能說從何處來，去至何處。因為遍一切時，所以萬古一定，無所謂從未來到現在，從現在去過去。即令現在，亦無住處可言。《大品經》所指出，諸佛

---

19 有二種搏取，謂一搏取及差別搏取。眾生類眾生世界有者此為一搏取，微塵有者此為差別搏取，以取微塵聚集故。《金剛般若論》卷下，T25，n1510a，p765c15-17。

無所從來，亦無所去。[20]也是說明真如即是佛，真如凝然不動，因此佛陀無所從來，亦無所去，平日的行、住、坐、臥，只是緣起假名的幻有，似有行住而非行住。唐朝如滿禪師說：「來為眾生來，去為眾生去。清淨真如海，湛然體常住。」[21]眾生之所以見佛現前或離去，皆因眾生心有所感，佛陀能應，兩者感應道交所呈現。如果眾生的心水清淨，則見佛來，因此說佛陀來無所從。眾生心水垢濁，則見佛去，實際上佛陀是去無所至。佛陀任運無心，寂而常照，照而常寂，本無來去，只是隨眾生所見而有去來。

　　從所觀境來說，功德施認為，如來不去不來是指「無住涅槃」。[22]因為本來沒有一個叫涅槃的真實處所可去，但透過空慧的修行則可證入，這就稱為「去」。同樣的，本來也沒有一個叫生死的真實處所，可以從那裡出發到三界來，而

20　「爾時，曇無竭菩薩摩訶薩，語薩陀波崙菩薩言：『善男子！諸佛無所從來，去亦無所至。何以故？諸法如不動相，諸法如即是佛。』」《大智度論》卷第九十九，T25，n1509，p744c16-18。

21　洛京佛光如滿禪師（曾住五臺山金閣寺）唐順宗問？佛從何方來，滅向何方去？既言常住世，佛今在何處？師答曰：佛從無為來，滅向無為去。法身等虛空，常在無心處。有念歸無念，有住歸無住。來為眾生來，去為眾生去。清淨真如海，湛然體常住。智者善思惟，更勿生疑慮。帝又問：佛向王宮生，滅向雙林滅。住世四十九，又言無法說。山河及大海，天地及日月。時至皆歸盡，誰言不生滅？疑情猶若斯，智者善分別。師答曰：佛體本無為，迷情妄分別。法身等虛空，未曾有生滅。有緣佛出世，無緣佛入滅。處處化眾生，猶如水中月。非常亦非斷，非生亦非滅。生亦未曾生，滅亦未嘗滅。了見無心處，自然無法說。帝聞大悅，益重禪宗。《景德傳燈錄》卷第六，T51，n2076，p249a3-16。

22　涅槃無有真實處所，而至於彼，名之為去。生死亦無真實處所，而從彼出，名之為來。不去不來是如來義，此即顯示無住涅槃。雖生死、涅槃無有一異，而於三界牢獄引喻眾生，盡未來際而為利益。《金剛般若波羅蜜經破取著不壞假名論》卷下，T25，n1515，p896a11-15。

眾生卻數數受生，輪迴不息，因此名爲「來」。如來則以大
悲故不住涅槃，以大智故不住生死，悲智相導而無住著，如
此住無所住，卻能盡未來際利益眾生，是爲無住涅槃。

三、以八不中道觀一切有爲法

　　《金剛經》的最後一偈，依羅什的譯本是：「**一切有爲
法，如夢幻泡影，如露亦如電，應作如是觀。**」其中對有爲
法的譬喻有六種，但在其餘的五種譯本，以及地婆訶羅所譯
功德施的《不壞假名論》，都是九喻，而爲：「**一切有爲法，
如星瞖燈幻，露泡夢電雲，應作如是觀。**」惟無論是六喻，
抑或九喻，皆在譬喻有爲法無常，緣起即空的體性。[23]功德
施在其論中，援引《中論》的二諦說、八不中道以及一切法
非積住性之般若思想，以詮釋九喻。[24]他先從二諦著手，以
俗諦解析九喻，凸顯有爲法之不可得。於真諦層面，再以八
不與非積住性等九項來分析九喻。[25]以下係引用功德施對九
喻的剖析，顯發其以八不中道觀一切有爲法無常、無生之透
徹見地。

　　功德施先依俗諦，以九喻安立有爲法。亦即從世俗諦著

---

23 有關《金剛經》的譯本不同問題，請參閱第六章。

24 此處所謂的非積住性，應是指一切法的集、散皆不可得。參見《大智度
　　論》：「是眼識等法，生時無來處，非如田上穀，運致聚集；若滅時無
　　去處，非如散穀與民。是名略說諸法集、散相。生時無所從來，散時無
　　所去，是諸法皆如幻化，但誑惑於眼！」《大智度論》卷第四十二，T25，
　　n1509，p364c10-14。

25 《金剛般若波羅蜜經破取著不壞假名論》卷下，T25，n1515，p897a2-b5。

手，以九喻觀察有爲法的九個體相，以描繪出有爲法的種種
性格。

1.星：譬如星光，日出即隱，有爲法亦如是，恒見遷謝。

2.瞖：猶如眼瞖，非病人自作，因患病而生，有爲法亦
　如是，緣集則現。

3.燈：亦如燈焰，念念生滅，有爲法亦如是，刹那不住。

4.幻：譬如魔術，迷惑人眼，有爲法亦如是，凡夫誤以
　爲實有。

5.露：如朝露滋潤萬物，有爲法亦如是，滋潤眾生內心
　愛見。

6.泡：雨滴成泡，各別而生，各別而滅，有爲法亦如是，
　各別生滅無常。

7.夢：夢中境界來無所從，而妄心見有來處，有爲法亦
　如是，來不可得。

8.電：如空中閃電，一閃即逝，有爲法亦如是，去無所
　至。

9.雲：譬如空中積雲，時集時散，有爲法亦如是，生滅
　無常，積住不久。

其次，功德施依《中論》的中道第一義，以八不及般若
波羅蜜的不集不散體性，配對顯示觀有爲法畢竟空的涵義。
他首先引用《中論》的名偈：「諸法不自生，亦不從他生，
不共不無因，是故知無生。」以觀察諸法本自無生爲前提，
再以八不等概念解析九喻。

1.瞖：眼瞖係因緣所生，非人所作，有爲法亦如是，應
　知不生。

2.星：星光為日光遮蔽，但隱而不滅，有為法亦如是，應知不滅。

3.燈：燈焰自體畢竟空，焰生焰滅皆不可得，有為法亦如是，應知不斷。

4.幻：如魔術遮人眼目，本非實物，不能長存，有為法亦如是，應知不常。

5.露：萬物各別受朝露滋潤，亦如愛能各各潤生，有為法亦然，故知不一。

6.泡：水泡雖多，都是雨水所成，有為法亦如是異性不成，應知不異。

7.夢：夢中境界本自不生，云何有來？有為法亦無來義，故知不來。

8.電：閃電瞬間生滅，無所從來，亦無所去，有為法亦然，故知不去。

9.雲：空中流雲，體性不實，不能長久積住，有為法亦然，故非積住性。

四、二諦觀點之解析

《中論‧觀四諦品》說：「諸佛依二諦，為眾生說法，一以世俗諦，二第一義諦。」[26]意指諸佛在說法時，先透過世俗層次的道理，讓眾生容易了解，再引導其深入解悟緣起性空的殊勝真理。由於此真理於諸法中第一，所以稱為第一

---

26 《中論》卷第四，T30，n1564，p32c16-17。

義諦，亦名爲真諦。[27]在所有的佛經中，諸佛都是依世俗諦與第一義諦（真諦）這兩種理路說法。

在《金剛經》也不例外，甚至是處處說二諦，但仍以說第一義諦爲主軸。經中所說包括：凡夫、聲聞、菩薩、如來、業果、校德等種種名義，都屬世俗諦。至於無住布施、離相、筏喻、不可取、不可說、無我、無所得、無所從來亦無所去等等經義，都是屬於真諦的範疇。此外，經中通常以俗諦與真諦並舉的型態呈現相關的經文。以下略舉數例：

1. **若心有住，則爲非住**：此句經文，在功德施的《不壞假名論》中，地婆訶羅譯爲：「如是住者，即爲非住。」並指出，如是住即屬世俗諦，非住則屬真諦。[28]因爲心住六塵而發心，即是心有所求，那是世俗功利的作法。而心無所住則住於菩提，此乃真諦層次的發心。

2. **一切諸相，即是非相**：意指，利益一切眾生的相想是以世俗諦說。真諦則是無相，雖利益眾生，但不作利益眾生想。

3. **一切眾生，則非眾生**：五陰和合通稱眾生，屬世俗諦。而眾生既是眾緣和合所生，本無自性，是故真諦說非眾生，以示眾生空。

4. **須菩提！菩薩應如是布施，不住於相**：如是布施是從世俗諦說，不住於相則屬真諦。因爲不住相布施是清淨施，

---

27 第一義者，亦名真諦。第一是其顯勝之目，所以名義。真者，是其絕妄之稱。世與第一，審實不謬，故通名諦。《大乘義章》卷第一，T44，n1851，p482c24-26。
28 《金剛般若波羅蜜經破取著不壞假名論》卷上，T25，n1515，p891c27-28。

由此清淨因可得無邊福聚。

　　5. **須菩提！如來所得法，此法無實無虛**：如來所得法是語言文字，語言文字屬因緣所生，本無自性，是世俗諦。但言中雖無菩提，不妨因言說而得菩提，所以說無實無虛。無實無虛即是非有非無、不常不斷，兩邊俱離，顯發中道，而中道即是第一義諦。

　　6. **不取於相，如如不動**：取相是世俗諦，不取相如如不動是真諦，因此總顯真俗圓融、二諦無礙。

第二節　三句論 —— 中道第一義

　　《中論・觀四諦品》說：「**眾因緣生法，我說即是空，亦為是假名，亦是中道義。**」[29]這句四句偈（以下簡稱中道偈）是龍樹所說，它是大乘空義的核心思想，也是探討般若空慧的源頭，可以由此貫通一切佛教的經論，尤其漢傳佛教各宗教派的論述，無不基於此一思維而發展，所以自古以來，龍樹被漢傳佛教界尊稱為「八宗共主」。[30]《金剛經》中，此一偈頌的空、假、中義，所貫穿的三句論經文，更多達三十六則，形成經義的骨幹，其重要性不言而喻。

　　此偈的解法，歷來略分為兩種：

　　第一是分為三句：眾因緣生法即空；眾因緣生法即假；

29　《中論》卷第四，T30，n1564，p33b11-12。

30　此處所謂的八宗是指，漢傳大乘佛教的八個宗派，包括：律宗、三論宗、淨土宗、禪宗、天台宗、華嚴宗、法相宗與密宗。

眾因緣生法即中。

　　第二是整句詮釋：體悟因緣生法即空，但以假名說，如此即臻中道第一義。

　　無論採取何種解法，古德所持理由都能自圓其說，此處毋庸論斷孰是孰非。其實兩種解法，皆已普遍用於三句論中，且依佛教各宗所重宗趣的不同，而對三句論意義的闡釋，產生大異其趣的結果。

　　所謂的三句論是指，《金剛經》中的「所謂 A ＋即非 A ＋是名 A」句型，例如：「莊嚴佛土者，即非莊嚴，是名莊嚴。」或其他簡化、變形的不完整句型，但明顯可看出是本於三句論而衍生的型態。對這些三句句型所採取的解析方式，大致可以分為依二諦、依三諦、依三身、依真空妙有等四種。本文對於《金剛經》中三句論經義的詮釋，主要是依二諦的理路進行，因為龍樹說過：「諸佛依二諦，為眾生說法。」是故依此進路，應不失為比較穩健的作法。

一、依二諦解三句論

　　如果以二諦為主軸來分析三句論之句義，則其根本精神，即是採用上述中道偈的第二種解法，將整句的意義視為中道第一義。但因經中此種句型眾多，為免一再重複，而省略「亦是中道義」這一句，是故由四句縮短為三句，但表達中道思想的根本涵義仍然存在。此種三句論的句型似可以下列公式呈現：

　　所謂 A（標舉）＋即非 A（真諦）＋是名 A（俗諦）＝
中道義（省略）。

　　在無著的《金剛般若論》中，即是依二諦觀來詮釋此一
句型。例如：是福德，即非福德性，是故如來說福德多。宋
朝的長水子璿認爲，無著解此句經文爲，是福德 ── 標牒；
即非福德性 ── 約勝義空；是故如來說福德多 ── 約世俗
有。[31]亦即首句所立「是福德」，其用意在於牒發標的，施
設論題，俾供後續經文加以詮釋。第二句的即非福德性，此
句是就眞諦的視角來檢驗前述所標牒的福德，認爲福德空無
自性，沒有眞實的福德性可得言說。第三句的是故如來說福
德多，是就世俗諦觀點，爲了讓眾生能夠了解，假藉語言文
字而說有眾多福德可說。如依照上述龍樹的中道偈作疏釋，
則應加上一句：此即中道第一義。可能是因經中此類句型多
達三十六則，爲化繁爲簡，而予省略。

　　長水子璿再舉「所謂佛法者，即非佛法，是名佛法。」
爲例，認爲即非佛法是眞諦，是名佛法是俗諦。而且《金剛
經》中所有的這類「即非、是名」句型，皆可例此類推。[32]他
另有說明，以爲執有爲增，執無爲減，離此增減謗，不墮二
邊，即不失中道第一義。由此可見，他也是認爲三句論的句

31　無著云：是福德者標牒。「即非」者，約勝義空；「是故」者，約世俗
　　有。《金剛般若經疏論纂要》卷上，T33，n1701，p160b18。
32　離增減者，謂執有爲增，執無爲減。前墮此二則失中道，今皆離之，故
　　得不失也。如經中：即非佛法，是勝義諦，遮增益邊。是名佛法，是世
　　俗諦，遮損減邊。其餘即非、是名，皆例此也。《金剛經纂要刊定記》
　　卷第三，T33，n1702，p191c12-16。

型中，是含有表達中道第一義的用意。

其實三句論的句型，並非僅出現在《金剛經》中，在同為般若系的《大品經》中亦隨處可見，例如：「**須菩提！譬如身和合故有，是亦不生不滅，但以世間名字故說。**」[33]此中，首句的身和合故有，即是標舉。第二句的身亦不生不滅，即是真諦。第三句的但以世間名字說，即是俗諦的假名。

龍樹對此類句型的疏釋方式，在《智論》中顯示更為清楚，例如：「**眾生乃至知者、見者，皆是五眾因緣和合生假名法；是諸法實不生不滅，世間但用名字說。**」[34]首句的眾生乃至見者，即是《金剛經》中的眾生見等四見，而且兩者同為十六知見的縮簡代稱，此中標舉的是，十六知見皆是因緣假法，如同《金剛經》中所說，四相皆無實體而須離斷一樣。第二句的是諸法實不生不滅，是以真諦觀察十六知見，皆空無自性，而以因緣有，本無生相，所以不生，不生則不滅。第三句的世間但用名字說，是指法雖無生滅，不可說，但從世俗諦看，為了讓眾生了解，而勉強以言說假名來表達。

再以經中的「**須菩提！如來所得法，此法無實、無虛。**」一句為例，首句的如來所得法，是指如來所證的阿耨多羅三藐三菩提，即是標舉。第二句的此法無實，係指所得法屬言說，所以從真諦看，第一義離言說相，因此得而無得，所以無實。第三句的此法無虛，係指從世俗諦觀察，世間不無言

33　《摩訶般若經》卷第二，T8，n223，p230c16-18。

34　是中佛說譬喻：「如五眾和合故名為我，實我不可得；眾生乃至知者、見者，皆是五眾因緣和合生假名法；是諸法實不生不滅，世間但用名字說。菩薩、菩薩字、般若波羅蜜亦如是，皆是因緣和合假名法。」《大智度論》卷第四十一，T25，n1509，p358b5-9。

說相，此種性空緣起的假有，亦無可否認。

　　印順亦有相同看法，他舉經中的「所言一切法者，即非一切法，是故名一切法。」爲例，認爲：「第一句舉法 —— 所聽聞的，所見到的，所修學的，所成就的；第二句約第一義說即非，第三句是世俗的假名。」[35]他的解析與長水子璿的說法一致，都是採用二諦說來詮釋三句論的句義。

　　綜括上述諸例，可以看出，假設全系列般若經的三句論句型，皆以二諦的觀點作解說，應仍可會通無礙。尤其特重三句論的《金剛經》，如果採二諦爲主調加以剖析，更是暢然無阻。因爲「此經法相，唯談二諦。」[36]以二諦解經，可謂契理契機，解義圓滿，不失中道第一義。

二、依三諦解三句論

　　依據龍樹中道偈的第一種解法，是分爲三句：眾因緣生法即空；眾因緣生法即假；眾因緣生法即中。這三句的主題分別是，第一句俗諦，第二句真諦，第三句中道諦。依此空、假、中三諦來詮釋三句論的句型，所呈現的公式則是：

　　所謂 A（俗諦）＋即非 A（真諦）＝是名 A（中道第一義諦）

---

35 印順，《初期大乘佛教之起源與開展》，新竹：正聞，2003，頁 755。
36 須知此經法相，唯談二諦。二諦一體相，即正如波水，偏取不可故。《金剛般若波羅蜜經采微》卷上，X24，n464，p624a17-18。

　　此一解法，三論師名之爲「就中假義釋」。其就四句偈
的配置是，眾因緣生法 —— 俗諦，我說即是空 —— 真諦，亦
爲是假名、亦是中道義 —— 中道。理由是眾緣所生的有法是
假名有，所以非有。眾緣所生法的空相是假名空，所以非空。
既然非有非空，即是中道。[37]雖說以空、假、中三諦作解析，
但印順認爲，還是不出空、假二諦，只是因爲緣起與性空交
融無礙，而稱爲中道，並非離空有之外，另有一個第三者的
中道。[38]三論師的此項見解，與天台宗的主張頗有差距。天
台宗是真實的視爲其中有即空、即假、即中的三項諦理存在，
並依據此一偈頌進一步發展出「一心三觀」的天台學理論。

　　如果依據第二種解法來分析《金剛經》中的三句論，則
大致可以依照下列方式進行，例如：「**如來說第一波羅蜜，
非第一波羅蜜，是名第一波羅蜜。**」以俗諦觀點看，般若導
行其餘五度而利益一切眾生，是諸法中第一，所以說般若波
羅蜜是「第一波羅蜜」。然而真諦理中，法性本空，無生可
度，亦無彼岸可到，所以又說「非第一波羅蜜」。再從中道
第一義諦的高度觀察，如果執著於有眾生可度，而落於有邊。

---

37 次就中假義釋者。因緣所生法，此牒世諦也。我說即是空，明第一義諦
　　也。亦為是假名，釋上二諦並皆是假。既云眾緣所生法，我說即是空，
　　此是有宛然而空，故空不自空，名為假空。空宛然而有，有不自有，名
　　為假有。亦是中道義者，說空有假名，為表中道，明假有不住有，故有
　　非有；假空不住空，故空非空。非空非有，即是中道。《中觀論疏》卷
　　第十（本），T42，n1824，p152b1-8。

38 雖說三諦，依然是假名絕待的二諦；不過立意多少傾向圓融而已。中道
　　是不落兩邊的，緣生而無自性空，空無自性而緣起，緣起與性空交融無
　　礙，所以稱之為中道義，即是恰當而確實的。不是離空有外，另有一第
　　三者的中道。《中觀論頌講記》，新竹：正聞，2004，頁465。

抑或執著於無眾生可度，而墮於頑空。此皆是執取兩邊，偏離中道。真正的中道是離俗離真，非有非空，所以稱爲「第一波羅蜜」。

其次，以經中的另一三句論爲例，此種三諦解法更能清晰呈現。經說：「莊嚴佛土者，則非莊嚴，是名莊嚴。」菩薩上求佛道，下化眾生，如此踐行佛事，從俗諦觀點看，是可以說菩薩「莊嚴佛土」。然而菩薩無住行施，以無所得心而行佛事，從真諦層次論，並無住心莊嚴可言，所以說「則非莊嚴」。就中道第一義諦說，由於菩薩能做到嚴而非嚴，非嚴而嚴，雙顯真俗二諦，所以稱爲「是名莊嚴」。

清初的無是道人以更具體的假、空、中三觀來論證此偈：

> 第一句莊嚴佛土者，是假觀，是俗諦，屬相宗。
> 第二句即非莊嚴，是空觀，是真諦，屬空宗。
> 第三句是名莊嚴，是空假俱融，真俗無礙，是中道觀、中道諦，屬性宗。[39]

他以三觀、三諦具體列配，以詮釋此三句論，可謂既清晰且明確。不過，他以假觀屬相宗，空觀屬空宗，中觀屬性宗，此種列配方式，牽涉判教的宗派間階位問題，卻留下了不小的諍論空間。

39　《金剛經如是解》，X25，n485，p192b9-12。

三、依三身解三句論

大乘佛法中所謂的三身，有多種定義，如依《十地經論》的說法，則是指佛之法身、報身、應身等三身。[40]其中應身通常又稱為化身，或應化身，這是比較常用的分類。

法身是指證顯實相真如之理體，所以法身具有無漏無為、常住湛然等性格。

報身是酬報因地歷劫修行功德，而顯現的三十二相、八十隨形好莊嚴之身。

化身則是隨機應物而顯現之身。

依以上三身的理論，用於詮釋《金剛經》中的三句論，所構成的句型公式，大致如下：

所謂 A（化身）＋即非 A（報身）＝是名 A（法身）

就《金剛經》中三句論句義的詮釋而言，依天親所造《金剛般若論》作註的疏家，通常是採用三身說來解析三句論的涵義，其思路屬於瑜伽學派，而與前述龍樹的中觀學派的主張迥然不同。中觀派主張諸佛只有兩種身，包括真身與應身。[41]真身總攝法身與報身，應身即是化身。因此中觀派所謂的

---

40 一切佛者，有三種佛：一、應身佛。二、報身佛。三、法身佛。《十地經論・初歡喜地》卷之三，T26，n1522，p138b12-13。

41 而佛身有二種：一者、真身，二者、化身。眾生見佛真身，無願不滿。佛真身者，遍於虛空，光明遍炤十方，說法音聲亦遍十方；無量恒河沙等世界滿中大眾，皆共聽法；說法不息，一時之頃，各隨所聞而得解悟。《大智度論》卷第三十，T25，n1509，p278a18-23。

法身，不但等同真如，而且還能說法。有關開立三佛身的理由，吉藏的解釋是，必須先有法身佛才有報身佛，有報身佛才有化身佛。法身佛即是佛性，行者必須具有佛性，在因地修行圓滿而證成報身佛，這兩種佛身是自利德。然後度化眾生，是化他德，所以有化身佛。[42]法藏的詮釋則是，法身是指離妄之真理；報身是會真之妙智；化身則爲應物之權跡。[43]惟無論是二身，或三身，兩個宗派的主張，歸根究柢總是一個佛身。

佛教界以三身說解三句論，自公元五世紀以來已蔚爲風氣，且已建構出完整的理論體系，成爲研究《金剛經》的主流思潮，在此限於篇幅，僅能略舉數例，俾供與二諦說或三諦說作對照。

經中說：「須菩提！當知是人，成就最上第一希有之法。」若依三身說解釋，最上是指法身，第一即指報身，希有則指化身。[44]意即受持讀誦此經，能成佛之三身，具無量無比功德。因此句中的「法」字，即是指佛身。

若依二諦等其他思維詮釋，「法」字是指般若，般若能使修行者直趣無上菩提，所以最上。般若勝過餘乘，所以第

42　由有法佛故有報佛，由有報佛故有化佛。法佛是佛性，要由佛性故，修因滿成報身。此二即是自德。然後化眾生即是化他德，故有化佛也。《金剛般若經義疏》卷第三，T33，n1699，p108a5-8。

43　佛有三種：一者、法身，謂離妄之真理；二者、報身，會真之妙智；三者、化身，應物之權跡。謂法身妙理，菩薩所不測；報身實智，二乘所不知；故應物現形，隨方化接。《金剛般若經贊述》卷上，T33，n1700，p135b20-23。

44　最上者，法身也，無漏無為，絕上上故。第一者報身也，眾聖中尊，更無過故。希有者，化身也，如前所說四種事故。意明受持讀誦，具獲三身，功德圓滿也。《金剛經疏記科會》卷第六，X25，n491，p442a10-13。

一。般若超出世間一切法，所以希有。

「人身長大，則為非大身，是名大身。」此句經文是重述前文的「身如須彌山王」章句，若以三身說詮釋，則以清淨法身並無大小可言，因此佛說非身。而欲顯示的是真法身，所以名為大身。[45]由此可知，其解析模式是：

第一句的人身長大，是指化身。

第二句的非大身，是指報身，因為報身不能以大小稱量。

第三句的是名大身，是指法身。

此段經文若以二諦說疏釋則是，佛說人身長大是指因緣和合的有為身，沒有真正大身的實性，是假名大身而已。[46]此處意在凸顯法身之無漏無為，才是不可思議的大身。

又如：「佛說般若波羅蜜，即非般若波羅蜜，是名般若波羅蜜。」在羅什的譯本中，本來沒有第三句「是名般若波羅蜜」，不過後人參考其他譯本，補綴成為完整的三句論句型。若以三身說詮釋，清初的溥畹認為：[47]

---

45 清淨法身無有大小，佛說非身。是真法身，故名為大身也。《金剛經直說》，X25，n496，p571b7-8。

46 經言：如來說為非體者，顯示法無我故。彼體非體者，顯示法體無生無作故。此即顯示自性與相及差別故。《金剛般若論》卷下，T25，n1510a，p762a9-11。
按：此處達摩笈多將非身譯為非體，所以彼體非體，即是羅什譯本中的人身長大則非大身。

47 所謂佛說般若波羅蜜，即方便隨緣止。謂心隨俗理，故假觀也、俗諦也。屬言說章句，能斷世間凡夫外道執我等四相之惑，證化身也。即非般若波羅蜜，此體真止。以體妄即真，故空觀也、真諦也。能斷出世間聲聞緣覺，執文字章句，成非我等相之惑，證報身也。是名般若波羅蜜，此息二邊分別止。以不當空假，故中觀也、第一義諦也。能斷出世間權位菩薩，撥無文字，是名我人等四相之惑，證法身也。《金剛般若波羅蜜經心印疏》卷上，X25，n505，p833c2-10。

　　第一句的所謂佛說般若波羅蜜，屬言說章句，能斷世間凡夫、外道執我等四相之惑，是證化身。

　　第二句的即非般若波羅蜜，能斷出世間聲聞、緣覺，執文字章句，成非我等相之惑，是證報身。

　　第三句的是名般若波羅蜜，能斷出世間權位菩薩，撥無文字，是名我人等四相之惑，是證法身。

　　若以二諦說譯釋，則其經義迥然不同：

　　第一句佛說般若波羅蜜，是指佛陀權說般若波羅蜜之名稱。

　　第二句的即非般若波羅蜜，是指於真諦層面，其實般若波羅蜜離言說相，離文字相，名字實性不可得，所以並無般若波羅蜜的名字可言。

　　第三句的是名般若波羅蜜，則是從俗諦層面看，佛陀但為方便行者信受奉行，於無名相中強為立名，假名說般若波羅蜜。

　　透過上述三例的對照可知，無論採中觀之教的二諦說（或稱二身說），抑或採瑜伽之學的三身說，在闡釋《金剛經》的三句論時皆能自圓其說，因此無所謂孰優孰劣。正因如此，瑜伽行派的創始者無著與天親昆仲，在解《金剛經》時，無著是採二諦說，天親則採三身說，但兩者並無扞格。在漢傳佛教中，三論宗是以專研《中論》、《百論》、《十二門論》而得名，吉藏是三論宗的創始者，就常理而言，吉藏應以龍樹中觀之教的二諦說詮釋《金剛經》，但實際上，吉藏卻融會大量的三身說用以解說三句論句義。因此有人問吉藏，三身說是屬瑜伽行派的地論師所主張，三論宗採行此說，理由

何在？吉藏於是引用《思益經》的「一切法正，一切法邪。」[48]經文回答，他解釋，如果以有所得心分別諸法，不但不能以三身說妥適解經，就算以一身或二身說詮釋，都是流於戲論。如果以無所得心了悟諸法，就算隨緣引用一身、二身，甚至無量佛身說，解說時都能通達無礙。他反問：為何草率的心存二身說立場，而懷疑三身說的適用性？[49]吉藏提出的這段答辯，正如《金剛經》所說：「一切法皆是佛法。」只要與佛法不相違背，一切法都可以是佛法，不必執著於非以二身說，或三身說解經不可。

四、依真空妙有解三句論

第四種思考模式是，依真空妙有的概念解析三句論句義，依循此種理路，產生的典型解析模式大致是：

第一句的所謂 A，是指「真空」。因為是真空，才有緣起之諸法宛然而有，因果歷歷在目，所以是「說有不有」。

第二句的即非 A，是指「妙有」。因為儘管萬法森羅，

---

48 網明言：「梵天！何謂一切法正，一切法邪？」梵天言：「於諸法性無心故，一切法名為正；若於無心法中，以心分別觀者，一切法名為邪。一切法離相名為正；若不信解達是離相，是即分別諸法。若分別諸法，則入增上慢，隨所分別，皆名為邪。」《思益梵天所問經》卷第一，T15，n586，p36b。

49 問：三佛乃是地論師說，汝今何故乃用斯義？答：作此問者非是通方之論。今一師辨，無一豪可得，一切皆是義。如《思益》云：一切法正，一切法邪。若有所得心，非唯三佛不可得。一佛、二佛悉是戲論。若以無所得了悟之心，隨緣所說一佛、二佛、三佛、十佛至無量佛，並皆無礙。云何苟存二身，疑於三佛？《金剛波若經義疏》卷第三，T33，n1699，p107c26-108a4。

終究皆歸一如，真如是有，凝然不動，所以是「說空不空」。

第三句的是名 A，是綜合前二句的說有不有、說空不空，而形成「真空妙有」的結論，因此三句論句型的第三句，都是用於呈現真空妙有的體性。依此類推，《金剛經》的三句論中，凡是說「是名」者，即是指般若波羅蜜實相。

依照此種真空妙有的思維，即構成以下的解析三句論公式：

所謂 A（說有不有）＋即非 A（說空不空）＝是名 A（真空妙有）

在佛法中，真空妙有思想的產生，主要是針對空宗畢竟空思想的一種大角度的修正。大乘的空宗，一向主張一切法畢竟空，不但一切有為法如夢如幻，甚至無為法中的最勝法涅槃，也是如夢如幻。最後假設就算有更勝出於涅槃的無為法出現，也同樣是視它為如夢如幻的畢竟空。[50]在這種一切皆空的觀照下，可以說是盡掃一切有相，纖塵不立。問題是，強調畢竟空的結果，讓人產生無所依止的虛無感，亦即經中所謂的「說諸法斷滅」。他們注意到諸法不自、他、共、無因生的畢竟空，卻忽略龍樹提到的眾因緣生法的因緣生。諸法實性雖是畢竟空，但緣起的幻相是宛然而有。宛然有是指相似、彷彿有，而非有自性的真實有。

---

50 須菩提語諸天子：「我說佛道如幻如夢，我說涅槃亦如幻如夢。若當有法勝於涅槃者，我說亦復如幻如夢。何以故？諸天子！是幻夢、涅槃不二不別。」《摩訶般若波羅蜜經》卷第八，T8，n223，p276b6-9。

　　包括法相宗、華嚴宗、禪宗等主要宗派在內的如來藏系，是真空妙有論的支持者。他們認為真如雖是真空，但真空不空。

　　窺基質疑：「雖無所執作用因緣，而有功能緣可得故，此若無者應無俗諦，俗諦無故真諦亦無，依誰由誰而得解脫？」[51]他認為諸法是可以不自、他、共作，但仍有功能因緣可得，因此是有有法存在，否則就沒有具相的俗諦可言，如果沒有俗諦，也談不上有真諦，那麼依止何法，或依循何法能證涅槃，得解脫？

　　法藏提出兩偈以詮釋真空妙有的精義：「空不異有，有是幻有，幻有宛然，舉體是空。有不異空，空是真空，真空湛然，舉體是有。」[52]這是等同於《心經》經文「色不異空，空不異色。色即是空，空即是色。」的詮釋。但是有異於中觀系的說法，他是以真空妙有的角度出發，解析空有兩者無絲毫分別的看法。他主張，空與有並無差異，但這個有，並非有實體性的有，而是如幻的有。這個如幻的有，雖然它相似且彷彿是實體的有，不能否定這個有的存在，只是整體來說，它並非實體的有，所以說它是空。有與空亦無差異，但這個空是真空。雖然是真空，但它的體性寂靜，凝然不動，因此不能否定是有這個理體的存在。所以整體來說，它就是有。

　　上述畢竟空與真空妙有兩派的諍論，從佛教傳入漢地持續至唐代，即因三論宗的沒落而終止，如來藏系的真空妙有理論盛行，成為各主要宗派的基礎思想。然而，這並不代表性空的理論有任何問題，而是對於它的理論的了解不夠全面

---

51 《般若波羅蜜多心經幽贊》卷下，T33，n1710，p537b21-23。
52 《華嚴經探玄記》卷第一，T35，n1733，p118a18-20。

與深入所致。關於這一點印順有相當公允的看法。

> 性空者的意見，一切法是性空的，是待緣而成的。因
> 為性空，所以因緣和合可以發心，可以修行，可以成
> 佛。《法華經》說：『知法常無性；佛種從緣起』，
> 也與性空者相合。一切眾生是有成佛可能的，因為是
> 性空的。然而性空並不能決定你能成佛，還是由因緣
> 而定。所以，一切眾生有成佛的可能，而三乘還是究
> 竟的。佛性本有論者，只是覺得性空不能成立，非要
> 有實在的、微妙的無漏因緣而已。[53]

依真空妙有的理論解三句論，其公式其實與三諦說相
似，但是更側重空有之間的關係。在前二句中，每一句都含
有對空有之標舉與遮遣。第三句則是綜合前二句之申論，作
成真空妙有的結論。以下幾句，是以真空妙有解析《金剛經》
三句論經義中，比較典型的例子。

以經說：「佛說般若波羅蜜，即非般若波羅蜜，是名般
若波羅蜜。」為例：

第一句的佛說般若波羅蜜，是標舉般若能斷煩惱，度人
至涅槃彼岸。但是向上一路本為無性的真空，所以是說有不有。

第二句的即非般若波羅蜜，是指般若雖本為真空，但有
能觀能照之功能，能觀無所觀，照無所照，空無所空，到無
所到，所以是說空不空。

53　《中觀論頌講記》，新竹：正聞，2004，頁475。

　　第三句的是名般若波羅蜜，是綜合前兩句的非有非空，成為不觀而觀，不照而照，不空而空，不到而到，如此即是般若波羅蜜實相。[54]

　　若就此種解析方法與三諦說比較，兩者在前兩句的解說內容出入不大，只是在下結論時，三諦說歸結於中道第一義諦，而真常唯心論者歸結於真空妙有。

　　其次以實相的論證為例：「**是實相者，則是非相，是故如來說名實相。**」

　　第一句的是實相者，是指雖說有實相這種東西，但諸法實相即是畢竟空，所以是說有不有。

　　第二句的則是非相，是指雖然實相一相，即是無相，所以說非相，但不是沒有實相這種「東西」。例如說龜毛兔角，只是說龜無毛、兔無角，不是說無龜、無兔。正如傅大士所謂：「**水中鹽味，色裡膠清，決定是有，不見其形。**」[55]因此是說空不空。

　　第三句是故如來說名實相，是指如果能體悟，般若實相如虛空，不見形跡，但它非有非空，是真空妙有，是故如來說名實相。

　　再以經中所說的：「**如來所得法，此法無實無虛。**」為

---

54 夫妙明本性，湛若太虛，何處得名？如來恐人生斷滅見，不得已而強安是名也。蓋人性如金之剛，故能斷除一切煩惱，直至彼岸，故曰般若波羅蜜。然能觀無所觀，照無所照，空無所空，到無所到，故曰即非般若波羅蜜。惟是不觀而觀，不照而照，不空而空，不到而到，故曰是名般若波羅蜜。《金剛經如是解》，X25，n485，p193b21-c3。

55 水中鹽味，色裡膠清，決定是有，不見其形。心王亦爾，身內居停，面門出入，應物隨情。《善慧大士錄》卷第三，X69，n1335，p115b11-12。

例，此句可以分拆成如來所得法無實、如來所得法無虛兩句。

第一句的如來所得法無實，是指妙有不有。

第二句的如來所得法無虛，是指真空不空。

雖然缺第三句，成為簡式三句論，但結合前兩句的句義，即構成真空妙有之精義。

第三節　三種三句論之句型

上述四種詮釋三句論句義的思維，是屬四門解經的進路。至於所解析的三句論本身，就其句型的差異，可以大略分成三種，分別是顯性、簡式與隱性三句論。以下皆以中觀派之二諦觀點，詮釋《金剛經》中所呈現的三十六則三句論。

一、顯性三句論

顯性三句論之句型，係由標舉、真諦、俗諦等三部分所構成，其整體義涵在於表達不落真俗二諦兩邊的中道第一義。若以句型公式呈現則為：

所謂 A（標舉）＋即非 A（真諦）＋是名 A（俗諦）＝中道義（省略）。

第一句的所謂 A，在經中多數以如來說 A、佛說 A、所言 A、所謂 A 或直接揭示出 A 等型態出現。它的目的在於，

提出其後討論的題目，所以稱為「標舉」，意即揭示或列舉，部分注疏則名之為「牒舉」。

第二句的即非 A，是從真諦的觀點詮釋第一句所標舉的論題。

第三句的是名 A，則是從世俗諦的觀點釋題。

如果將這三句連貫起來，則形成中道第一義的完整表達。

以下是採用二諦說，就有關經中的二十一則顯性三句論所作的逐句解析。

1.莊嚴佛土者，即非莊嚴，是名莊嚴。

所謂莊嚴，係指莊重嚴飾。而佛土是指諸佛國土，亦稱淨土。[56]在佛教經論中，莊嚴佛土的方式大致可分為二大類：

第一是事法莊嚴，淨土若以各種奇珍異寶莊重裝飾，讓其中修行的無數菩薩能內心和悅，此即是借重具相的色等諸事法莊嚴佛土。例如阿彌陀佛的極樂世界，即以眾多寶物嚴飾。[57]

第二是理法莊嚴，如果以離有無等的中道清淨心莊嚴佛土，即是以理法莊嚴佛土。例如維摩詰所說的心淨則佛土淨。[58]

---

56 言淨土者，經中或時名佛剎，或稱佛界，或云佛國，或云佛土，或復說為淨剎、淨界、淨國、淨土。《大乘義章》卷第十九，T44，n1851，p834a10-12。

57 極樂國土有七寶池，八功德水充滿其中，池底純以金沙布地。四邊階道，金、銀、琉璃、頗梨合成。上有樓閣，亦以金、銀、琉璃、頗梨、車璩、赤珠、馬瑙而嚴飾之。池中蓮花，大如車輪，青色青光，黃色黃光，赤色赤光，白色白光，微妙香潔。舍利弗！極樂國土成就如是功德莊嚴。《佛說阿彌陀經》，T12，n366，p347a1-6。

58 是故寶積！若菩薩欲得淨土，當淨其心；隨其心淨，則佛土淨。《維摩詰經》卷上，T14，n475，p538c4-5。

六祖慧能則針對佛土的性質不同，而認爲事、理莊嚴有三種，包括莊嚴世間佛土、身佛土與心佛土。[59]

綜合以上三種對於莊嚴佛土的說法，即可採用二諦說詮釋此一三句論：

所謂的莊嚴佛土，並非僅指以眾寶，或寫經、建寺等事法，來莊重嚴飾佛陀的淨土，因爲從真諦來說，事法莊嚴無自性，如夢如幻，不是真正的莊嚴。但從世俗諦而言，則隨順世俗，稱它是莊嚴佛土。

佛陀在此提出「莊嚴、非莊嚴、名莊嚴」的三句論，並非要否定事莊嚴的必要性。只是提醒菩薩，修行時必須離相，以無所得心莊嚴佛土。如此遵行，則無論是採行事莊嚴，抑或理莊嚴，都可達到終日莊嚴，而不取莊嚴相，不著莊嚴法，成就中道第一義真實的莊嚴佛土。

　　2.諸微塵，如來說非微塵，是名微塵。

通常佛經中所說的微塵，可以分爲煩惱微塵與地微塵兩種。煩惱微塵另有多種名稱，包括染、縛、界、垢、污等。[60]在《金剛經》中，係指三千大千世界的所有微塵，所以指的

---

59 清淨佛土，無相無形，何物而能莊嚴耶？唯以定慧之寶，假名莊嚴。事理莊嚴有三：第一、莊嚴世間佛土。造寺、寫經、布施、供養是也。第二、莊嚴身佛土。見一切人，普行恭敬是也。第三、莊嚴心佛土。心淨即佛土淨，念念常行佛心是也。《金剛經解義》卷上，X24，n459，p523b6-10。

60 直言微塵者，或名煩惱，或名爲染，或名爲縛，或名爲界，亦名爲性，亦名爲垢，亦名爲塵，亦名點污，有種種名也。汎云微塵者，亦是煩惱微塵，亦是地微塵，以此二名相似，又名義復同，是故引地微塵爲喻也。《金剛仙論》卷第五，T25，n1512，p831b4-8。

是地微塵，因此在玄奘的譯本中直接翻爲「大地微塵」。

　　經中提及微塵這個名目，不啻同時提供了討論「極微」概念的空間。在佛經中，所謂極微是指物質的最小單位，而由無量數極微的結合，可以構成萬物及世界。問題是，這個世界中，究竟有沒有極微這種東西？龍樹認爲，只要是有體積的東西，就不能稱爲極微，因爲任何物體，不斷分析至最後，連極微也不能存在，所以所謂「微塵」有實體的說法不能成立。[61]不但中觀學派認爲微塵不可得，瑜伽行派也否定微塵具有實體。窺基指出，佛陀在經中說非微塵，主要是透過兩種權巧方便，以破除執取微塵爲實有的錯誤觀念。第一是「細作方便」，既然世界是由微塵所構成，那麼佛陀說出極微的概念，即可除去世界等一切麤色實有的邪觀。第二是「不念方便」，因爲一切色法唯識所現，所以不能因爲極微甚小而認爲有其實體。[62]綜上所述可知，在大乘佛教的各種思潮中，微塵有實體的說法都不能成立。

　　其次，經中有碎世界爲微塵的說法，既然微塵是由粉碎世界而來，顯見微塵是經由因緣和合而生，緣生即無自性，因此微塵並無實體。

　　根據上述分析，這段微塵三句論似可譯爲：

61　復次，若有極微色，則有十方分；若有十方分，是不名爲極微；若無十
　　方分，則不名爲色。《大智度論》卷第十二，T25，n1509，p147c26-28。

62　細作方便，即是極微。合麤世界，極微爲固故。又，以慧折麤界爲微。
　　慧功用者，即《唯識》云：諸瑜伽師假想慧，漸次除折，至不可折，假
　　說極微。不念方便者，不執因微爲實、爲有。念者，觀察執著之義。此
　　之極微，佛雖假喻，恐有執者謂說實有，說非微塵，名爲不念。《金剛
　　般若論會釋》卷中，T40，n1816，p746b27-c4。

世界所有微塵，如來說它本來沒有實體，自性空寂，所以不是究竟極小的微塵，只是假名施設，稱它是微塵。

3.如來說世界，非世界，是名世界。

依照前項對於微塵的解析理路，細微塵既然並無實體，那麼經由摶取微塵而形成的三千大千世界，這個麤世界，當然也是虛假不實，沒有實自體。

其次，世界是由微塵等種種因緣和合而成。世是指時間的遷流，有過去、現在、未來等三世。界是指空間，空間包括東、西、南、北、東北、西南、東南、西北、上、下等十方。[63]所以世界是隨時間遷流而呈現成、住、壞、空演變的有爲法，它顯然並非常住不變的實體。

基於以上兩項理由，對於此一論述世界的三句論經義，應可譯爲：

如來所說的世界，是由微塵所構成，也是眾緣所生的有爲法，是空無自性的幻有，所以說是非世界。但幻有宛然，彷彿是有，所以假名施設，說爲世界。

4.如來說三十二相，即是非相，是名三十二相。

---

63 阿難！云何名爲眾生世界？世爲遷流，界爲方位。汝今當知，東、西、南、北、東南、西南、東北、西北、上、下爲界。過去、未來、現在爲世。位方有十，流數有三。《大佛頂萬行首楞嚴經》卷第四，T19，n945，p122c13-15。

三十二相是古印度人認爲的大人相，佛陀爲弘法度生，於是顯現三十二種大人莊嚴相，令眾生容易生起信心。而三十二相是由百劫修福而得的種種身相，也稱爲百福莊嚴相。[64]由於是經由修福而非修慧而來，因此不但佛陀有三十二相，轉輪聖王也同樣因百劫修福，而得三十二相。所以經中說，不能因爲看到有人有三十二相，就認爲他必定是如來。如果以三十二相作爲認定是否爲如來的標準，那麼轉輪聖王因爲具有三十二相，所以轉輪聖王即是如來，這就失之毫釐，差之千里。就《金剛經》的經義推敲，佛陀意指，如果能持受此經，並爲他人廣說，則般若得以生起，以此福慧雙修所得的三十二相，才是真實的三十二相，才能稱爲如來，否則只是擁有表相而已。

此外，依《智論》的解釋：「**佛法有二種：一者、世諦；二者、第一義諦。世諦故，說三十二相；第一義諦故，說無相。**」[65]上述的說法無異是典型的二諦說，所以此則三句論中，依第一義諦（真諦）說，三十二相即是無相。若依俗諦說，則仍假名二十二相。

另依《無量義經》所說，三十二相非相非色，但以無相之相顯現於有相的色身來化度眾生，如此能令眾生虔敬禮拜，去除自高我慢。[66]據此，經中的三十二相三句論可以譯爲：

---

64 敬禮天人大覺尊，恒沙福智皆圓滿，金光百福莊嚴相，發起眾生愛樂心。《大乘本生心地觀經》卷第一，T3，n159，pṅc19-20。

65 《大智度論》卷第二十九，T25，n1509，p274a8-10。

66 如是等相三十二，八十種好似可見，而實無相非相色，一切有相眼對絕，無相之相有相身，眾生身相相亦然。能令眾生歡喜禮，虔心表敬誠慇懃，因是自高我慢除，成就如是妙色軀。《無量義經》，T9，n276，p385a21-25。

　　如來所說的三十二相，是修福而得的有為假相，它並無
實自相可得，如此無相之相，只是假名說為三十二相。

　　5.是實相者，則是非相，是故如來說名實相。

　　《無量義經》說：「無量義者，從一法生；其一法者，
即無相也。如是無相，無相不相，不相無相，名為實相。」[67]
此處的實相是指諸法實相，為諸法真實之體相，究極之真理，
與真如、法性、實際為同體異名。諸法實相不可見，也不能
以世俗思想與言說完全表達，亦即是所謂的言語道斷、心行
處滅的狀態，所以稱為無相。雖然本體是無相，但卻能彰顯
一切相，如果以一輪明鏡為喻，鏡中本空，卻能映現一切相。
而一切相雖森然羅列，但皆攝歸本空之明鏡。與所謂不動真
際建立諸法，不壞假名而說實相，道理相近。也就是說，即
令真如凝然不動，它卻能流出萬法，猶如大地凝然不動，卻
能繁興萬物，兩者道理類似。因此，諸法實相雖然不可說，
但仍然必須假名施設而宣說，否則如何讓行者「認路還家」？
　　依循此一理路，此一申述實相之三句論可以譯為：
　　此處所謂的諸法實相，從真諦的觀點說，即是無相，意
即理體離言說相，也離一切相。然而，從俗諦說，為了度化
眾生，方便引導眾生修行證入，勉強假名說為實相。

---

67 《無量義經》，T9，n276，p385c24-26。

6.如來說第一波羅蜜，即非第一波羅蜜，是名第一波
　羅蜜。

　　在六波羅蜜中，何者名列第一？有說般若波羅蜜第一，因爲般若導行其餘五波羅蜜。五波羅蜜若無般若波羅蜜爲導行，成爲只修福而不修慧，無法到達涅槃彼岸。有說布施應爲第一，除了它排名最先之外，在《金剛經》中，一再強調的是心無所住行於布施、離相布施。此外，佛陀在其他經典中，素來不斷宣說財施、無畏施、法施，此三施即攝歸一檀波羅蜜，亦即僅第一項的布施波羅蜜，即可綜括其餘持戒、忍辱、精進、禪定、般若等五波羅蜜，因此說它是第一波羅蜜並不爲過。不過，從各譯本的比較來看，玄奘譯本謂：

　　善現！如來說最勝波羅蜜多，謂般若波羅蜜多。善
　　現！如來所說最勝波羅蜜多，無量諸佛世尊所共宣
　　說，故名最勝波羅蜜多。如來說最勝波羅蜜多即非波
　　羅蜜多，是故如來說名最勝波羅蜜多。

　　奘譯本以什譯本的三倍字數來翻譯此則三句論章句，其第一段即直接指出，最勝波羅蜜即是般若波羅蜜。此處的「最勝」等同什譯的「第一」。爲何稱其爲第一？因爲是無量諸佛所共宣說所致。由於是諸佛共說之法，而非各自宣說之法，顯見其威力無與等，勝出餘波羅蜜，所以稱爲第一波羅蜜。
　　綜合上述論點，此段三句論章句，如果採用二諦說，可以譯釋爲：

　　如來說所謂的第一波羅蜜，就真諦來說，法性本空，無生可度，亦無彼岸可到，所以說非第一波羅蜜。但以俗諦觀點看，般若導行其餘五度而利益一切眾生，使人識取彼岸，是諸法中第一，所以假借名字，說般若波羅蜜是第一波羅蜜。

　　7.所言一切法者，即非一切法，是故名一切法。

　　此段章句之前文，佛陀說，如來是諸法如義。又說，如來所得菩提無實無虛，以及一切法皆是佛法。此處接著說出，一切法即非一切法。主要是，必須將一切法的理體，建構在真如的基礎上，如此才可能順利推論出一切法即非一切法。因為一切諸法的範疇，包括無為法與有為法，無為法即是畢竟空。而一切有為法，都是緣生無性，也是因畢竟空而無實自體，所以說「無實」。雖然無實，然而幻有宛然，事相的呈現亦不容否認，故說「無虛」。此種無實無虛的真理，正等同於佛法的非有非無空性，亦即一切法與佛法，全體皆是真如，所以說一切法即是佛法。這一點在《大方等大集經》中亦有所詮釋：「佛法者名一切法，一切法者名為佛法。如佛法性即一切法性，如一切法性即佛法性，佛法性、一切法性無有差別。」[68]不過，此處顯然是基於《金剛經》中「是法平等、無有高下」的教說，而將佛法與一切法劃上等號。至於一切有為法的本質，都是屬於眾緣所生法，自性不可得，不可得即是空，因此又稱其為非一切法。

68　《大方等大集經》卷第九，T13，n397，p57c5-7。

根據上述層層推論，本則三句論應可譯爲：

所謂的一切法，就真諦而言，是畢竟空，所以並非是有實自性的一切法。但就俗諦而言，爲度化眾生，讓眾生能夠了解，而勉強假名說爲一切法。

8.如來說人身長大，則爲非大身，是名大身。

在《金剛經》中，前文提到，佛陀問須菩提，如果有人的身軀像須彌山，這樣的身軀大不大，須菩提回答「甚大」。在佛教的宇宙觀中，須彌山是此世界的中心，而且是最高大的山峰，所以佛陀取須彌山爲喻，以比況一個人的身軀巨大無比。但此類所謂的大身，終究屬眾緣所生的有爲法，是有漏有爲之身，仍難免生、住、異、滅的流變，不若無爲無漏之法身，豎窮三際，橫遍十方，不變不壞，才是名副其實的大身。因此上述所謂的大身，雖然夠高夠大，仍然只是假名施設的大身。職是之故，本則三句論可以譯釋爲：

如來所說的人身長大，以真諦觀察，仍屬緣生的色身高廣之大，本來虛幻不實，不若法身之萬古一定，可以長存不壞，所以稱不上是具有實性的大身。但從俗諦來看，大身的虛幻色相宛然而有，所以假名爲大身。

9.如來說莊嚴佛土者，即非莊嚴，是名莊嚴。

本則三句論與前述第一則的文字大致相同，都是論證菩薩莊嚴佛土之事。但是如果依照上下文義詳加比較，仍可顯

示其中略有差別。

在第一則中，佛陀先問須菩提，菩薩有無莊嚴佛土。須菩提接著回答，莊嚴佛土者，即非莊嚴，是名莊嚴。其重點可以詮釋為，側重所嚴之土不可得這方面，因此是指法空。至於本則三句論，已加上「如來說」，明顯指出此則是佛陀所說，並非須菩提自己的看法。其次，在此則三句論之前，佛陀先說出，菩薩若取相莊嚴佛土，則不名菩薩。由此可見，此處佛陀強調的重點在於人空。並在此則三句論之後，佛陀旋即說出：「**須菩提！若菩薩通達無我、法者，如來說名真是菩薩。**」以此總結前後兩則三句論之意義，綜述人法俱空才是真正的菩薩。所以唐朝的慧淨認為，上下兩則，前者談法空，後者談人空，人法俱空，何有菩薩欲取相莊嚴之佛土？[69]

依循此一見解，並採二諦說，可以譯釋此則三句論為：

如來所說的莊嚴佛土，從真諦來說，其中並沒有能莊嚴的人 ── 菩薩，也沒有所莊嚴的法 ── 佛土，人法俱空，所以說即非莊嚴。但從俗諦的觀點看，雖然人法俱空，並無莊嚴佛土的實自性可言，但緣起如幻的莊嚴仍是宛然而有，所以假名說莊嚴佛土。

10.如來說諸心，皆為非心，是名為心。

佛陀在提出此則三句論之前，先與須菩提問答，顯現如

---

69 上言莊嚴，顯所嚴之土可不取。今言莊嚴，顯能嚴之人不可得。所嚴可不取即法空也，能嚴不可得即人空也。人法俱空者，何有菩薩於其間而欲莊嚴佛土乎？《金剛經註疏》卷下，X24，n456，p462c4-7。

來有五眼，然後佛陀再明示，即令如恒沙之多的佛世界，其
中的無量無數眾生之種種心念，如來全部清清楚楚。因為諸
心非心，三心不可得，所以如來悉知眾生心。在這則三句論
中，眾生心的內涵是應予重視的重點之一。

　　根據《起信論》，眾生心即如來藏心，眾生心含攝一切
世間及出世間法，眾生心之心體即是真如，眾生心之相用即
是生滅因緣相。[70]因此洞徹如來藏之義涵，即能悉知眾生之
心，但此種解釋屬於真常唯心論之觀點。

　　如以二諦說為架構，則此處的重點，不在此心之本體為
何的大問題上，而是側重其相與用。眾生心相皆緣起而無自
性，如夢如幻，虛妄不可得。眾生心用則念念生滅，不能窮
及三世。然而卻因虛妄分別，而起種種業，受種種身。[71]所
以緊隨此三句論之後，佛陀指出三世心不可得。因為過去心
已滅，現在心不住，未來心未生，所以三心不可得。其中的
現在心「不住」，是指心念的相續流轉，緣起緣滅，一念接
著一念，猶如流水，永無停住之時，因此稱其為妄心。佛陀
因為能知眾生之心皆屬妄心，既屬妄心即不可得，不可得即
空，佛陀知一切眾生心畢竟空，所以說所有眾生若干種心，
如來悉知。

---

70 所言法者，謂眾生心，是心則攝一切世間法、出世間法。依於此心顯示
　摩訶衍義。何以故？是心真如相，即示摩訶衍體故；是心生滅因緣相，
　能示摩訶衍自體相用故。《大乘起信論》，T32，n1666，p575c21-25。
71 如是心者，十方三世一切諸佛，不已見，不今見，不當見。若一切佛過
　去來今而所不見，云何當有？但以顛倒想故，心生諸法種種差別。是心
　如幻，以憶想分別故，起種種業，受種種身。《大寶積經》卷第一百一
　十二，T11，n310，p635b10-14。

　　依據二諦說詮釋諸心非心的三句論，大致爲：

　　如來所說的諸心，從真諦的角度說，都是沒有三世性的生滅流轉之心，係爲無實自性，非常住之本心，所以說皆爲非心。只是以俗諦言說，假名是心。

　　11.如來說具足色身，即非具足色身，是名具足色身。

　　本則三句論之經義重點，在討論具足色身。所謂具足，意即具備滿足，亦可解爲圓滿。此處如來圓滿的色身，與下一則的諸相具足相對應，則具足色身即可指爲如來的八十隨形好。窺基認爲，此係援引《大品經》的說法，以解釋如來的八十隨形好不可得，即是空。[72]因爲《大品經》多處說八十隨形好空，例如在第二十卷之中，佛陀於稱述須菩提好行空行時，即說三十二相與八十隨形好皆不可得。[73]另有人主張具足色身是指如來之法身，也有說是應身。如指法身，則法身是否可見，即攸關此則三句論的詮釋方向。但如以法身解，即難與下一則的具足三十二相對應。何況《金剛經》中，尚有一偈：「若以色見我，以音聲求我，是人行邪道，不能見如來。」因此將具足色身解爲八十隨形好似乎比較妥切。

72　如來說具足色身即非具足色身者，此引《大品經》釋佛。於《大品經》數處說八十種好空，故言如來說即非也。《金剛般若論會釋》卷中，T40，n1816，p772a24-25。

73　三十二相不可得，何況得三十二相者；八十隨形好不可得，何況得八十隨形好者。何以故？憍尸迦！須菩提比丘一切法離行，一切法無所得行，一切法空行，一切法無相行，一切法無作行。《摩訶般若波羅蜜經》卷第二十，T8，n223，p362b2-5。

是故此處採八十隨形好的詮釋譯爲：

如來所說八十隨形好的圓滿色身，是由無爲的法身所顯現，是因緣所生，本無自性，畢竟不可得，因此說即非具足色身。但爲成就菩薩正觀如來美好形相的意求，而假名施設，說透過圓滿的八十隨形好，可見到真實的如來。

12.如來說諸相具足，即非具足，是名諸相具足。

在第四則已論證三十二相即是非相，此處再談三十二相，但是以諸相具足稱之。由於並未明白指出三十二相，結果與上一則的諍論一樣，疏家仍有諸相具足究竟所指何義的質疑。主張諸相具足是指法身者，就本則三句論解釋爲，法身非相，色身有相，依於色相而見法身，所以即非具足是指法身。[74]亦即就真諦說，法身並非色相，故不可見，所以說非具足。但是就俗諦說，具足相即是法身，因爲法身不離色相，所以說是名諸相具足。

從另一方面看，如果依循上一則的理路，此處的諸相具足，應解爲三十二相。何況經中亦有一偈：「凡所有相，皆是虛妄，若見諸相非相，即見如來。」意謂一切的外表相貌，皆是不實的虛幻相，如果體悟三十二相亦非實相，這才算真正與如來覿面相見。

是故本則三句論可以如下方式表達：

---

74 如經如來說具足色身，即非具足色身等，此依實義，即於色相而見法身。非具足者，是法身故。如說，無生性是常住如來，乃至廣說。《金剛般若波羅蜜經破取著不壞假名論》卷下，T25，n1515，p894c24-26。

　　如來所說的具足三十二相，是爲無爲法身所顯現，是因
緣所生，本無自性，畢竟不可得，因此說即非三十二相具足。
但爲成就菩薩正觀如來美好形相的意求，而假名施設，說透
過圓滿的三十二相，可見到真實的如來。

　　13.說法者，無法可說，是名說法。

　　在此則三句論出現之前，經文中，須菩提已有「**無有定
法如來可說**」以及「**如來無所說**」等兩句如來並非取相說法
的陳述。此則三句論的義涵，則是如來親自宣示，無法可說
是名說法。雖然說者不同，但意義無異，都是演繹說法者的
基本態度，應秉持無所住心，不取相說法。因爲前面已說如
來所得菩提法空，如來之色身諸相亦空，而言說本身亦從因
緣而生，無實自性，因此說者、所說之法與說法之言語，都
屬虛妄，如何談得上以有所得心而有所說法？所以《維摩詰
經》說：「**夫說法者，無說無示。其聽法者，無聞無得。譬
如幻士，為幻人說法。**」[75]此段經文直指，所有言說只是爲
了以妄除妄，說者譬如無身之身的幻士，所說即無說之說的
語言，聽者是無聞之聞的幻人，在一切如夢如幻的情況下，
只有依義不依語，才是真實的說法與聽法態度。
　　依據上述分析，本則三句論句義可以解釋爲：
　　所謂說法，據實是無法可說。因爲諸法無我、無相、畢
竟空，言語道斷，如何能以有爲虛幻之言說，完整表達無爲

75　《維摩詰經》卷上，T14，n475，p540a18-19。

無漏之諸法實相？不過，雖然真諦層面無法可說，在俗諦層面，爲令眾生有所體悟，仍勉強隨俗假說，因此假名說法。

14.眾生眾生者，如來說非眾生，是名眾生。

這則三句論連同前文的問答，總共六十二字，是唐朝之靈幽法師於長慶二年（公元 822 年），摘取菩提流支的譯本，自行增添而來，因此兩者文字完全相同，而且什譯的「長老」須菩提，此處變成流支譯本的「慧命」須菩提。在唐朝以前，例如僧肇、智者、吉藏等古德的注疏，都沒有關於這六十二字的經文與詮釋。

此則三句論最顯眼的地方是，在第一句的標舉中，有兩個眾生的名詞重複出現，這是什譯版本中，唯一出現句型扞格的特例，如以什譯版本的風格表達，應是：眾生者，如來說非眾生，是名眾生。而不是：眾生眾生者，如來說非眾生，是名眾生。但此種重複標舉的格式，卻是其餘五種瑜伽行派譯本的共同特徵。由於瑜伽行派主張三身說，此應是爲適應以三身說解三句論而出現的版本。

如果以二諦說來解析，仍有三種方向可循。

第一、將第一句的眾生、眾生者，視同什譯風格中，只有標舉單一名詞的眾生。第二句的非眾生視爲真諦。第三句的是名眾生視爲俗諦。

第二、將第一句的眾生、眾生者，視爲加強語氣的標舉表達方式，以顯示嘆息與喚醒之意。其餘二句亦以真諦與俗諦編配。

　　第三、將眾生、眾生者，視爲真、俗二說的綜合標舉，解釋爲眾生中之眾生，第一個眾生視爲與上文的「頗有眾生」同義。[76]第二個眾生則是指一切眾生，亦即眾生的通稱。因此眾生、眾生者，可以詮釋爲：「那些信心眾生，在所有眾生之中。」至於其餘兩句，同樣以真諦與俗諦的序列編配。

　　如果採用第三種觀點來譯釋此則三句論，大致如下：

　　那些信心眾生，在所有眾生之中，並非屬一般的平凡眾生，只是因尚未成佛而假名爲一般眾生。

　　如果採用第一種見解，此則三句論的語譯可以是：

　　所謂眾生，依真諦說，並非是有實性的眾生，因爲推究其本質，眾生不過是五眾和合所生，空無自性，所以如來說非眾生。然而依俗諦說，眾生實性雖然不可得，但因業感緣起，於六道中數數流轉，受眾多生死的幻有宛然，所以如來說假名眾生。

　　15.所言善法者，如來說即非善法，是名善法。

　　前文說離相修一切善法，即得菩提。此處所謂的善法，是指經文中的布施、供養、禮敬、莊嚴佛土等，甚至可再予擴大至六度萬行，這些都是善法。只是由於都屬有爲法，並無自性，因此說爲非善法。但透過有爲法的離相修習，可以出生般若，證得菩提，所以《維摩詰經》說：「行於非道，

---

76 眾生於眾生之中，苟能聞般若法而敬信之，言下見性，是即前之所說，非眾生中人也，是假名眾生爾。《金剛經石註》，X25，n497，p602b5-6。

通達佛道。」[77]佛陀在《金剛經》中曾引其常說的筏喻經：「**法尚應捨，何況非法。**」將善法喻為到彼岸的船筏，到岸之後，即應捨棄，亦為勸人離相，不可執著。

據此，本則三句論之句義以二諦說詮釋如下：

所謂的善法，如來說即非善法，因為從真諦的層次說，一切善法空無自性，沒有善法的實性可得。但從俗諦層次說，一切善法雖畢竟空，卻宛然而有，修此緣起的善法，可以起般若，導引行人到達涅槃的彼岸，所以如來說是名善法。

16.凡夫者，如來說即非凡夫，是名凡夫。

前文提及，在菩提法中，一切法平等，無有高下、淺深的差別，因為一切法本性畢竟空，空性相同，沒有差別可言。但眾生在因地上求佛道的過程中，仍有證果遲速的差距，其中，證悟空性者稱為聖人，迷而未悟空性者則稱為凡夫。由於凡聖同具平等空性，所以凡夫不能視為永遠是凡夫，凡夫一旦修行證悟，即成聖人，所以說是非凡夫。

若從上下文看，上文如來說有我即非有我，而凡夫人以為有我，接著如來說凡夫非凡夫，顯示佛陀是因有人迷於「無我」，逕自認為如來假名言說之我，是為真實之我，故將此類認為如來說有我者稱為凡夫。不過，佛陀旋即說凡夫非凡夫，意即只要這些凡夫能證悟無我空性，即非凡夫，而是可以蛻變為聖人。

---

77 文殊師利！菩薩能如是行於非道，是為通達佛道。《維摩詰所說經》卷中，T14，n475，p549a26-27。

　　根據上述兩種分析，以二諦說詮釋此則三句論爲：

　　所謂凡夫，如來說即非凡夫，因爲凡夫並無自性，不是永遠一成不變、不得超脫的有真實自性凡夫，凡夫如能解脫，當下即成聖人。只是在尚未證悟之前，不壞假名，說爲凡夫。

　　17.佛說微塵眾，則非微塵眾，是名微塵眾。

　　在第二則中討論的是諸微塵非微塵，此則是說微塵眾非微塵眾，其中諸微塵即是微塵眾，都是形容微塵眾多，因爲上文是以三千大千世界碎爲微塵，所以說微塵細微且眾多。玄奘翻爲「即以如是無數世界色像爲墨如極微聚」，義淨翻爲「以三千大千世界土地碎爲墨塵」，由於墨塵是透過燃燒松木等多種原料，所產生的極細煙灰，經搜集之後，搏製成墨，因此用於表示極微的細塵，惟無論是翻爲墨塵或極微聚，其目的皆在表達微塵極細、極多的意思，畢竟將無數世界壓碎爲微塵，其微塵之多，無可計數。但即令微塵之細，仍非最小之單位，因爲只要是立體的東西，理論上都可以再予分割，所以龍樹認爲微塵並無實體。既然微塵不實，再多的微塵聚集在一起，同樣沒有實性可言。此項論題在第二則三句論中已有所探討。

　　依循上述微塵無實的見解，本則三句論可以譯爲：

　　佛陀所說的微塵眾，並非真實的微塵眾，因爲有自性的微塵並不存在，只有緣起的幻有宛然，而以俗諦說，假名微塵眾。

18.如來所說三千大千世界，則非世界，是名世界。

　　第三則已討論如來說世界非世界的論題，此處則說三千
大千世界非世界，但從前後文看，兩者之前文都說碎三千大
千世界爲微塵，因此，第三則之世界應該也是指三千大千世
界，是故兩則之涵義相同，都是在於說明世界只是因緣和合
之幻有，沒有實體，是假借空微塵所形成的空世界。[78]因爲
微塵是空，搏聚無量無數之微塵所形成的世界，當然也是空
無實體的空界。是故，無論世界是處於碎爲微塵或搏聚爲一
體的狀態，都是因緣和合的產物，沒有實體可言。

　　在塵名與眾名皆無實自性的情況下，以二諦說譯釋此則
三句論而爲：

　　如來所說的三千大千世界，以真諦說，係由無數的空微
塵聚合而成，並無實自體，所以說是非世界。然而龐大的空
世界，如夢似幻，宛然而有，以俗諦假名施設，說是世界。

19.如來說一合相，則非一合相，是名一合相。

　　在《金剛經》中，一合相之論證，是無爲法修證過程中
非常重要的一環，在本書第五章中另有進一步的探索，此處
僅針對世界之實有與非有兩者，依據古德之說法，鑽研此則
一合相三句論之意義。

　　一合相這個名詞，玄奘譯爲一合執，是指由眾緣和合而

---

78 破世界。經意云：非唯所起微塵是空微塵，抑亦能起世界亦是空世界。
　　《金剛經纂要刊定記》卷第七，T33，n1702，p224a10-11。

成之一件事物。唐朝的澄觀解爲，因眾緣和合而爲一體之相，因此可以攬聚眾微塵以成色體，和合五陰等以成於人。[79]如果依此見解，應如何詮釋上文之若世界實有者即是一合相，以及下文之一合相者即是不可說？因爲前釋一合相是因緣和合而生，如此之一合相不能稱爲實有。下文之一合相不可說，不可說即是畢竟空，是緣起法的實相。兩相比較，可以發現，兩者之間有相互矛盾之處。

　　此處純就一合相三句論而作如下詮釋：

　　如來所說的世界一合之相，就真諦層次來說，並非實有之一合，是空無之一合，所以說則非一合相。從俗諦層次說，爲了引導眾生，讓眾生了解，勉強假名施設，說爲一合相。

　　20.世尊說我見、人見、眾生見、壽者見，即非我見、人見、眾生見、壽者見，是名我見、人見、眾生見、壽者見。

　　本則三句論中的我見、人見、眾生見、壽者見等四見，在前文則爲我相、人相、眾生相、壽者相等四相。所謂見是指，由眼所見或推想，而對某事產生一定之見解。所謂相是指，事物之相狀，表於外而想像於心者。由此可知，兩者皆出於內心之想像，因此可以說見即是相。是故，玄奘之譯本，

79　一合相者，眾緣和合故。如攬眾微以成於色，合五陰等以成於人，名一合相。…即《金剛經》云：「如來說一合相，即非一合相」，以從緣合即無性故。無性之性，是所證理，如是知者是正智生。《大方廣佛華嚴經隨疏演義鈔》卷第三十七，T36，n1736，p284c11-17。

將前文之「相」譯爲「想」，本則三句論中仍譯爲見。

經中之四見，係自《大品經》中的十六知見中，約略提出四項作爲代表。[80]十六知見亦名十六神我，是外道中常見的有我邪見。這是因爲不同的情境影響而產生的十六種我我所見，所以歸根究柢，可以總攝爲一個我見。而心中只要存有任何一種知見，即是取著於我見、我相，必定妨礙修行，不能成佛，因此佛教中最重視無我的修行，例如三法印中的第二法印，即是諸法無我，必須符合諸法無我的教義，才可說是正信的佛教。

依據佛教主張無我的思維，本則三句論譯釋爲：

世尊所說的我見、人見、眾生見、壽者見等四見，從真諦的觀點說，本屬業感緣起的幻相，無實自性，本非有我，所以說即非四見。從俗諦的觀點說，世尊隨眾生根器淺深不同而說法，爲開導眾生，假說我、人等四見。

21.所言法相者，如來說即非法相，是名法相。

在什譯本中的「法相」，在真諦、玄奘、義淨等古德的譯本中皆譯爲「法想」。所謂法相，是指諸法雖然同一無性，但表現在外的相狀有別，稱爲法相。而法想是指對諸法之思

---

80 須菩提！譬如說，我名和合故有，是我名不生不滅，但以世間名字故說。如眾生、壽者、命者、生者、養育者，眾數、人、作者、使作者、起者、使起者、受者、使受者、知者、見者等，和合法故有，是諸名不生不滅，但以世間名字故說。般若波羅蜜、菩薩、菩薩字亦如是，皆和合故有，是亦不生不滅，但以世間名字故說。《摩訶般若經》卷第二，T8，n223，p230c9-16。

惟想念。是故兩者皆指向同一含意，即是對諸法之思惟分別。
一旦對諸法有所思惟分別，即是心生法相，取著法相。如果
連同上文的「不生法相」一齊考慮，則非法相具有無分別、
不取著法相的意思。[81]行者如果能夠不取著法相，才能與般
若空性相應，這是《金剛經》主張的離相無住的核心思想。

　　如果採用上述法相的定義，而以二諦說詮釋此則三句
論，可以是：

　　所謂法相，從真諦來說，一切法本來離性離相，並無實
有之法相，所以如來說即非法相。但從俗諦來說，一切法緣
起之幻相宛然，假名法相。

二、簡式三句論

　　除了上述的完整顯性三句論句型之外，《金剛經》中的
另一種三句論，是屬於不完整的「所謂即非」或「即非是名」
句型，此處暫且稱其為「簡式三句論」，此種句型的特徵是
只有兩句。

　　第一種簡式三句論中，在第一句標舉的部分，即視為是
俗諦。第二句的即非部分，視為真諦。僅此兩句，即顯示不
偏兩邊的中道第一義諦。

　　第二種簡式三句論的句型，第一句是指真諦，第二句指
俗諦。

　　兩種簡式三句論可以採用下列公式呈現：

81　如是不住法相者，此正顯示無分別。《金剛般若波羅蜜經論》卷下，T25，
　　n1510b，p780b26。

所謂 A（俗諦）＋即非 A（真諦）＝中道義（省略）。
所謂非 A（真諦）＋是名 A（俗諦）＝中道義（省略）。

「簡式三句論」之所以出現，經藏中並無相關論述，然而就六種譯本的相互比較，可以推知其原因大致有兩種：

第一、呈現二諦說法的原貌。諸佛依二諦，為眾生說法，是龍樹在《中論》中明確指出的佛法真義。由此可知，二諦是一切佛法論述之基礎，必先由二諦出發，才能發展出更精密的理論架構，是故此處有理由認為，簡式三句論所呈現的是佛法論述的早期原貌。

第二、譯者增刪。原係完整的三句論，因國情與翻譯的需要，刪繁為簡。這種譯者增刪的情形，在羅什的譯經過程中是常見的現象。例如羅什在翻譯《大智度論》時，即大幅刪除逾三分之二的梵文內容。[82]職是之故，如果認為羅什在翻譯《金剛經》時，對經文有所刪略，亦屬合理之推論。這一點在六種譯本的對校之中，或可大略看出一些端倪。

以下仍以二諦說詮釋八則簡式三句論之內容。

1.如來所說身相，即非身相。

這句話是接續在佛陀垂問，能否從身相見到真正的如來

---

82 論之略本有十萬偈，偈有三十二字，并三百二十萬言。梵夏既乖，又有煩簡之異，三分除二，得此百卷。《大智度論》卷第一，T25，n1509，p57b9-11。

之後，須菩提所作的回答。此處所謂的身相，是指如來的三十二相。由於三十二相是如來在因地多劫修福所成，仍屬眾緣所生的有為法，既然是有為法，即無自性，難免為生、住、異、滅的無常所遷流。因此須菩提回答，身相即非身相。

在玄奘的譯本中，此段經文譯為：「如來說諸相具足，即非諸相具足。」據此，則此一簡式三句論與什譯本的顯性三句論中的第十二則「如來說諸相具足，即非具足，是名諸相具足。」內容完全一致，只是什譯多了第三句，但奘譯的內容並無缺減。

關於此則簡式三句論的意義，唐朝的慧淨分成三個面向作了深入的剖析：

1.積聚：身相是由極微積聚而成，極微本空，所以身相亦空。

2.法相：身相以有為法為體，生滅無常，遷流變壞。

3.體性：身相以境界為體，以分別性為性，此依他起性與遍計所執性皆空。

根據以上三種空義，所以不能僅憑如來之三十二相而觀察到如來的法身。[83]

此則簡式三句論以二諦說譯釋如下：

如來所說的身相，是由無為法身所顯現，是因緣所生，

---

83 身相即非身相，略有三義：一、由聚。二、由相。三、由性。由聚者，身相以隣虛為體，九微十微為聚，約方分以拆之，度隣虛而必盡也。由相者，身相以有為為體，生等八法為相，約前後以推之，極剎那而自壞也。由性者，身相以境界為體，以分別性為性，約無相以觀之，入唯識而成空也。由此三義，不可以相觀如來也。《金剛經註疏》卷上，X24，n456，p452a3-9。

無自性，不可得，因此說即非身相。

2.所謂佛法者，即非佛法。

在其他五種譯本中，此段經文皆有「是名佛法」的第三句，而構成完整的顯性三句論。只有什譯本省略第三句，而為簡式三句論。即令地婆訶羅所譯，功德施的《不壞假名論》中，亦有是名佛法的第三句。

功德施就本則三句論所作的解析是，由於諸法性空，若能證覺此空慧，即是體證諸佛法身。如未體悟空性，即非佛法。若知法無性，即成正覺，故名為佛。此法屬諸佛獨有，所以說是名佛法。[84]

另有一解，將佛法一分為二，成為佛與法。因為在上文中有謂，一切諸佛與佛菩提法皆從此經流出，因此所緊接的下文，佛法非佛法，應該是，佛指諸佛，法指《金剛經》。而經文的意義是，以俗諦說有佛與法，第一義畢竟空，無佛與法可得，故非佛法。[85]

以上兩種解釋都是採二諦說的理路作舖陳，事實上也都能自圓其說。

---

84 諸法體性空無所有，此若開顯，是佛法身。見有性者，於法未悟，依此密意說非佛法。若知法無性，覺故名佛。此法，佛有，餘人無，是名佛法。《金剛般若波羅蜜經破取著不壞假名論》卷上，T25，n1515，p889b28-c2。

85 言佛、法者，約世諦故有。即非佛、法者，約第一義即無。謂俗諦相中，有迷悟染淨凡聖之異，故說佛、法從經而出。真諦之理，離於迷悟染淨凡聖之相，畢竟無佛、法可得也。《金剛經宗通》卷二，X25，n471，p11a9-13。

將佛法兩字視爲一個詞,所作的譯釋如下:

所謂佛法,就俗諦說,是諸佛所證覺之法,而爲諸佛所獨有。但依真諦說,諸法畢竟空,並無可以執爲實有的佛法可得,所以說即非佛法。

3.佛說非身,是名大身。

佛陀問須菩提,如果有人的身軀如須彌山一樣高大,你認爲這樣的身軀大不大?於是須菩提回答甚大,因爲「佛說非身,是名大身。」由於缺乏第一句的標舉,所以成爲只有兩句的簡式三句論。

此則三句論,在其他的五種譯本中,都不像什譯本那麼簡略。例如奘譯即有第一句標舉「彼之自體」,並在三句之後另加說明「非以彼體,故名自體。」流支的譯本則在二句之後,另加「彼身非身,是名大身。」的申論作補充。如果參考功德施的《不壞假名論》,其譯文更爲清楚:「佛說非身是名爲身,非謂有身名爲大身。」[86]直指非身才是大身,三界中有形或無形的身軀不算大身。

綜合各譯本的經義,都是強調,就算像須彌山一般高大的身軀,也是可數可量的有爲身軀。而真正龐大的身軀,是經由修證戒、定、慧、解脫、解脫知見所得的五分法身,這才是不可思議的無爲大身。[87]此外,因爲有爲大身本性即空,

---

86 《金剛般若波羅蜜經破取著不壞假名論》卷上,T25,n1515,p890c11。
87 文殊菩薩問世尊:何名大身?世尊曰:非身是名大身。具一切戒定慧,了清淨法,故名大身。須菩提謂佛說非身是名大身,蓋本於此。《金剛經宗通》卷三,X25,n471,p15a10-12。

不能長久存在，難免生、住、異、滅，劫盡敗壞，所以不成其為大。而無為法身是多劫修行所證，無漏無取，不可稱量，這才是真實的大身。

依循上述義趣，以二諦說譯釋本則簡式三句論為：

所謂的大身，佛陀說並非真實的大身。因為從真諦來說，三界的大身都是有為法，空無自性，有相而可數，稱不上真實無量的巨大。但從俗諦來說，三界中眾緣所起的大身，宛然而有，仍可假名為大身。

4.佛說般若波羅蜜，則非般若波羅蜜。

在奘譯本中，是以三句論的句型顯示此段經文：「**如是般若波羅蜜多，如來說為非般若波羅蜜多，是故如來說名般若波羅蜜多。**」另在唐朝以後的什譯版本，也有附加「**是名般若波羅蜜**」一句，而成顯性三句論的情況。據此，可以明白認定此段經文即是簡式三句論。

在上文中，佛陀告訴須菩提，此部經典的名字是《金剛般若波羅蜜經》，以此名字，你應當如法奉持。但佛陀又恐安立名字之後，有人如言起執，為掃除執取言說相的修行障礙，所以佛陀接著說，則非般若波羅蜜，表明般若波羅蜜畢竟空，無纖毫可得，離相離言的體性。所以在此一簡式三句論的後文，佛陀再問須菩提，如來是否有所說法，而須菩提立即回答「**如來無所說**」。此段對話已充分呈現一切名字不可得，般若波羅蜜名字亦不可說，佛陀之所以強為立名，只是為了方便眾生修持，以無名之名的方便理路，而說此部經

典的名字叫《金剛般若波羅蜜經》。

依循上述般若性空的思維,此一簡式三句論可以譯釋爲:

佛陀所說金剛般若波羅蜜的名字,並非實有,因爲般若性空,不可取著,所以說則非般若波羅蜜。只是佛陀唯恐有人因此心生斷滅之見,不得已而強名金剛般若波羅蜜。

5.忍辱波羅蜜,如來說非忍辱波羅蜜。

此段經文,在奘譯本中,是以顯性三句論展現:「**如來說忍辱波羅蜜多,即非波羅蜜多,是故如來說名忍辱波羅蜜多。**」後世的什譯傳本,也多有加上「是名忍辱波羅蜜」的例子,因此什譯的這兩句經文,可以視爲簡式三句論。

在上文中,如來說第一波羅蜜即非第一波羅蜜,其中的第一波羅蜜的詮釋之一是,可以視爲般若波羅蜜,因爲般若導行其餘五度而利益一切眾生,所以稱爲第一波羅蜜。接著在這段經文中,旋即以般若導行忍辱度生,而說忍辱波羅蜜非忍辱波羅蜜。行者在忍辱度生時,如果能與般若相應,即可通達苦無苦相、忍無忍相的離相無我境界。所以佛陀舉出自己於過去生中,遭歌利王割截身體的例子,說明自己能夠離相無我,達到忍而無忍的彼岸。

是故此一簡式三句論可以譯釋爲:

所謂忍辱波羅蜜,就真諦的層次說,因爲行者能夠離相無我,修忍辱而離忍辱之相,內心無能忍所忍的分別,所以說即非忍辱波羅蜜。但爲化導眾生,令眾生勤修忍辱,故隨順世間,以俗諦假名說爲忍辱波羅蜜。

6.如來所得法，此法無實、無虛。

在第二句的此法無實無虛部分，可以拆解成兩句，而爲此法無實，與此法無虛，如此即成爲一則三句論。

首句的如來所得法，即是標舉。如來所得之法究竟是何種法，在奘譯中此句翻爲「**如來現前等所證法、或所說法、或所思法**」，也就是如來所證、所說、所思之法，此法在《金剛經》中，是指阿耨多羅三藐三菩提。嚴格來說，菩提空性靜寂清澄，只能證覺，並無可得，所以玄奘譯爲「所證法」，而非什譯的「所得法」，以求比較精準的顯示空性的含意。

第二句的此法無實，是從真諦看，第一義離言說相，因此得而無得，所以稱爲無實。

第三句的此法無虛，係指從世俗諦觀察，世間不無言說相，此種性空緣起的假有，亦無可否認。

綜合上述三句之句義，明顯指出，有與空雙遣，不落真、俗兩邊，如此所呈現的意義，即是中道第一義。

依此中道教義，本則簡式三句論之譯釋如下：

如來所證入、演說或思慮之菩提法，因係無爲空性之所顯現，並非具相之事物，所以不能說有實體可得，是謂得而無得。但從俗諦來說，如來在因地修行，而證菩提，成正覺，亦不能說完全虛幻，可謂無得而得。

7.凡夫者，如來說則非凡夫。

　　此則經文，接續上文之凡夫人以爲有我而來。因爲上文中說，凡夫認爲如來說我，而不知如來說的是無我，但即令如此，如果凡夫能證無我，即可成聖，而不致永遠沉溺於凡夫之流類，所以說則非凡夫。[88]在其他五種譯本中，皆以三句論的句型呈現，唯有什譯本採只有兩句的簡式三句論，省去第三句「是名凡夫」。

　　此外，凡夫一詞的翻譯，各譯家的意見也頗有出入，流支譯爲「毛道凡夫生」、真諦譯爲「嬰兒凡夫眾生」、玄奘譯爲「愚夫異生」，惟無論如何，不同的譯名皆爲顯示相同的意義，亦即藉由與聖人的對比，而凸顯凡夫不知無我真義的無知。不過，凡夫並無自性，因爲無自性，所以具有可塑性，並非是永遠不變的凡夫，仍可經由修行而知無我、證菩提，進一步預入賢聖之流，所以如來說則非凡夫。

　　依據上述經義旨趣，本則簡式三句論之譯釋爲：

　　所謂凡夫，是因不知無我，未證實相，而稱爲凡夫。但從真諦看，凡夫本無自性，如果能透過修行，即可證覺，而非永遠是凡夫而不得翻身，所以如來說則非凡夫。只是從俗諦來說，假名說爲凡夫。

　　8.云何為人演說，不取於相如如不動。

　　什譯本的此則簡式三句論中，首句的云何爲人演說，是

---

88 佛雖說我，元來無我，執有我者蓋是凡夫。雖言凡夫亦無凡夫，如夢人見虎，虎與夢人皆不可得。法中亦爾，以凡夫人執我故云非我，恐執凡夫故云非凡。《金剛經纂要刊定記》卷第六，T33，n1702，p221c15-19。

爲俗諦。第二句的不取於相如如不動，則屬真諦，但其中義
涵比較隱諱。其他的五種譯本，都以顯性三句論的句型表達。
第一句的云何爲人演說可以視爲標舉。第二句的翻譯係以真
諦呈現。第三句則屬俗諦。正因採用顯性三句論的句型，使
其意義更爲明確。

各家的譯文分別是：

流支：「云何爲人演說？而不名說，是名爲說。」

真諦：「云何顯說此經？如無所顯說，故言顯說。」

玄奘：「云何爲他宣說、開示？如不爲他宣說、開示，
　　　　故名爲他宣說、開示。」

義淨：「云何正說？無法可說，是名正說。」

綜上所述，可以看出，各家的譯義皆在於強調不取相而
說法，也就是什譯的不取於相。但什譯另加如如不動四字，
使其含意趨於複雜。依窺基的詮釋，係指說法時，不取有爲
相，猶如真如，湛寂不動。[89]但其他各家的譯文皆未與真如
扯上關係，是故此處或可另外將「動」字解釋爲「乖違」的
意思。也就是，演說時應遵行不取相、不違背真如的原則。
或許依於此義，義淨因此直接譯爲「正說」。

本則簡式三句論，依上述論述，譯釋如下：

如何爲人演說？在爲他人講述《金剛經》的經義時，就
真諦而言，其實並無一法可以取相言說。但就俗諦而言，仍
可軌持正法而說，假名說法。

89　「如如不動」者，謂下一「如」字是真如，上一「如」字是比喻，謂化
　　身說法之時，不取有爲相，猶如真如湛寂不動也。《金剛般若經贊述》
　　卷下，T33，n1700，p154b8-10。

三、隱性三句論

隱性三句論的架構，基本上亦是由標舉、即非、是名等三部分所組成。不同於顯性三句論的是，在「即非」部分，可以不只是即非所導引之一句，可能另加一句以上的說明，以充分表達真諦層次的意義。至於「是名」部分，同樣不一定採用是名來作結語的引領用詞，但一定是爲了表示俗諦義涵。此外，就整個隱性三句論來說，所詮釋的意義，則與顯性三句論以及簡式三句論相同，都是在於弘揚中道第一義。如果歸納成句型公式則爲：

所謂 A（標舉）＋〔即非 A＋說明〕（真諦）＋是名 A（俗諦）＝中道義（省略）。

《金剛經》中，隱性三句論的則數，雖不如顯性三句論的則數之多，但經仔細爬梳之後，仍可發現多達七則。其句型與涵義分別如下：

1.是福德，即非福德性，是故如來說福德多。

佛陀詢問須菩提，如果有人以三千大千七寶布施，其福德多不多？須菩提的回答是甚多。接著敘述之所以稱爲多的理由，也就是本則三句論的內容。

第一句是標舉，謂此七寶布施所得的福德。

第二句意指，在真諦層次上，只有以般若導行的布施，所得的福德，才是理福，而七寶布施的福德是屬於事福，其屬性並非與般若相應的福德種性，是故並沒有福德的真實自性可言，所以說即非福德性。

第三句則是，從俗諦的層次看，有爲福德雖然空無自性，眾緣所生的幻相宛然而有，既然有爲有相，仍然不妨假名說福德甚多。

簡而言之，此處的重點在於強調福德性的意義，由於福德性即是真如無爲真實之性，故不可以多少而論。而世俗的福德非福德性，屬有爲法，可以稱量多寡，所以說福德多。

據此，本則隱性三句論的譯釋如下：

此種布施七寶所得的福德，並非與般若相應的福德性，而是世俗所謂的有爲福德，可稱可量，所以如來說布施的福德甚多。

> 2.世尊！我若作是念：『我得阿羅漢道』，世尊則不說須菩提是樂阿蘭那行者！以須菩提實無所行，而名須菩提是樂阿蘭那行。

阿羅漢是梵文 arhat 的音譯，意譯有三，分別是應供、殺賊、無生。阿羅漢是聲聞四果修行的最高階層，但在般若經中，則視爲菩薩修行過程中的一環。

在本則三句論中，另一個重點是阿蘭那行。阿蘭那（aranya）意譯寂靜、無諍。因此，阿蘭那行即是上文的無諍三昧，只是前者爲音譯，後者爲意譯的差別。

　　第一句的標舉是，我若作是念我得阿羅漢道。意在敘明，如果取相有我，以為自己得道。

　　第二句以真諦遮遣取相之心，而說為世尊則不說，須菩提是無諍第一的行者，並稱須菩提實無所行，亦即行無所行，不著相而行無諍行。

　　第三句則從俗諦說，須菩提是意樂阿蘭那的行者。

　　依循上述詮釋，本則隱性三句論可以釋為：

　　世尊！我如果取著我等四相，謂自己得阿羅漢道，世尊則不說我是無諍行第一的行者。由於我不住著於自己得道，所以世尊稱說須菩提無諍行第一。

　　　3.若福德有實，如來不說得福德多；以福德無故，如
　　　　來說得福德多。

　　此則三句論之經義與第一則的「是福德，即非福德性，是故如來說福德多。」意義不盡相同。

　　第一則是說明福德性非有為法，是無為法，無為法不可數，所以說世俗的福德為非福德性。而大千七寶之布施是世俗福德，屬有為法，可稱可量，所以如來說福德多。這是須菩提以真諦較俗諦，所以事福之多不如理福之不可數。

　　本則世尊是以俗諦較真諦，而說得福德多。[90]福德有實，

_____

90　前須菩提說，是福德即非福德性，是故如來說福德多。以福德性不墮諸
　　數，故非多寡可論。說福德多者，但指世福言也。須菩提以真諦較俗諦，
　　故以世福之多不如其無。世尊則以真諦即俗諦，惟以福德之無故言其多。
　　且福德有性，即是福德有實，今并其性而無之。不住於真，不住於俗，
　　正以顯中道諦也。《金剛經宗通》卷五，X25，n471，p31a17-23。

即是第一則的福德性，是以真諦而說。而福德無性即是第一則的非福德性，是就俗諦而言，是故如來可以說福德多。

准此理路，本則三句論的譯釋如下：

如果福德有實自性，就真諦言，如來不說得福德多。由於福德本無自性，以俗諦可以有言說，是故如來才說得福德多。

4. 我於阿耨多羅三藐三菩提乃至無有少法可得，是名阿耨多羅三藐三菩提。

在《金剛經》中，佛陀曾親自表示，無有定法名阿耨多羅三藐三菩提（以下簡稱「大菩提」）。其後說於燃燈佛所無有法得大菩提。又說，如果有人說如來得大菩提，你須菩提不可相信，因為實無有法佛得大菩提。在此則三句論的上文，須菩提則請問佛陀，佛陀是有得大菩提，或是沒有？就此問題，佛陀回答，我於大菩提不存有法可得之心，正以無一法可得，所以稱為大菩提。

就般若的基本思想核心而言，是一切法畢竟空，不可得。不但五蘊、十二入、十八界等三科的一切有為法畢竟空，就是菩提、虛空、涅槃、真如、法性、實際、諸法實相等無為法亦畢竟空。既然是畢竟空，豈有絲毫實體可得！所以佛陀會說菩提法無有定實、無法可得。

對於此點，玄奘在譯經時，特別注意，所以他不與羅什一樣，譯為「得」，而是譯為「證」。他的譯文是，無有少法能「證」阿耨多羅三藐三菩提，或是無有少法如來「現證」

無上正等菩提。由此可知,菩提不能以世俗的觀念去證「得」,因爲凡是心有所「得」,即有所取相。但是菩提可以證「入」,如果能以離相無住之心修行,即可證覺大菩提。

本於上述般若思想,本句隱性三句論應可詮釋爲:

我之於修證阿耨多羅三藐三菩提,其實並不存有絲毫有所得之心,亦無可得之法。但人、法雖不可得,依俗諦說,如法修證,而有得果之名,故假立名字,說爲阿耨多羅三藐三菩提。

5.如來說有我者,即非有我,而凡夫之人以為有我。

此則三句論,是在凡夫者如來說則非凡夫之前所提出,意在說明,由於有些人執著於有我等四相,所以說他們是凡夫。但因我等四相與凡夫皆無自性,只是假名,所以又說凡夫則非凡夫。

在奘譯中,此則三句論之句型更爲明顯:「**我等執者,如來說為非執,故名我等執,而諸愚夫異生強有此執。**」句中的愚夫異生,即是凡夫(pṛthag-jana)的異譯。兩相對照,可以看出,什譯省略「是名有我」一句。

第一句的如來說有我者,是屬標舉。

第二句的即非有我,是爲真諦。

第三句是屬俗諦,可以視爲是名有我。至於凡夫之人以爲有我,則用於補充說明「是名有我」,指出凡夫不能通達如來的旨意,以爲有個神我的實體存在。

綜上所述,本則隱性三句論可以譯釋如下:

　　如來所說的有我，在真諦層次看，並非指有個實有自性的神我存在。佛陀只是爲隨順世俗，導引眾生，而以俗諦假名說有我。但凡夫未能依義不依語，以爲有個實我可得。

6.菩薩所作福德，不應貪著，是故說不受福德。

　　此則三句論在於說明，菩薩行於布施時所生福德，不是非予排拒不可，而是不應取相貪著，以爲福德屬我所有。其意義雷同前文的應無所住行於布施，以及菩薩無住相布施福德不可思量。其中所強調的是，真諦層面的福德，雖無自性，不能執爲實有，但俗諦層面的福德不是沒有，只是不應心存貪著。

　　流支將此則三句論譯爲：「**菩薩受福德，不取福德，是故菩薩取福德。**」以表達菩薩行施而受福德，但不取福德相。

　　奘譯則爲：「**所應攝受，不應攝受，是故說名所應攝受。**」意即，菩薩行施得福，本應攝受此果報，但不應存有攝受之心。此與所謂的三輪體空，意義相近。

　　此處雖明示不取福德或不受福德，但不否認世俗福德的存在，正好間接說明上文的「**於法不說斷滅相。**」即令無住行施，而業果不無。

　　綜合各家譯文，本則三句論可以譯釋爲：

　　從俗諦說，菩薩行施得福，是應該攝受此福德。但從真諦說，福德性空，菩薩心中，不應貪著於有能施者的我，與所生福德屬我所有。所以佛陀說，菩薩不受福德。

7.如來者，無所從來，亦無所去，故名如來。

上文中，佛陀揭示，如果有人說，如來也有行、住、坐、臥，如此即誤解如來的涵義。接著佛陀說出此則三句論。

第一句的如來者，是標舉。

第二句的無所從來亦無所去，是以真諦闡釋如來的真實義。

第三句則是以俗諦，假名說如來。

由於如來即等同真如、法性、實際，本體遍充法界，所以無所謂有來去的行迹。眾生所目睹的如來有來去，是因緣和合所現，其實第一義中，並無去來。[91]古來常以水月譬喻如來的來去，現見水中之月因水的清濁不同而有顯隱，但實際上，天上之月並無來至水中或去至天上的動作，以此譬說如來的不來不去。

此外，功德施則將如來的不來不去，解釋為無住涅槃。[92]他認為，涅槃與生死本質皆畢竟空，所以就第一義的層次而言，如來是沒有來去，但如來仍能於一切時中利益三界眾生。

基於上述的詮釋，此則三句論可作如下之譯釋：

所謂如來者，從真諦說，是無所從來，但不來相而來。去無所至，但無去相而去。如來即是真如與實際之名，所以

---

91 何故見去來坐臥不解義耶？解極會如，體無方所。緣至物見，來無所從；感畢為隱，何何所去？而云來去，亦不乖乎！《金剛般若波羅蜜經注》，X24，n454，p404b21-23。

92 不去不來是如來義，此即顯示無住涅槃。雖生死、涅槃無有一異，而於三界牢獄引喻眾生，盡未來際而為利益。《金剛般若波羅蜜經破取著不壞假名論》卷下，T25n1515_p896a13-15。

俗諦假名如來。

第四節 四句偈之諍論

　　《金剛經》經義的分析，有種種方法。就傳統的途徑而言，就是天台智顗所採用的釋名、辨體、明宗、論用、判教，通稱爲五重玄義。以此五種方法，可以廣泛解析所有佛經的經義。[93]以此法門來研究《金剛經》的體、宗、用，則普遍見於各家的注疏。

　　在本章之中，所採用的主要是二諦說的申論方法，所以可以說本經是以二諦爲「體」，這也是僧肇所主張的理論。如果以現代語言更精確的表達，可以說，以二諦說爲骨幹，詮釋經中的中道體性。

　　在「宗」趣的探索方面，則是以三句論爲架構，彰顯無相的宗趣。[94]

　　以上的辨體與明宗兩項，本章第一至第三節已有所討論。

　　至於《金剛經》的論用，則以「乃至四句偈」譬說經義的無量德用，所以經說：「若復有人，於此經中受持，乃至四句偈等，為他人說，其福勝彼。」而且經中多處說偈，亦凸顯出四句偈居於重要地位。然而，四句偈究竟是指經中的

---

93 釋此五章有通有別。通是同義，別是異義。如此五章，遍解眾經，故言同也。釋名名異，乃至判教教異，故言別也。《妙法蓮華經玄義》，T33，n1716，p682a2-4。

94 宗趣者，語之所表曰宗；宗之所歸曰趣。《般若波羅蜜多心經略疏》，T33，n1712，p552b11-12。

哪一句？經中自始至終並未明確指示，所以自古以來諍論不斷，可謂眾說紛紜，莫衷一是。

一、四句偈之屬性

在佛教的經律論中，偈頌是表達經義的一種文體。偈頌之種類甚多，且因梵文經過漢譯之後，由於梵文與漢文之間，在文法方面的巨大差異，其字數與原文頗有出入，故其字數不一。如果根據吉藏的分析，則偈頌大別為「數經偈」與「四句偈」兩種。而四句偈又可分為「通偈」與「別偈」兩種。

所謂數經偈，亦稱為數經法，即是以三十二字為一偈，以呈現整部經典的規模。例如《大品經》有十萬偈，係指該經典的梵文原文有三百二十萬字。《金剛經》有三百偈，即指字數有九千六百字。[95]但因不同語文在文法上的歧異，以及譯者的增刪，於翻譯之後，字數相去不可以道里計。例如羅什翻譯《大智度論》之略本，其原文有十萬偈，每偈三十二字，總共達三百二十萬字，但羅什刪繁為簡，去掉三分之二，再予翻譯成一百卷約一百萬字的漢文。[96]由此可知，數經偈的功用只在於計算經典的字數，並非作為表達內容的文

---

95 其第一部十萬偈（大品是）；第二部二萬五千偈（放光是）；第三部一萬八千偈（光讚是）；第四部八千偈（道行是）；第五部四十千偈（小品是）；第六部二千五百偈（天王問是）；第七部六百偈（文殊是）；第八部三百偈（即此金剛般若是）。《金剛仙論》卷第一，T25，n1512，p798a9-12。

96 論之略本有十萬偈，偈有三十二字，并三百二十萬言。梵夏既乖，又有煩簡之異，三分除二，得此百卷。《大智度論》卷第一，T25，n1509，p57b9-11。

體。但因其以三十二字為一偈，與通偈的特徵相同，是故亦可視為通偈。

四句偈的功能之一是，透過簡約之文字與音韻，以幫助記憶經典的內容。四句偈分為通偈與別偈兩種，兩者的特徵是，通偈是「言定句不定」，別偈則「句定言不定」。通偈一定是三十二字，但可以以一句呈現，或以二、三、四句呈現。別偈則是句定言不定，一定是四個句子所構成，但每個句子可以是四言，或是五、六、七言。[97]根據吉藏以上所提出的分類標準，《金剛經》中所謂的四句偈，可以是指通偈，也可以歸類為別偈。

二、對四句偈之十種主張

《金剛經》中，哪一句才真正是佛陀所指的四句偈，就古德所造注疏內容分析，可以歸納出有十種主張，每種主張皆有經文依據，此處不作是非之批判，但以逐句的分析，將各自的說法表達出來。

　1.取無我、無人、無眾生、無壽者為四句。

---

97 若是別偈，則句定言不定。若是通偈，則言定句不定。別偈句定、言不定者，要須四句故句定。或五言、四、七、六等故言不定也。通偈言定者，要滿三十二字也。句不定者，三十二字、或一、三、四句不定也。今既云四句，則是別偈，云何以通釋耶？有人言：三十二字名為一偈。是亦不然！乃是外國數經法耳！非關四句偈也。《金剛般若經義疏》卷第三，T33，n1699，p108c26-109a3。

　　《金剛經》中，一再強調無我相，無人相，無眾生相，無壽者相，此一無四相之章句，全經計出現達十七次之多。而提到四句偈一詞，則亦有十四次。再就一經宗旨看，全經可以視爲以無相爲宗，這是眾多疏家所認同的主張。因此，經中所謂的四句偈的內涵，應係指無我等四相。此外，無我等四相，各句雖字數不一，但仍有四句，亦符合上述句定言不定的別偈定義。是故，有充足的理由相信，《金剛經》所說的四句偈，應是指無我等四相。

　　自古以來，另流傳一種說法，那就是，天親菩薩曾入定而昇兜率天宮，當面向彌勒菩薩請益：「四句偈指經中的哪一偈？」彌勒回答：「無我等四相即是佛陀所指的四句偈。」[98]有了此一信仰上的加持，相信無我等四相即是四句偈的陣容，更爲堅強。

　　2.取凡所有相等爲四句。

　　唐朝的圭峯宗密認爲，將「凡所有相，皆是虛妄，若見諸相非相，即見如來。」一偈視爲經中所指的四句偈，應屬最玄妙的說法。[99]他認爲，只要能完整表詮經義，即可稱爲

---

98 四句者，古今論四句偈不一，各執己見，初無定論。今但依銅碑記云：天親菩薩昇兜率宮，請益彌勒：如何是四句偈？彌勒答云：無我相，無人相，無眾生相，無壽者相是也。《銷釋金剛科儀會要註解》卷第一，X24，n467，p653b7-12。

99 四句者，但於四句詮義究竟，即成四句偈。如：凡所有相，皆是虛妄，若見諸相非相，即見如來。此最妙也。然但義見四句持說，即趣菩提；文或增減，不必唯四，義若闕者則互成謗。《金剛般若經疏論纂要》上，T33，n1701，p160b22-26。

四句偈，而文字的增減，不必硬性規定具足四個句子。但如果文義有所欠缺，則將導致相互諍謗。

後世部分疏家支持宗密的主張，所持理由是，凡所有相一偈已可完全顯露大乘佛學的正宗 —— 無相，《金剛經》的宗旨亦可依此法門一覽無遺。何況下經的若以色見我等四句，即是詮釋見諸相非相即見如來之理。如夢、幻、泡、影等四句，即是凡所有相皆是虛幻之註腳。[100]就在四句偈的句型符合格式的要求，以及文義充足，貫穿全經宗旨的條件下，主張凡所有相一偈，即為經中所指的四句偈的疏家，亦為數不少。

3.取若以色見我等為四句。

《金剛經》的另一則四句偈：「若以色見我，以音聲求我，是人行邪道，不能見如來。」雖說偈意只是凡所有相一偈的一半，係以負面列舉的方式，表達不能以妄相而面見如來。但在此偈之上文有「爾時世尊而說偈言」一句，明白指出「偈」字，這是經中僅見提及偈字的唯一四句偈。何況此則四句偈不但句型完整，而且字數都是五言，句定言定，是典型的四句偈。那麼，經中所謂的四句偈，則非此偈莫屬。

在經宗的表詮上，此偈與前文的無我等四相四句，有密切的關係。前文的無我等四相是標出名相，此偈則掃蕩邪見。邪見既除，即見如來。[101]由此可知，此偈文義，亦緊密串連

---

100 《金剛經解義》，X25，n509，p883a24-b3。
101 要知，此偈即前文無我人眾生壽者四句，前句是標出名相，此偈乃掃蕩邪解。行邪行者，即著相眾生，從色聲邊，橫生人我等見。不見自性真如來，即不見現前說法如來也。《金剛經直說》，X25，n496，p578c1-4。

全經所揭示的無相宗旨，含意具足。在句型句義皆備的情況下，有充足的理由認定它是經中所指的四句偈。

4.取一切有為法等為四句。

在《金剛經》正宗分的結語有一偈：「**一切有為法，如夢幻泡影，如露亦如電，應作如是觀。**」此偈習稱「六喻偈」，是全經之中傳頌最廣的一偈，頗多疏家認為經中所指的四句偈即是此偈。就前述偈頌構成的元素而言，此偈句定言定，是典型的別偈，其為一完整的四句偈，應無問題。至於內容部分，此偈宣說一切法空，係佛法的精要，總該佛法全體，作為經中所指的四句偈，有足夠的份量。其次，經說：「**於此經中受持，乃至四句偈等。**」分明顯示由經首的如是我聞，而至正宗分末的六喻偈，全部持說，此亦足資證明六喻偈，即是此經所指的四句偈。[102]

不過，古來對於將六喻偈視為經中所指的四句偈一事，早有質疑聲浪。吉藏即指出，如果受持經末的四句偈才有功德，則持說經初乃至經末的內容，豈非全無功德？其次，佛陀在弘宣正宗分時，尚未說出六喻偈，如何又能逆溯格量其功德？[103] 由此可知，反對者的說法亦言之鑿鑿，不可忽視。

---

102 四句偈，一切有為法四句也。此偈實該佛法之全體，相傳古偈，人人稔知，故特於末後出之。乃至四句偈等，分明自首至尾之謂。《金剛經郢說》，X25，n488，p303a16-18。

103 若取下偈為四句偈者，自經初已來，便應非偈，受持之者便無功德。又，當佛說經時，至此中未有後兩偈，云何逆格量耶？《金剛波若經義疏》卷第三，T33，n1699，p108c17-19。

5.取不可取、不可說、非法、非非法為一四句偈。

　　另有一種主張是取「不可取、不可說、非法、非非法。」為一四句偈，並視為經中所指的四句偈。但此說亦遭遇重大挑戰，理由是，如果經中所指的只有這一偈，則前述的四句，又是什麼？誰能否認它們不是四句偈？再從上下文的脈絡來看，此段經文在於說明阿耨多羅三藐三菩提法不可取說，非有非無，只可證而不可得，因此一切賢聖才會依對於菩提證覺的程度不同，而有階位的差異。職是之故，如果視此段經文為本經唯一的四句偈，理由似乎頗為牽強。

6.取所有一切眾生之類等四句

　　有人主張，經初佛陀答覆須菩提：「所有一切眾生之類…我皆令入無餘涅槃而滅度之。如是滅度無量無數無邊眾生，實無眾生得滅度者。」即是經中所指的四句偈。不過，問題在於，這四句是佛陀說明菩薩應心住大乘，以廣大心、第一心、常心、不顛倒心而度眾生，無關四句偈。如果視為四句偈，無論從句型或字數看，皆頗鬆散，似乎相當勉強。

7.以摩訶般若波羅蜜經為四句。

　　六祖慧能認為，「摩訶般若波羅蜜經」八個字，即為經中所指的四句偈。因為《金剛經》中明示：「一切諸佛，及

諸佛阿耨多羅三藐三菩提法，皆從此經出。」又《般若心經》說：「三世諸佛，依般若波羅蜜多故，得阿耨多羅三藐三菩提。」正因般若是佛母，是故必須持說摩訶般若，才能成佛。[104]據此，可以相信，摩訶般若波羅蜜經八個字，即是經中所指的四句偈。

8.始從如是，終至奉行，方成四句。

另有一說是，從經初的如是我聞，一直到經末的信受奉行，整部《金剛經》方能構成一四句偈。此說將整部經義搜羅殆盡，毫無遺漏，但亦因包容廣大，而顯得缺乏焦點，有失四句偈的真義。

9.約有、無、亦有亦無、非有非無為四句。

佛法中，一向以四句分別諸法，此即「有、無、亦有亦無、非有非無」四句。第一句的有是肯定，第二句的無是否定，第三句的亦有亦無是複肯定，第四句的非有非無是複否定。在《金剛經》中，較具體的四句是「凡所有相，皆是虛妄，若見諸相非相，即見如來。」第一句的凡所有相表肯定的有，第二句的皆是虛妄表否定的無，第三句的若見諸相非

---

104 十二部教，大意盡在四句之中，何以知其然？以諸經中，讚嘆四句偈，即是摩訶般若波羅蜜多。以摩訶般若為諸佛母，三世諸佛皆依此經修行，方得成佛。《般若心經》云：三世諸佛，依般若波羅蜜多故，得阿耨多羅三藐三菩提。《金剛經解義》卷上，X24，n459，p522a17-21。

相表複肯定的亦有亦無，第四句的即見如來表複否定的非有非無。由於佛法中的四句，是證入諸法實相的四個法門，而依上例，經中也確實以四句顯揚佛法總要，所以《金剛經》中所謂的四句偈應指有無等四句。[105]此種主張並非毫無道理，但亦有模糊焦點之嫌。因為一切大乘佛經皆以四句為共通法門，豈可單獨以四句分別，視為《金剛經》中所謂的四句偈？

10.但於一經之中隨取四句經文，便為四句。

關於「乃至四句偈」的含意，最有力的主張是「隨取四句經文便為四句」。而四句偈的定義，吉藏主張，此乃以少況多之言，不一定是指有固定格式的偈頌。也就是說，只要能夠受持經中的四個句子，即福德無量，何況持說一段、一章，甚至一部經典，其福德更不可思議。[106]窺基認為，只要意義表達充分，即可視為一句。[107]因此，涵義圓足的四個句

105　如凡下，明正義。斯則約有無等為四句也。謂：第一是有句；第二是無句；第三是亦有亦無句；第四是非有非無句。文義兼備，故云最妙。以此四義能通實相，即是四門。《金剛經纂要刊定記》卷第四，T33，n1702，p205c14-17。

106　今世俗中，以四句為一偈。佛隨世俗，亦以四句為一偈，明此乃是舉少況多之言耳！然一四句斯言最少，若能受持一四句其福無邊，況復一段、一章、一品、一部耶！故須得經意，勿著語言也。《金剛般若經義疏》卷第三，T33，n1699，p109a13-17。

107　「乃至四句偈」者，謂下至受持四句也。謂：領納在心名受，記令不忘稱持。四句偈者，謂明此宗義之處，義圓足者，即為一句。如說廣大、第一、常心、不顛倒，此四心各為一句也。又如不住於事應行布施即為一句，如是准知。《金剛般若經贊述》卷上，T33，n1700，p136b4-8。

子，即是四句偈，而且不限定每一句的字數必須相同。甚至可以說，由於下文有「隨說是經，乃至四句偈等。」即可確認佛陀的原意是指極少經文之持說，不一定非滿足四個句子的條件不可。因此會有慧能的宣說「摩訶般若波羅蜜經」八個字，即爲持說四句偈的說法。

　　吉藏指出，由於偈頌的字數精簡，可能表意不足，所以般若系的經典，不採用大量的偈頌。[108]基於此一看法，更足以認定經中所謂的四句偈，不一定指的是偈頌。基本上，《金剛經》說的是無相法，行者如能會解無相心要，也必然不會執著於文字長短的窠臼，而堅持四句偈一定是指哪個特定的偈頌。

---

108 諸般若多不作偈，以偈安字有限，於深義不能曲盡也。《金剛般若經義疏》T33，n1699，p118b2-3。

第四章　行
── 離相修六度萬行與為人解說

　　佛教的三藏十二部經，其經義架構皆不出以信、解、行、證四門，教導眾生修行。行者從聞法起信，逐漸解悟經義，再依法修行，進而證入佛果，完成一期佛道的修證。在證果之前的三個階段，即是《金剛經》中一再申述的「信解受持」，因此信解受持可以稱之為「行經」。[1]透過依經教修行的進程，終能報得佛果。

　　《金剛經》中有關修行的教義，大致分為兩部分：一、離相修六度萬行。二、為人解說弘揚佛法。

　　《金剛經》中提及的六度，是以檀施為主體。而檀施的意義，根據彌勒的偈頌的詮釋是：「檀義攝於六，資生無畏法，此中一二三，是名修行住。」[2]彌勒認為，檀施分為三種：資生施、無畏施與法施。資生施一種，是為財施。無畏施有

---

1 天台解經凡約三種，謂：教、行、理。經云：書寫讀誦者，即教經也。信解受持者，即行經也。諸佛菩薩從此經出者，即理經也。《金剛般若波羅蜜經采微》卷上，X24，n464，p605a5-8。

2 萬行雖多，不出六度。六度雖多，不出檀度。檀名修行，亦名為住。如無著亦云：相應行住。彌勒亦云：檀義攝於六，資生無畏法，此中一二三，是名修行住。《金剛般若波羅蜜經鎪》卷上，X25，n475，p76b20-24

兩種，包括持戒與忍辱，因爲持戒、忍辱之人，無殺害之心，使眾生內心無所畏懼。法施則指精進不懈、一心不亂、以智慧說法，如是依精進、禪定、般若等三度弘法利生。因此，整體而言，皆不出離相布施一事。既然布施代表六度，六度又攝萬行，是故布施稱爲修行，又名爲住。

　　法施涵括檀施六義中的三義，三義揉合，總是「說法」一事。其中的「法」，係指佛法，因此說法即是爲他人演說佛法。《智論》說：「以諸佛語妙善之法，為人演說，是為法施。」[3]法施在《金剛經》中，被佛陀以應「爲他人說」的方式數度提出。佛陀之所以殷殷叮囑，主要是佛法只有不斷爲他人說，讓眾生了解，才有廣爲傳弘的機會，這是法脈長久延續的關鍵。

　　此外，在修行之前必須發心，亦即經中所謂的「發阿耨多羅三藐三菩提心」。其中的阿耨多羅三藐三菩提，是梵文 Anuttara－samyak－saṁbodhi 的音譯，意譯爲「無上正等正覺」。發心又名發願，因爲啓發上求佛道、下化眾生的慈悲大願，才能於內心產生大力量，支持修行，圓滿佛果，所以佛教特重發心，將發心視爲修行佛道的起始。

3　問曰：云何名法布施？答曰：有人言：常以好語，有所利益，是為法施。復次，有人言：以諸佛語妙善之法，為人演說，是為法施。復次，有人言：以三種法教人：一、修妒路，二、毘尼，三、阿毘曇，是為法施。復次，有人言：以四種法藏教人：一、修妒路藏，二、毘尼藏，三、阿毘曇藏，四、雜藏，是為法施。復次，有人言：略說以二種法教人：一、聲聞法，二、摩訶衍法，是為法施。《大智度論》卷第十一，T25，n1509，p143c19-27。

第一節　發菩提心

　　佛陀在《金剛經》中，一再垂示應發菩提心，全經「發阿耨多羅三藐三菩提心」句，累計出現多達二十九次。如果說發菩提心是全經的綱要，亦不為過。其地位為何如此重要？主要是發心係「從因趣果之勝心」。[4]也就是修習淨因，從淨因趣向佛果殊勝之行的心。因為發心與修行，如同鳥之兩翼，車之兩輪，兩者缺一不可。[5]所以欲修行佛道，必先發心，此一鐵則，在多數大乘經典中都有所強調，其中《大般涅槃經》與《華嚴經》提及的名句，一千多年來廣為流傳，更有天親的《發菩提心經論》作深入演繹。

　　《大般涅槃經》說：「發心、畢竟二不別，如是二心先心難。」[6]這是經中三十六行讚佛偈中的第二偈，主要是讚揚佛陀，初發心即為天人師，無異於已經畢竟成佛，而且認為發心比畢竟成佛還難得。由於佛陀有五種菩提：發心、伏心、明心、出到及無上菩提。菩薩由初發心起，逐階修行，得發心菩提；折伏煩惱而行諸波羅蜜，得伏心菩提；觀察三世諸法而行般若波羅蜜，得明心菩提；得無生法忍，出離三界，而到一切智者，名得出到菩提；最後坐道場而得阿耨多羅三

4　發心者，從因趣果之勝心也。《金剛般若波羅蜜經破空論》，X25，n479，p135a6。
5　《金剛般若波羅蜜經鎞》卷上，X25，n475，p74c5。
6　發心畢竟二不別，如是二心先心難。自未得度先度他，是故我禮初發心。《大般涅槃經》卷第三十八，T12，n374，p590a21-22。

藐三菩提，即是得無上菩提。[7]以上五種菩提雖有階進不同的差異，但皆屬於佛之菩提則一，因此偈中指明，初發心與畢竟成佛沒有差別，甚至能發大心更爲難得。

《華嚴經》說：「初發心便成正覺。」[8]也是指菩薩能發大菩提心時，即是證悟發心菩提，雖屬佛之五菩提的最底層，尚待持續修行，地地昇進，才得以證無上菩提，但其已證入佛菩提之範疇，則無疑問，是故說初發心便成正覺。

《發菩提心經論》以大海、三千大千世界與虛空等三個層面，來形容初發心的殊勝。譬如大海初起時，即蘊藏寶物，菩薩初發心時，亦爲五乘一切善法之所生處。又如三千大千世界初漸起時，即爲一切眾生依止之處，菩薩初發心時亦爲一切眾生作依止處。又如虛空普覆眾生，菩薩初發心時，慈悲亦普被眾生。[9]由此可知，論中引用大海、世界與虛空來爲

---

7 復有五種菩提：一者、名「發心菩提」，於無量生死中發心，為阿耨多羅三藐三菩提故，名為菩提 —— 此因中說果；二者、名「伏心菩提」，折諸煩惱，降伏其心，行諸波羅蜜；三者、名「明菩提」，觀三世諸法本末總相、別相，分別籌量，得諸法實相，畢竟清淨，所謂般若波羅蜜相；四者、名「出到菩提」，於般若波羅蜜中得方便力故，亦不著般若波羅蜜，滅一切煩惱，見一切十方諸佛，得無生法忍，出三界，到薩婆若；五者、名「無上菩提」，坐道場，斷煩惱習，得阿耨多羅三藐三菩提。《大智度論》卷第五十三，T25，n1509，p438a3-13。

8 初發心時，便成正覺，知一切法真實之性，具足慧身，不由他悟。《大方廣佛華嚴經》卷第八，T9，n278，p449c14-15。

9 諸佛子！菩薩初始發菩提心，譬如大海初漸起時，當知皆為下、中、上價乃至無價如意寶珠作所住處，此寶皆從大海生故。菩薩發心亦復如是，初漸起時，當知便為人、天、聲聞、緣覺、諸佛菩薩一切善法、禪定、智慧之所生處。
復次，又如三千大千世界初漸起時，當知便為二十五有，其中所有一切眾生，悉皆荷負作依止處。菩薩發菩提心亦復如是，初漸起時，普為一切無量眾生，所謂六趣四生，正見、邪見，修善、習惡，護持淨戒、犯四重禁，

初發心作譬喻，目的在於形容初發心功德之偉大、無邊際、
無所不包。

一、發心之種類

各經論中，對於發心的體性詮釋不盡相同，因此對其分
類亦有差異。由於本書係採用信、解、行、證四部分來分析
《金剛經》，此一理路與《起信論》對發心的分類若合符節，
是故於此引用該論作爲分類之舉例。

《起信論》說發心有三種：信成就發心、解行發心、證
發心。[10]

信成就發心有三種：直心、深心、大悲心。發直心是指，
隨順真如平等法而發心，作爲深心、大悲心兩種發心的張本。
深心是指樂集一切諸善行，是自利行之本。大悲心是指欲拔
除眾生苦，即利他行之本。

解行發心的階段，顯現解悟修行轉趣勝進，對於真如法
深入了解，所修的則是離相行。

證發心的階段，包括淨心地至菩薩究竟地，亦即從初歡
喜地，直到第十法雲地。其中能證的是十地菩薩，所證的仍

尊奉三寶、謗毀正法，諸魔外道、沙門梵志，剎利、婆羅門、毘舍、首
陀，一切荷負作依止處。
復次，菩薩發心，慈悲為首。菩薩之慈無邊無量，是故發心無有齊限，
等眾生界，譬如虛空無不普覆。菩薩發心亦復如是，一切眾生無不覆者。
如眾生界無量無邊，不可窮盡。菩薩發心亦復如是，無量無邊，無有窮
盡。虛空無盡故眾生無盡，眾生無盡故菩薩發心等眾生界。《發菩提心
經論》卷上，T32，n1659，p509a9-27。
10 略說發心有三種。云何為三？一者、信成就發心，二者、解行發心，三
者、證發心。《大乘起信論》，T32，n1666，p580b17-581a29。

是真如，只是深入程度，與前述解行發心不同而已。

　　《金剛經》並未就發心的性質作區別，但依然特重發心。在經文正宗分初始，須菩提向佛陀提出第一個問題時，即以發心為前提，而作如下的請示：「**世尊！善男子、善女人，發阿耨多羅三藐三菩提心，應云何住？云何降伏其心？**」

　　羅什門下四哲之一的僧肇，將阿耨多羅三藐三菩提解釋為「一切智」，發心則定義為「**標意擬向，遠期正覺。**」[11]意即，標定以一切智遠求正覺之意向。因此須菩提的問義是，善男子、善女人發心遠求正覺時，應如何安住於菩提？如何折諸煩惱以降伏其心？

　　在什譯本以外的其他五種譯本中，須菩提的這段經初提問，除應云何住與云何降伏其心之外，兩者中間尚夾帶一個「云何修行」的問題。也就是，須菩提應該是提出三問，而羅什的譯本只提出兩問。針對這個問題，僧肇的說法是：「**降伏已明化物之儀，辨住則示修行之軌。**」[12]明示「住」之一字，已含有修行的意思。由於僧肇是在五世紀初著作此注疏，早於菩提流支翻譯的金剛經第二譯本達百年之久，可知僧肇並非為會通此一異說，而勉強作具有修行涵義之解釋。他的詮釋可能是依據《智論》，其中，龍樹則將「住」解釋為得般若波羅蜜而不退轉。[13]係修行的十項別相意義的第十項，

---

11 菩提，一切智也；標意擬向，遠期正覺，故言發心之也。《金剛般若波羅蜜經注》，X24，n454，p396a7-8。

12 菩薩發心，義兼三端：一、化眾生，二、修萬行，三、向菩提。降伏已明化物之儀，辨住則示修行之軌。《金剛般若波羅蜜經注》，X24，n454，p396c21-22。

13 得是般若波羅蜜道不失，是名「住」；與住相違，名「不住」。《大智度論》卷四十二，T25，n1509，p366c3-4。

為修行的最後階段。

在須菩提發問之後，佛陀告訴他：「汝今諦聽！當為汝說。善男子、善女人，發阿耨多羅三藐三菩提心，應如是住，如是降伏其心。」此段經文大意為：「你用心聽！我將為你解說。善男子、善女人，發菩提心之後，應依照我以下的教法而安住與降心。」

佛陀在尚未正式回答之前，就須菩提的發問，先作標舉式的重述。《金剛經》共有二十七處問答論辯，在第一處問答中，即再度提及「發阿耨多羅三藐三菩提心」，顯見發菩提心在經中所處的位置極為重要。所以宋朝的宗鏡禪師認為，發菩提心是《金剛經》的「一經正眼」。[14]既然視發菩提心為《金剛經》的正法眼目，而且在經中重複出現達二十九次，則其份量顯然亦不下於對「信心」的強調。此外，宗鏡也推崇發菩提心是「大乘正宗」。[15]因為發心的目的，就是上求佛道、下化眾生及趣向菩提，這正是本經強調的重點，所以稱它是大乘中之正宗。也因此，明朝的宗泐將上述的應云何住，詮釋為「云何安住大乘」。[16]雖然名目有異，但兩者同以化度眾生、趣向菩提為職志，所以安住菩提，即是安

---

14 一經正眼者，即爍迦羅金剛堅固眼也。明經中須菩提問發菩提心，云何應住，云何降伏？佛答：應如是住，如是降伏。單顯菩提心為金剛經正眼也。《銷釋金剛科儀會要註解》卷第一，X24，n467，p679b15-17

15 此經以菩提心是大乘中之正宗，蓋佛教菩薩六度令一切眾生滅度，故立此名。《銷釋金剛科儀會要註解》，X24，n467，p681a3-4。

16 阿耨多羅三藐三菩提者，華言無上正等正覺也。問意以如來護念、付囑現在、未來菩薩，令成佛果。是菩薩雖發道心，誓度眾生，求成佛道，未知其心云何安住大乘？云何降伏妄心，使至佛果不退失耶？《金剛般若波羅蜜經註解》，T33，n1703，p228c20-22。

住大乘，意義並無明顯出入。

　　就上述兩段經文的義旨來說，對於《金剛經》是一部強調發菩提心的經典的看法，毋庸置疑。至於其中，佛陀雖未就發心的性質，冠以名目，加以分類，然而就經義分析，佛陀提出的是發心的軌則。如同前述，起信必須離相，布施與見佛必須離相，依此類推，似可將發心的軌則，大別為「離相發心」與「中道發心」兩大類。

二、離相發心

　　發菩提心另有兩種分類，緣事發心與緣理發心。緣事發心係指發四弘誓願：眾生無邊誓願度；煩惱無數誓願斷；法門無盡誓願知：佛道無上誓願成。[17]緣理發心則謂：一切諸法本來寂滅，安住於此中道實相，而成上求下化之願行，是為最上之菩提心。《金剛經》中的發菩提心，其意義顯然包含緣事與緣理兩種。以下之經文即有明確之宣示：

　　佛告須菩提：「諸菩薩摩訶薩應如是降伏其心！所有一切眾生之類：若卵生、若胎生、若濕生、若化生；若有色、若無色；若有想、若無想、若非有想非無想，我皆令入無餘涅槃而滅度之。如是滅度無量無數無邊眾生，實無眾生得滅度者。何以故？須菩提！若菩薩

---

17 言依境發誓者，謂眾生無邊誓願度，依苦諦境。煩惱無數誓願斷，依集諦境。法門無盡誓願知，依道諦境。佛道無上誓願成，依滅諦境。《止觀大意》，T46，n1914，p459b23-26。

有我相、人相、眾生相、壽者相，即非菩薩。

此章經文，是佛陀對須菩提所提出的第一個問題所作的答覆。佛陀舉四弘誓中的「眾生無邊誓願度」為例，說明菩薩滅度一切眾生的大願，而且滅度一切眾生之後，內心不存絲毫我能度生、眾生為我所度的相見。因為心存四相而度生，即不能稱為菩薩。

經中所謂的一切眾生，包括三界一切有情。由於這些有情，是依五眾和合而生，故無自性，無自性故畢竟空。雖然體性是畢竟空，但如果不假藉名字語言，無法說明，故強名為眾生。

羅什譯本中所說的滅度無量眾生而實無眾生得滅度，在真諦譯本中則翻為：「如是涅槃無量眾生已，無一眾生被涅槃者。」梵文 nirvāna 音譯為涅槃，意譯為滅度，謂「大患永滅，超度四流。」[18]意指，永遠滅盡「分段」、「變易」等二種生死，而度脫「欲、有、見、無明」等四暴流。其中的暴流是指煩惱，四暴流也就是四種煩惱。羅什將音譯的涅槃當名詞用，意譯的滅度當動詞用，所以說：「我皆令入無餘涅槃而滅度之。」真諦則前後都採用音譯，上文中前後兩「涅槃」都是作動詞用。

至於我、人、眾生、壽者四相，如依《大品經》的詮釋，

---

18 經稱有餘涅槃、無餘涅槃者，秦言無為，亦名滅度。無為者，取乎虛無寂寞，妙絕於有為。滅度者，言其大患永滅，超度四流。《肇論》，T45，n1858，p157b29-c2。

是屬十六知見中的四見。[19]《金剛經》在我、眾生、壽者、命者、生者、養育、眾數、人、作者、使作者、起者、使起者、受者、使受者、知者、見者等十六知見中，隨取四見為例。而見即是相，這十六相總的來說，只是一個「我相」。[20]所以可以說，佛陀在經中告訴須菩提，如果有我相，就沒有資格稱為菩薩。

因為菩薩與眾生都是五眾和合所生，假名無實。既然無有實自性的菩薩與眾生，則亦無能度之我與所度之人，亦即兩者皆無足資取著之具相，因此下文佛陀指出，菩薩必須離相發心，離相度生。

> 是故須菩提！菩薩應離一切相，發阿耨多羅三藐三菩提心，不應住色生心，不應住聲香味觸法生心，應生無所住心。若心有住，則為非住。

佛陀在此段經文中明示，菩薩應離相發心，不應依住六塵而取相發心，而應發離相無所得的菩提心。如果對六塵有所住著，即非住心之正軌。其中的離一切相，不但指離我相等四相，包括法相與空相，亦應捨離，以達到徹底的忘相發心。

從上下文連貫來看，由於上文是講述，佛陀五百世作忍

---

19 舍利弗！如我但有字，一切我常不可得。眾生、壽者、命者、生者、養育、眾數、人者，作者、使作者，起者、使起者，受者、使受者，知者、見者，是一切皆不可得。不可得空故，但以名字說。《摩訶般若經》卷第一，T8，n223，p221c15-19。

20 問曰：如我乃至知者、見者，為是一事？為各各異？答曰：皆是一我，但以隨事為異。《大智度論》卷第三十五，T25，n1509，p319b27-28。

辱仙人，修行無相忍行，接著勸修離相發心，可知不但未修行時須先發心，因地修行時亦須發心，直至證果亦不離發心。[21]可以說，菩薩在五十二位的修證過程中，無論處於十信、十住、十行、十迴向、十地、等覺、妙覺之中的任何一個階位（亦稱因位或因地），全程都必須離相發心，如此才有證果的可能。

繼前述離相發心之後，衍生的問題是，雖說離相發心，但可能仍有一個心念，認爲還有可以依循的發心軌則存在，因此佛陀下文再予遮遣：「**須菩提！實無有法發阿耨多羅三藐三菩提者。**」這句話有兩種解釋，分別是指人，或是指法。

若將「者」字視爲代名詞「人」，上文說，取著四相度生的菩薩，不是菩薩。接著佛陀再說，不惟度生非實，即令發心亦非實法，是故求發心之我尚不可得，況度生之我！意謂，取相發心者亦非菩薩。

另一解是，將「者」字視爲句末助詞，表示語氣結束。如此則前文有降心無法，住心無法，此處是發心無法，下文還有得果無法，得記無法等，前後經義貫通，亦可自圓其說。

一言以蔽之，儘管兩種解釋所採取的角度有異，但強調離相發心的意義，並無不同，都是表示，應人、法具遣，如果執相求道，難有成就。

---

21 問：正言忍行，何爲離相發心耶？答：以未修行時先當發心，正修行時，全體發心，乃至果地，不離發心。是以勸其離相發心，蓋貫乎修證，非偶然也。《金剛般若波羅蜜經鎞》卷下，X25，n475，p87a14-17。

三、中道發心

　　在經初須菩提發問，佛陀重述標舉之後，佛陀揭示離相布施與離相修行的教法。經中佛陀再提出，執相莊嚴佛土即非莊嚴的無住生心宗旨。相關的經文是：「**是故，須菩提！諸菩薩摩訶薩應如是生清淨心，不應住色生心，不應住聲香味觸法生心，應無所住而生其心。**」這是佛陀開示菩薩行中應注意的修行軌則。由於莊嚴佛土，成熟眾生，是菩薩行的主要任務。須菩提在上文中回答佛陀：「**莊嚴佛土者，則非莊嚴，是名莊嚴。**」表達出菩薩二行相資、二諦互融的中道觀，意即：「**佛土與佛土莊嚴，如幻如化，勝義諦中是非莊嚴的，不過隨順世俗，稱之為莊嚴而已。**」[22]佛陀接著告訴須菩提，應不住著於六塵而發清淨菩提心的發心正法。在此段經文中的「**應無所住而生其心**」名句，為六祖慧能的悟門，非但千古傳頌，也是本經要旨之一。其中的「**應無所住**」，顯示緣起性空，是遮有。至於「**而生其心**」，顯示幻有宛然，是遮無。所以應無所住而生其心，全句意指，離於有無，不偏兩邊，如此即是中道第一義。

　　此外，另有一解。窺基認為「**應無所住**」是指：以大悲故，不住涅槃；以大智故，不住生死。悲智雙運，不執兩邊。[23]此外，「**而生其心**」的「生」是「顯發」的意思，非無中

---

22 印順著，《般若經講記》，台灣・正聞，2003，頁68。
23 二乘有法執，為涅槃所拘，便即取寂；凡夫有生執，為生死所縛，不能出離；菩薩具大悲智，故不為兩邊所拘，故名不住也。《金剛般若經贊述》卷下，T33，n1700，p144b17-19。

生有，而是顯發嚴土熟生的清淨大菩提心。

至於澄觀的見解亦相當類似，他詮釋中道發心爲：「有悲，故不爲無邊所寂。有智，故不爲有邊所動。不動不寂，直入中道，是謂眞正發菩提心。」[24]可見兩者同樣是以悲智雙運、不執兩邊爲發菩提心的內涵。

《金剛經》中所揭櫫的般若宗趣，從聞法生信，發菩提心起修，而至證入涅槃，這一段修證過程中，依循的軌則是離相不住，可謂處處遮遣，包括：四相不住；六塵不住；聲聞四果不住；菩薩莊嚴佛土不住；如來三十二相不住；說法不住；涅槃不住等等。在亢標對一切法應離相不住的情況下，佛陀唯恐聞法眾生有所誤解，甚至產生否定一切因果的斷滅心態，於是提出下述的告誡。

> 須菩提：汝若作是念，發阿耨多羅三藐三菩提者，說諸法斷滅。莫作是念！何以故？發阿耨多羅三藐三菩提者，於法不說斷滅相。

佛陀在此處曉諭須菩提，發大菩提心的菩薩，對一切法不持說有斷滅相。這句話的重點在於「斷滅相」的觀念。由於因果之理是佛教的基本教義，三藏十二部經無不在於宣示因果不滅的道理，所以兩千年來眾多的高僧大德，都主張所有的佛經皆以因果爲宗。其義涵則是，有因則必有果，有果則必有因，所以無論爲善或爲惡，只要有善惡因緣，必定引

---

24 《大方廣佛華嚴經疏》卷第十六，T35，n1735，p619c29-p620a2。

生果報。這個報應貫通三世，酬因只有遲早或輕重的差別，沒有斷滅不報的道理。因此經中說：「是人先世罪業，應墮惡道，以今世人輕賤故，先世罪業則為消滅。」顯示先世重罪，今世以「為人輕賤」的果報酬因，亦即幸運的得以重罪輕報斷除結業，但絕非斷滅不報。然而佛世的部分外道卻主張「撥無因果」，否定因果相續之理，認為行善不一定有善報，為惡也不一定有惡報，其中並無因緣果報的法則存在，這就是經中所謂的「斷滅相」，也就是「斷見」，是佛教所認為的極惡邪見。因此佛陀指出，凡是發阿耨多羅三藐三菩提心者，必定是依據諸法以為修行之路，不可諸法俱捐而生斷滅相。

佛陀在前文說發心無法、無住生心，此處講發心不說斷滅相，上下文連貫來看，實無有法，表示不常、不有。至於不說斷滅相，即是不斷、不無。發心既不常不斷，亦不有不無，可謂發中道第一義心。

第二節　「行」之義涵

在佛道的修證過程中，起信之後發願，發願之後修行，是一套通行的軌則，淨土宗稱其為淨土三資糧，為往生淨土所必備。《華嚴經・入法界品》的善財童子南行五十三參，每次參訪一位賢聖，見面的第一句話都是：「聖者！我已先發阿耨多羅三藐三菩提心，而未知菩薩云何學菩薩行？云何

修菩薩行？」[25]由此可知發心之後，接著必須修菩薩行。

　　《金剛經》雖未依信願行的順序條然行文解說，但卻是處處說信，分分說願，而且於經初，即以發心之後，「**應云何住？云何降伏其心？**」啓問，而住降即是修行。乃至正宗分的結經「**應作如是觀**」的觀，也是指修行。經中，佛陀苦口婆心，一再叮嚀達十次的「**爲他人說**」，更是修行的重點。至於經初佛陀答覆須菩提的「**菩薩於法，應無所住，行於布施。**」則是貫串全經的修行綱目。

　　然而在佛教經論中，「行」字本身到底具有那些意義？如果根據同爲般若經系的《大品經》，以及疏釋該經的《智論》的解說，「行」字具有多重意義。當名詞用時，它可以是指：有爲法、三業、三行。當動詞用時，則有：修行、深行等涵義。

一、《智論》臚列三種行義

　　在《智論》卷三十六之中，指出「行」的三種意義。[26]雖然是大別爲三類，但其中如予細分，則可看出，行的意義至少有：行業、有爲、三業、修行、遷流、行動等多種意義。以下是依據《智論》的分類所作的詮釋。

（一）行眾者：佛或時說一切有為法名為行

　　在色、受、想、行、識的五眾中，行眾有時被佛陀稱之

25　《大方廣佛華嚴經》卷第六十二，T10，n279，p334a20-21。
26　《大智度論》卷三十六，T25，n1509，p325b21-c1。

爲「一切有爲法」。主要是，「行」有「遷流」、「造作」等義。而一切有爲法皆是「作法」，因係因緣和合而生，無自性，故名爲作法。此外，一切有爲法皆有生、住、滅三相，念念生滅，遷流變化。綜合上述兩項特徵，因此將一切有爲法稱之爲行，所以三法印中有「諸行無常」一印，也就是指明一切有爲法無常。

（二）或說三行：身行、口行、意行

佛陀有時將身行、口行、意行等三行（三業）稱之爲「行」。而此處的「行眾」，其三行所涵括的意義廣泛，甚至將色、受、想、識等四眾全部納入。所持理由是：

「身行」：即出入息，因爲呼吸屬於身行，而身即是色。

「口行」：即覺觀。必然先有覺有觀，分判辨識，然後才有語言的表達，因此，覺觀即是識。

「意行」：即受、想。因爲身、心「受」苦樂，即產生取相（想）心，這就是意行。理由是，心數法有兩種：一者、屬見，二者、屬愛。屬愛者主名爲「受」；屬見者主名爲「想」。因此稱此受、想二法爲「意行」。

（三）佛或說十二因緣中三行：福行、
罪行、無動行

十二因緣法中的第二法是「行」，係指過去世的「業行」。業行緣過去世的無明而產生，而於現在世衍生苦報。在此惑、

業、苦的鉤鎖循環中，眾生沉淪六道生死，不得解脫。[27]而業行的體性，可以分成三種：

「福行」：是繫屬欲界的善業。因爲在欲界修十善道等善行，而招感天、人二道之欲界果報。

「罪行」：與福行相反，行十惡等罪業，能招感三惡道之苦報，係繫屬欲界的不善業。

「無動行」：亦稱不動行，係色、無色界繫屬的行業。修有漏之禪定，招感色界、無色界之果報者，是爲禪定不動之行，故稱爲不動。在阿毗曇中，除受眾、想眾之外，其餘心數法及無想定、滅盡定等心不相應行法，稱之爲行眾。

二、深行、修行

在大乘佛法中，菩薩修行的主體是六波羅蜜。因此，無論言及深行或修行，皆難免涉及六波羅蜜，尤其是般若波羅蜜。而所謂的深行與修行的區別，大致是從實踐六波羅蜜的不同層面來分辨。

（一）深　行

於《智論》卷七十八，敘明所謂的深行，即是般若波羅蜜的實踐：「行般若波羅蜜者，是名真行、深行。」[28]在《心經》中，第一句經文即謂：「觀自在菩薩行深般若波羅蜜多

---

27 造業名之爲行。隨業受報，天人諸趣，遍行六道，故稱行也。《法華經安樂行義》，T46，n1926，p699a1-2。
28 《大智度論》卷七十八，T25，n1509，p611b22。

時，照見五蘊皆空。」因為真正的行般若波羅蜜，是本著不取定相，不執著於我在行般若，我看到有大菩提，或是我行般若可證得大菩提。凡此種種皆不作臆想、取相、分別。以此無所分別心，奉行般若波羅蜜，才稱得上真行、深行。

（二）修　行

在修行方面，大乘佛教亦是以修行六波羅蜜為主體。在「修行」這一點上，就總、別差異，《智論》卷四十二亦有詳細解說：

就總相而言，「般若波羅蜜有種種名字：觀、修、相應、合、入、習、住等，是皆名『修行般若波羅蜜』」。[29]也就是說，無論是觀，是修，或是住，都可稱之為修行，可以相互通用。至於是取用修行一詞，或是觀、修、入、住等，則隨說者與受者的喜好而定，並無一定的限制。

就別相而言，修行等種種名字，其中別分，仍稍有出入。因為：「『行』名聽聞、誦、讀、書寫、正憶念、說、思惟、籌量、分別、修習等，乃至阿耨多羅三藐三菩提，總名為『行』」。[30]依此十大修行步驟採行的時點、對象、動作等不同而產生的差異，《智論》就「行」的意義作如下分別：

觀：最初的修行稱為「觀」，如初見某物一般。

習：每日漸進學習，相當於數數學習、串習之意。

合：係指修行的趣向與般若波羅蜜相忍可，相融合。

相應：《智論》以「隨順般若波羅蜜」來解釋「相應」。

29　《大智度論》卷四十二，T25，n1509，p366b20-22。
30　《大智度論》卷四十二，T25，n1509，p366b23-c4。

至於如何「隨順」？並未詳加說明。一般以「互相契合」來詮釋相應與隨順。一如《智論》中多次引用的「函大蓋亦大」，兩者相契合的舉例說明。

入：意指對般若波羅蜜解行通徹，不只是登堂，而且已「入」室。

念：即是正確的記憶而不忘失之意，《智論》的說明是「分別取相有是事」。

學：是指經常習行而不休息，希望與所學對象相似。

思惟：學習之後，再以權巧方便觀察，了解所學的是非得失。

修：此處定義為「以禪定心共行」，亦即定心思惟修習之意。

住：即是得而不失，意指證得般若波羅蜜道而不退失。

以上是「行」的十項別相意義，由最初的「觀」至最後的「住」，十個階段循序漸進，形成完整的修行程序。不過，此處所述的總相、別相「行」的定義，明顯的限縮在「自利」部分，至於「利他」的弘法部分——「為他人說」，至關緊要，在《大品經》中，另有詳盡的解說與強調。

第三節　離相布施

在修行的別相意義中，受持讀誦、廣為人說等自利利他的修行，是《金剛經》中一再強調的重點。其重要性由下述

經文可見一斑。

> 若有人能受持讀誦，廣為人說，如來悉知是人，悉見
> 是人，皆成就不可量、不可稱、無有邊、不可思議功
> 德，如是人等，則為荷擔如來阿耨多羅三藐三菩提。

　　佛陀說，如果有人能受持讀誦，修自利行；廣為人說，
修利他行。那麼如來以佛眼，完全能知見此人，已經成就無
量福慧功德。這類自利利他的人，是為荷擔如來家業的大心
菩薩。

　　經文中的荷擔，是指肩負延續佛法命脈的重責大任，令
佛種不斷，亦即廣修六度，行菩薩道。[31]惟行門無量，皆六
度所攝，六度可略說為一無住布施，因此無住布施即為菩薩
的離相修行。

一、無住布施即是修行

　　前文述及彌勒的偈頌：「檀義攝於六，資生無畏法，此
中一二三，是名修行住。」此偈已完整的詮釋，為何布施總
攝佛道修行的理由。至於布施如何實踐，《金剛經》中亦有
明確的提示。

---

31 荷擔等者，在肩，曰擔，背負，曰荷，今明行菩薩行即是荷擔。謂以大
悲下化，以大智上求，以大願雙運，安於精進肩上，從煩惱生死中出，
念念不住，直至菩提真性，自他一時解脫，方捨此擔。《金剛經纂要刊
定記》卷第五，T33，n1702，p214c18-22。

> 復次，須菩提！菩薩於法，應無所住，行於布施，所
> 謂不住色布施，不住聲香味觸法布施。須菩提！菩薩
> 應如是布施，不住於相。

　　佛陀說，菩薩修行布施時，應於六塵等一切法，不取相
住著。菩薩應依此軌則離相布施。所謂不住色布施，不住聲
香味觸法布施，簡而言之，即是不住六塵，而六塵通常用於
代表一切法。如果菩薩能依不取相的原則而踐行布施，則可
稱爲修菩薩行。[32]因此可以說，無住布施即是修行，也是經
初須菩提請問如何住降之後，佛陀酬答的修行之法。

二、修無相行

　　前言無相實信及無相發心，必須在有信、有願的基礎上，
才可能動發六度萬行。修行過程中，從起行至終證，都必須
離一切相，才稱得上修無相行，所謂「故雖策修，始終無相。」
[33]其中的策修，是指度四生、行六度等有相修行。至於無相，

---

32 問曰：先說諸法空，即是不住，今何以說「諸法中不應住」？答曰：先
　雖說，著法愛心難遣故，今更說。復次，有無相三昧，入此三昧，於一
　切法不取相而不入滅定；菩薩智慧不可思議，雖不取一切法相，而能行
　道。如鳥於虛空中，無所依而能高飛；菩薩亦如是，於諸法中不住，而
　能行菩薩道。《大智度論》卷四十二，T25，n1509，p366c4-10。
33 如經中，度四生即是策修，無生可度即是無相。行六度即是策修，不住
　相布施等即是無相。如是類例遍於經中。然度生修行合是有相，今以無
　生可度、無住布施、無法可說、無我善等，故順經宗無相之義，一經前
　後無不談此，故曰始終。又，因心、果心咸皆如是，斯則正策修時無相，
　正無相處策修，非謂前後，始終皆爾。《金剛經纂要刊定記》卷第一，
　T33，n1702，p177a19-26。

是指無生可度、無相布施等。

　　有關策修與無相兩者之間的關係，猶如鳥之兩翼，同時進行，並無前後之分，甚至是缺一不可。以下所引經文，係佛陀宣示無相與策修兩者緊密關聯的眾多例證之一。

　　　　是諸眾生若心取相，則為著我人眾生壽者。若取法相，即著我人眾生壽者。何以故？若取非法相，即著我人眾生壽者，是故不應取法，不應取非法。以是義故，如來常說：汝等比丘，知我說法，如筏喻者，法尚應捨，何況非法。

　　經意係指，若取法相，則墮於有邊，與執著四相一般。若取非法相，又墮於空邊，涉斷滅見，與前執著四相無異，都是落於兩邊。是故不應取法相，而以為有。亦不應取非法相，而以為無。非有非無，則是中道之修行。如來常舉譬，猶如以筏渡人，一旦登岸，筏即無用，應當捨棄。因此佛陀說，有法尚應捨離，何況非法又豈可執著？

　　文中佛陀所說的「筏喻」，在佛經中多處出現，除本經外，《智論》中即有四處，《增壹阿含經》中有兩處，略舉如下：

　　　1.如《栰喻經》言：汝曹若解我栰喻法，是時善法應棄捨，何況不善法！[34]

---

34 《大智度論》卷第一，T25，n1509，p63c7-8。

2.如佛說《栰喻經》：善法尚應捨，何況不善！[35]

3.《栰喻經》中說：法尚應捨，何況非法！[36]

4.如《栰喻經》說：善法尚應捨，何況不善法！[37]

5.行善之法猶可捨之，何況惡法而可翫習！[38]

6.佛告比丘：善法猶可捨，何況非法！[39]

　　以上連同《金剛經》在內的七種「筏喻」譯文，其意義皆直指，就算是善法，也不應執著，何況是不善法。也就是指示行者應不落兩邊而行中道，這是大小乘經典共同的詮釋。不同的是，《增壹阿含》中，筏喻所指的是，偏於世俗諦的行善、行惡作法。大乘經中的筏喻，多用於譬喻般若波羅蜜的非有非無，中道第一義諦。在《金剛經》中，則是譬喻離相的信願行。

第四節　六法師與十法行

　　佛陀在說完，菩薩心不住法而行布施，如人有目的無相行之後，接著告訴須菩提應行法施。《金剛經》中的法施，則以「為他人說」總攝其餘行法。經中且多處鼓勵信眾，信解受持讀誦本經，此外更十度叮嚀要為他人說，以弘傳佛法。

35　《大智度論》卷三十一，T25，n1509，p290c22。

36　《大智度論》卷三十一，T25，n1509，p295b29-c1。

37　《大智度論》卷八十五，T25，n1509，p657a2-3。

38　《增壹阿含經》卷第三十八，T2，n125，p760a12。

39　《增壹阿含經》卷第三十八，T2，n125，p760a26。

其中所囑付的對象，不僅是菩薩，還擴及所有的善男信女。

> 須菩提！當來之世，若有善男子、善女人，能於此經
> 受持讀誦，則為如來以佛智慧，悉知是人，悉見是人，
> 皆得成就無量無邊功德。

在此章句中，重點在於「能於此經受持讀誦」。能於此
經，是指修行處所。受持讀誦，是指修行事相，屬於自利的
修行。佛陀明示，未來世如果有人能受持讀誦《金剛經》，
作自利修行，則以佛陀的智慧之眼，皆能明確知見這些人，
都能獲得無量無邊福慧功德。

佛陀在描述出自利修行的功德之後，再以如恒河沙之無
數身命布施作校德，惟此處除校德之外，另一焦點則在於，
提出「六法師」的利他修行，並稱譽其福德最為崇高。

一、六法師 —— 書寫、受、持、讀、誦、為人解說

《金剛經》中隨處皆見宣說：聞是章句、受持四句偈、
隨說是經、受持讀誦、奉持、得聞是經信解受持等等。同時
並推崇其功德殊勝，顯示佛陀殷切囑付弟子，應熟讀本經，
並廣為宣傳經義。其中，以下述經文所列，包括聞、寫、受、
持、讀、誦、說，內容最為完整：「若復有人，聞此經典，
信心不逆，其福勝彼，何況書寫、受、持、讀、誦、為人解
說。」

上述經文提及「信心不逆」，其中的「不逆」，可以解

爲不疑，或不謗。亦即聞經生信，不疑不謗，所獲福德即大於恒沙身命布施。如果能受持讀誦本經，並爲他人解說經義，那麼獲得的福德更勝於前兩者。前面的不逆，是修行前的仰信。後面的受、說等，則是修行中的深修。

從書寫至解說，其中總共有六個修行步驟，窺基稱其爲「六法師」，他的說法主要是依據《法華經》經文而來。在《法華經・法師品》中，佛陀告訴藥王菩薩，如果有人受持、讀、誦、解說、書寫、供養《法華經》，即授予菩提記。《法華經》所載相關內容如下：

> 若有人聞妙法華經，乃至一偈一句，一念隨喜者，我亦與授阿耨多羅三藐三菩提記。若復有人，受持、讀、誦、解說、書寫妙法華經，乃至一偈，於此經卷敬視如佛，種種供養。……藥王！當知是諸人等，已曾供養十萬億佛，於諸佛所成就大願，愍眾生故，生此人間。[40]

窺基在《妙法蓮華經玄贊》卷八末，稱譽那些能夠「受持、讀、誦、解說、書寫、供養」《法華經》者爲「正行六種法師」。[41]所謂正行，意謂契合佛法軌則的行爲。例如：八正道又稱爲八正行。法師的定義則是，於妙法能自行成就，又能以妙法訓導他人者，稱爲法師。此六種法師由於能正行《法華經》，所以未來皆將成佛。至於爲何於十法行中偏取

40　《妙法蓮華經》卷四，T9，n262，p30c8-15。
41　《妙法蓮華經玄贊》卷八，T34，n1723，p808a2-11。

此六法？主要是因為這六種比較容易實踐。其餘四種：施他、聽聞、思惟、修習等，其實也都應該全部依法進行，但因實行難度較高，所以不說。

比較兩部經典的六法師內容，只有一處差異。《金剛經》中的受、持，分別解釋。而《法華經》的受與持合一，另加供養，亦即將該經視為佛，作種種恭敬供養。除此之外，其餘的讀、誦、解說、書寫則完全一致。根據《維摩詰經》卷十：「若聞如是等經，信解、受持、讀、誦，以方便力為諸眾生分別解說，顯示分明，守護法故，是名法之供養。」[42]換句話說，《維摩詰經》所主張的是，就法供養一項而言，其實即是六法師的全部內涵，只要是法施，即是法供養。可能是出於這個考慮，所以《金剛經》中不再列舉「供養」一項。

至於六法師的個別意義，《智論》亦有詮釋。[43]大意是：寫經、信受、念持、口讀、背誦、宣傳解釋等。

二、十法行 —— 聽聞、誦、讀、書寫、正憶念、說、思惟、籌量、分別、修習

在《智論》中，指出有十種行：「『行』名聽聞、誦、讀、書寫、正憶念、說、思惟、籌量、分別、修習等，乃至阿耨多羅三藐三菩提，總名為『行』」。此處的行是指一期

---

42 《維摩詰經》卷下，T14，n475，p556c4-5。
43 聞已，用信力故「受」；念力故「持」；得氣味故，常來承奉、諸受故「親近」；親近已，或看文，或口受，故言「讀」；為常得不忘故「誦」；宣傳未聞，故言「為他說」；聖人經書直說難了故解義；觀諸佛法不可思議，有大悲於眾生故說法。《大智度論》卷第五十六，T25，n1509，p461a9-13。

的修行，其中內容包括：依循從聽聞佛法開始的步驟；進而諷誦經文；或默讀經文；書寫經藏；正確記憶經義；爲他人開示演說；如理思惟；審查思量；分辨理解；數數薰習等。經歷此十種正行，最後將可證得佛果。

在《中邊分別論》（以下簡稱《中邊論》）卷下，則於作意正行中，分出十種正行，也就是窺基之前所提及的「十法行」。所謂「十種正行」分別爲：書寫、供養、施與他、若他讀誦一心聽聞、自讀、自如理取名句味及義、如道理及名句味顯說、正心聞誦、空處如理思量、已入意爲不退失故修習。[44]簡而言之，即是：一、書寫。二、供養。三、施他。四、聽聞。五、披讀。六、受持。七、開演。八、諷誦。九、思惟。十、修習。其中，前八項屬聞慧，第九是思慧，最後一項是修慧。換句話說，十法行中已具足聞思修三慧。

三、十法行內容之比較

《智論》爲龍樹所造，羅什翻譯，屬中觀系的重要論典，與《中論》、《百論》、《十二門論》等三論合稱四論。《中邊論》是世親所造，有真諦與玄奘兩種譯本，屬瑜伽系十大論典之一。比較上述兩部論典，對大乘十法行內容的詮釋，

---

44 「大乘法修行有十：一、書寫。二、供養。三、施與他。四、若他讀誦一心聽聞。五、自讀。六、自如理取名句味及義。七、如道理及名句味顯說。八、正心聞誦。九、空處如理思量。十、已入意爲不退失故修習。」……「無量功德聚，是十種正行。此十種正行有三種功德：一、無量功德道。二、行方便功德道。三、清淨功德道」。《中邊分別論》卷下，T31，n1599，p461a29-b6。

有以下三點差異：

1.《智論》的十行中，有「正憶念」一項，爲《中邊論》所無。而《中邊論》的十行中，「供養」與「施他」則爲《智論》所缺。其中原因可能與經論輯出年代的差異有所關聯。因爲，《智論》是龍樹注釋《大品經》的論典，《大品經》的成立時點以及龍樹生存之年代，約在公元三世紀之前。《中邊論》的作者世親的生存年代則遲至公元四世紀之後。而早期的經典傳授是以師父口說，弟子記憶的方式進行。因此，「正憶念」在早期的弘法中，居於比較重要的地位。於是經典中會強調修行時必須「正憶念」。反觀《中邊論》的撰寫年代較晚，當時的佛教盛行，以貝葉寫經逐漸發達，僧數眾多，因此必須提倡供養三寶以及寫經施予他人，以利佛法的弘傳。

2.《智論》的「思惟」、「籌量」兩項，在《中邊論》則以「空處如理思量」取代。基本上，如理思惟與審查思量，在三乘的修行上一體適用，使用範圍廣泛。《中邊論》則修改爲「空處如理思量」，既然冠以「空處」，則明顯將適用範圍限縮在大乘佛教的領域之內。

3.在弘法方面，《智論》於此處簡稱爲「說」，《大品經》中則稱爲「爲他人說」或「爲他演說」。《中邊論》則名之爲「如理顯說」，意謂不僅須爲他人說，而且必須契合佛說，同時能明確地將經義表達出來。其意義類似《金剛經》所表達的「云何為人演說，不取於相，如如不動。」經文。

第五節　爲他人説 ── 六法師的修行重點

　　《金剛經》全文僅五千一百多字,不但如前述的處處説六法師,其中更強調「爲他人説」。統計經中出現的「爲他人説」次數,多達十次,若稍予區分,則有五類:四次爲他人説、二次爲人解説、一次廣爲人説、一次爲人演説、一次爲發大乘者説、一次爲發最上乘者説。從此種一再重申爲他人説,累計多達十次的現象看,其於佛教修行中所處地位之重要,不言而喻。

一、「爲他人說」是般若

　　大乘佛教之所以能標榜不同於小乘佛教,主要的特點在於,大乘除了與小乘一樣,在自熟佛法方面精進不懈之外,更強調利他的任務,亦即積極以莊嚴佛土與成就眾生的利他修行爲目標。然而,欲達到嚴土熟生的要求,最重要的手段即是能夠有效地教化眾生。在古代傳播工具不發達的情況之下,口頭傳播於是成爲弘法度生的主要管道。這就是佛教經典流通分中一再強調的 ── 爲他人説。

　　《智論》之中,將僧眾分爲四種:有羞僧、無羞僧、啞羊僧、實僧。有羞僧指持戒、三業清淨,但尚未得道的比丘。無羞僧是指破戒且無惡不作者。啞羊僧雖不破戒,但鈍根無慧,默然無語,猶如白羊,甚至被屠殺,仍不作聲。實僧則

是指有學、無學、持戒且能作種種僧事的四雙八輩賢聖。[45]在「為他人說」的弘法過程中,實僧與有羞僧擔當主要的角色。尤其是能作種種佛事且如理顯說的實僧,更是佛門龍象。

　　《智論》甚至直指「書寫經卷」與「為他人說」,這兩項弘經正行即是般若波羅蜜中的「般若」。[46]理由是,雖說般若波羅蜜體性不可作有無、斷常、一異等戲論,它是一種言語道斷、心行處滅的境界。但為讓眾生能夠了知及修行,亦得無所說而說,無所行而行,因此稱此二法行為「般若」,此乃「因中說果」的權巧作法。譬如有人說:日食百金。黃金雖不能服食,但有人財富雄厚,能力足以日食價值百兩黃金的美食,其中的百兩黃金,即是令人得以享用高貴美食的因緣,所以稱為因中說果。同理,「書寫經卷」與「為他人說」的二法行,本質雖不是般若,但菩薩在因地行此二法,有助於往後證入果地無生滅的般若波羅蜜境界,是故稱其為般若,或文字般若。此種說法,即是所謂的「因中說果」。

　　《金剛經》中提及,盡能受持讀誦,當知是人成就最上第一希有之法。所謂的最上第一希有之法,若依中觀系的詮釋,係指修行般若波羅蜜之後,即能成就無上佛果菩提。

> 　　復次,須菩提!隨說是經,乃至四句偈等,當知此處,
> 　　一切世間‧天‧人‧阿修羅,皆應供養,如佛塔廟,

---

45 《大智度論》卷三,T25,n1509,p80a15-27。

46 「般若波羅蜜雖寂滅、無生無滅相,如虛空,不可戲論;而文字語言書般若波羅蜜經卷,為他人說,是此中般若 —— 於此因中而說其果。」《大智度論》卷一百,T25,n1509,p755b25-27。

> 何況有人盡能受持讀誦。須菩提！當知是人成就最上
> 第一希有之法。若是經典所在之處，即為有佛，若尊
> 重弟子。

此段經文欲表達的是，能受持讀誦解說全經的人，是成就般若功德者。而《金剛經》所在之處，即如同佛與僧具在，三寶具足。

世親在《金剛般若論》中，即謂受持與演說這兩種修行，能趣向菩提大果。反之，光修福德，則不能趣向菩提。[47]其中的受持，意同上文的盡能受持讀誦，是指自己能受持經義。演說則是指隨說是經乃至四句偈等，是解說經義使他人理解的利他修行。因此，修自利利他的持說之行，即是般若波羅蜜。

二、「為他人說」利益殊勝

前述「為他人說」，經中說能成就般若，自己因自利利他的修行而證佛果，不過如果深一層推敲，最後證果者乃是自己，因此可以說，基本上仍然是自利的修行。但經中還明確宣示，「為他人說」之正行，不但能成就佛果功德，甚至已躋身荷擔如來家業的崇高地位，這就成為十足利他的表現。

---

47 偈言：受持法及說，不空於福德。福不趣菩提，二能趣菩提。何故說言，世尊是福德聚即非福德聚者。偈言福不趣菩提，二能趣菩提故。此義云何？彼福德不趣大菩提，二能趣大菩提故。何者為二？一者、受持。二者、演說。如經受持乃至四句偈等，為他人說故。《金剛般若波羅蜜經論》卷上，T25，n1511，p784c29-785a7。

> 若有人能受持讀誦，廣為人說，如來悉知是人，悉見
> 是人，皆成就不可量、不可稱、無有邊、不可思議功
> 德，如是人等，則為荷擔如來阿耨多羅三藐三菩提。

此處強調的重點是廣為人說。前文臚列五種說，其中只有一種廣為人說，所謂廣說，就人而言，並非僅指少數一、二人。就經文而言，亦非僅止於一四句偈，而是於大眾中，雨大法雨、建大法幢，無畏無礙的弘傳佛法。

其次，經說成就不可量、不可稱、無有邊、不可思議功德，總攝其含意，係指成就最勝功德。最勝功德之所以不可稱量，且不可以心思口議，誠如《大品經・法施品》所敘述的，化恒河沙眾生令得十善道、五通等，不如書寫般若令他讀誦所得功德。又以此令他讀誦之福，不如正憶念般若。[48]又此憶念般若之福，不如為他人演說，開示分別，令易了解。[49]《大品經》之所以不厭其煩的採取上述的次第較量，目的則在於凸顯廣為人說的利益最為殊勝。

三、為他人說 ── 其他殊勝果報

《大品經》卷十更詳列「為他人說」等大乘修行法的多

---

48 尸迦！若有善男子、善女人受是般若波羅蜜，持讀誦說、正憶念。是人福德勝教閻浮提人行十善道，立四禪、四無量心、四無色定、五神通。《摩訶般若波羅蜜經》卷第十，T8，n223，p294b27-c1。
49 憍尸迦！若善男子、善女人能以是般若波羅蜜義為他人種種因緣演說，開示分別令易解，是善男子、善女人所得福德甚多，勝自受持般若波羅蜜，親近讀誦說、正憶念。《摩訶般若波羅蜜經》卷第十，T8，n223，p294c16-20。

項殊勝果報。雖然經文中，多舉出十法行中的書寫、讀、誦、爲他演說等四法，甚至加上正憶念與供養等二法，但於所有的舉例中，必定具有「爲他人說」這一項，顯見此一正法在佛法弘通過程中的重要性值得注意。以下即是《大品經》中所臚列的種種殊勝弘法利益。

1.「爲他人說」之處，爲天龍八部所護持供養。

從此段經文所示內容，「在所處書是般若波羅蜜經卷，受持讀誦、爲他演說，是處十方世界中諸天、龍…皆來禮拜般若波羅蜜，供養已去。」[50]可以看出，此處所強調的是受持，書、讀、誦、說等五種行法，經文明確宣示，凡是在書寫、受持、讀、誦、爲他演說之處所，天龍八部都會來禮拜、供養般若波羅蜜經卷。在天龍八部的護持之下，行者可以四無礙說法，而且身無怖畏。

2.「爲他人說」者，常見諸佛。

經文中說：「若有人受持般若波羅蜜，親近讀誦說、正憶念及書，供養華香乃至幡蓋…乃至得阿耨多羅三藐三菩提常見諸佛。」[51]除受持之外，在十法行中，此處列舉讀、誦說、正憶念等四種。與上述經文比較可知，係以「正憶念」取代「書寫」。此五法行的利益則是，行者將不墮地獄、畜

---

50 《摩訶般若波羅蜜經》卷十，T8，n223，p290c22-25。
51 《摩訶般若波羅蜜經》卷十，T8，n223，p291a14-17。

生、餓鬼等三惡中道中,亦不墮聲聞、辟支佛等二乘地,甚
至可以證入阿耨多羅三藐三菩提,而且常見諸佛。

　　3.「為他人說」者,如佛住三事示現說十二部經。

　　「復次,世尊!如佛住三事示現說十二部經——修多
羅、祇夜乃至優波提舍。復有善男子、善女人受持誦說是般
若波羅蜜,等無異。」[52]此段經文敘述,若有人受持、誦、
說般若波羅蜜經,即與佛陀住三事示現說十二部經無異。所
持理由是,因為般若是佛母,般若波羅蜜經當然能生三事示
現及十二部經。所謂的三事示現,係指神通、說法、知他心
等三事。[53]經文僅提出受持以及十法中的誦、說兩項。至於
三事的主體則是說法,神通與他心通則是說法的助緣。由此
可見,兩者所強調的重點只有一項──說。

　　4.「為他人說」者,如十方諸佛住三事示現說十二部經。

　　「復次,世尊!十方諸佛住三事示現說十二部經──修
多羅乃至優波提舍。復有人受般若波羅蜜為他人說,等無有
異。」[54]此處內容與前段經文大同小異,只是說法者由「世
尊」轉換為「十方諸佛」,凡是說般若波羅蜜者,即如同諸

52　《摩訶般若波羅蜜經》卷十,T8,n223,p291a28-b1。
53　「具戒未久,如來又以三事示現:一曰神足,二曰觀他心,三曰教誡,
　　即得無漏、心解脫、生死無疑智。」《佛說長阿含經》卷一,T1,n1,
　　p9c1-3。
54　《摩訶般若波羅蜜經》卷十,T8,n223,p291b4-6。

佛之住三事示現說十二部經無異。理由相同，皆因般若是佛母，能生諸佛以及十二部經。值得注意的是，此段經文除受持之外，只強調十法中的「為他人說」一種行法。

　　5.「為他人說」者，正住阿惟越致地，不墮二乘道及
　　　三惡道。

　　「復次，世尊！善男子、善女人聞是般若波羅蜜，受持、讀、誦、正憶念，亦為他人說。是人不墮地獄道，畜生、餓鬼道，亦不墮聲聞、辟支佛地。」[55]經文中臚列十法中的聞、讀、誦、正憶念、說等五種行法，另加上受持一項，明示行此六法，可以獲得不墮三惡道與二乘道等利益。因為，行此六法者，即是住止於阿惟越致地（係梵文 avaivart 之音譯，亦譯為阿鞞跋致，意譯為不退轉）之菩薩，得以因弘通般若波羅蜜，而遠離一切苦惱、衰、病。

　　6.「為他人說」者，得菩薩神通，成就眾生。

　　「若受是般若波羅蜜，讀、誦、解說、正憶念，是人能具足禪那波羅蜜乃至能具足檀那波羅蜜，……得菩薩神通。」[56]經文中所列受、讀、誦、解說、正憶念，即為十種行法中的五法。其中，以此五種行法弘通般若波羅蜜經，行者即能具足一切佛法，得菩薩神通。且能留惑潤生，作轉輪王、剎

55　《摩訶般若波羅蜜經》卷十，T8，n223，p291b12-15。
56　《摩訶般若波羅蜜經》卷十，T8，n223，p292b1-7。

利、婆羅門等高貴種姓,隨其所應,成就眾生。

　　7.「為他人說」者,當見十方世界中諸佛法身、色身。

　　「復次,世尊!有人欲見十方無量阿僧祇諸世界中現在佛法身、色身,是人應聞、受持般若波羅蜜,讀、誦、正憶念、為他人演說。」[57]此段經文提及聞、受持、讀、誦、正憶念、說等六種行法,明示深行此六法,當可眼見十方無量阿僧祇世界中諸佛法身、色身等,利益殊勝。

四、說法軌則 ── 不取於相、如如不動

　　菩薩於布施時,應秉持施者、受者、施物三者皆空,捨離執著之相,稱為三輪體空。所以經中說:「菩薩應無所住,行於布施。」不但財施如此,法施亦無例外。《維摩詰經》說:「夫說法者,無說無示。其聽法者,無聞無得。譬如幻士,為幻人說法。當建是意,而為說法。」[58]其中強調說法的軌則是,說者不執有我相及實有所說之法,聽者不執取有實法可得亦不取言象,應以說者與聽者皆如夢如幻的離相心來說法。是故在「為他人說」的過程中,亦應離相,體達說者、聽者、所說之法三者皆空,如此才是真正的說法。

57　《摩訶般若波羅蜜經》卷十,T8,n223,p292b10-12。
58　《維摩詰經》卷上,T14,n475,p540a18-20。

（一）無説無示

　　菩薩修菩薩道，說法度生時，《金剛經》指示應以無我等四相，離相度生。然而，聽、說兩者中間的所說法是否有定實？是否真有一個可以有所得的大菩提法，讓如來說？佛陀因此詰問須菩提：

> 須菩提！於意云何？如來得阿耨多羅三藐三菩提耶？如來有所說法耶？
> 須菩提言：如我解佛所說義，無有定法名阿耨多羅三藐三菩提，亦無有定法，如來可說。何以故？如來所說法，皆不可取、不可說、非法、非非法。

　　佛陀提出兩個問題，是否有個具實自性的菩提法，以及是否有定實法爲如來所說。須菩提則回答，菩提無定實法，如來亦無法可說。雖然表面上看，菩提爲所得及所說，如來爲能得及能說，但實際上，由於般若波羅蜜中無法可得，是故如來亦不能以文字而說，因此菩提即空，非法、非非法，談不上有得可說。如來雖爲說者，但應化非真佛，亦非說法者。[59]在如幻士爲幻人說幻法的情況下，既沒有能說的人與所說的法等實體，究竟有何人可說、何法可取？只是如所證第一義諦，而假名爲說，故謂說即無說。
　　另有一種註解，流支在《金剛仙論》中剖析，般若爲佛

---

59 應化非真佛，亦非說法者。說法不二取，無說離言相。《金剛般若波羅蜜經論》卷上，T25，n1511，p784b19-20。

母，《金剛經》出生諸佛，三世諸佛皆乘真如之道而來，皆依經修行而證菩提，大家同得同說，都無異說，是故釋迦沒有獨得獨說之法，所以唱言如來無所說法。[60]這是地論宗所作的另一種詮釋。

（二）中道説法

正宗分中，多達三十六則各式「即非是名」的三句論，用於遮遣一切有相，強力宣示無住離相的經義。但此種破斥一切法相的說法，容易讓人產生毀相、滅相的錯覺。因此佛陀必須補上如下章句，以免聽法者墮於撥無因果的斷滅相，以為一切法皆斷滅不用，而流於沉空滯寂的頑空。

> 須菩提！汝若作是念，發阿耨多羅三藐三菩提心者，說諸法斷滅。莫作是念，何以故？發阿耨多羅三藐三菩提心者，於法不說斷滅相。

佛陀在前文屢屢揭櫫無住離相的法要，令眾生無相起信、離相發心、無住布施、無說無示、離一切相。雖然離相無我是顯發般若空相，以防墮於常見，但易流於滯著無相，而成斷滅，如此則無以修行成道，反而成為《永嘉證道歌》所說的：「棄有著空病亦然，還如避溺而投火。」[61]因此佛

---

60 此經與三世諸佛現果證法作勝因故，三世諸佛相與共說：我皆因受持金剛般若經故，得發菩提心。依此經故，修十地行，成三菩提，同得同說，不多不少，不增不減，非但我釋迦獨得而說。故云無所說法也。《金剛仙論》卷第五，T25，n1512，p831a6-12。

61 豁達空，撥因果，莽莽蕩蕩招殃禍。棄有著空病亦然，還如避溺而投火。《永嘉證道歌》，T48，n2014，p396a17-28。

陀在此說明，發菩提心者於一切法不說斷滅相。其目的在於，不廢即相修因而顯發般若實相，以防墮於斷見。此種不常不斷、不有不無的說法，即是總攝空假的中道說法。如同《維摩詰經》所說的：「說法不有亦不無，…善惡之業亦不亡。」[62]中道說法離斷常兩端，不落入豁達空的撥無因果修行困境。

（三）如如不動

佛陀在經中一再要菩薩「為他人說」，卻又表示如來無所說，更聲明「於法不說斷滅相」，似乎前後矛盾。因為無所說是遮有相，不斷滅是遮無相，既不有亦不無，那麼到底應該要以什麼態度為他人說？於是佛陀提出以下的金科玉律：「云何為人演說？不取於相，如如不動。」

佛意以為，為人演說的法則是，於說法時，應離言說相，如同證悟真如，心不動搖。如果內心取相，即是無常生滅法，如此則落於維摩詰所說的：「無以生滅心行，說實相法。」[63]因為說法固然必須仰仗語言文字，否則無由認路回家，但世俗諦的語言文字生滅相，並不能完整的顯現第一義諦實相的全貌，所以說法時，應該隨順真如法性之理，遠離生滅之相，寂然不動。所以維摩詰說：「能善分別諸法相，於第一義而

---

62 說法不有亦不無，以因緣故諸法生，無我無造無受者，善惡之業亦不亡。《維摩詰經》卷上，T14，n475，p537c15-16。

63 時維摩詰來謂我言：『唯，迦旃延！無以生滅心行，說實相法。迦旃延！諸法畢竟不生不滅，是無常義；五受陰，洞達空無所起，是苦義；諸法究竟無所有，是空義；於我、無我而不二，是無我義；法本不然，今則無滅，是寂滅義。』《維摩詰經》卷上，T14，n475，p541a16-21。

不動。」[64]善分別法相即是世俗諦的巧說，如如不動是如證第一義而不生心動念。但亦可將「如如不動」詮釋爲不違背真如第一義諦。[65]因爲「動」有「乖違」的意思，依此詮釋而爲，不違背真如法性之理而說世俗一切諸法，亦即所謂的，終日說法，無法可說，熾然常說。[66]即令諸法之實相是屬於言語道斷、心行處滅之靜寂清澄境界，但爲眾生故，以四悉檀因緣，亦可得說，所以隨順真如，內心堅定，而以中道說法。

五、說法對象 ── 為菩薩與諸佛而說

《金剛經》對於「爲他人說」的各環節有詳細的規範：說者應離相而中道說法；說法的軌則是不取於相如如不動；所說的法是無定實的般若無相法。至於聽者方面，也有一定的禁制與設定對象，如此才能使弘法的效率提升，佛法的流傳更廣泛長遠。其中佛陀的教誡是：「須菩提！若樂小法者，著我見、人見、眾生見、壽者見，則於此經，不能聽、受、讀、誦、為人解說。」

佛陀告訴須菩提，若是意樂小乘法的人，則取著於四見，

64　法王法力超群生，常以法財施一切，能善分別諸法相，於第一義而不動，已於諸法得自在，是故稽首此法王。《維摩詰經》卷上，T14，n475，p537c12-14。

65　能善分別諸法相者，巧說世諦。於第一義而不動者，不違真諦。《維摩義記》卷第一（本），T38，n1776，p432c5。

66　實相彼岸，雖復言語道斷，心行處滅，不可取說，而如來以四悉檀因緣故，亦可得說。但所說法，由其隨順四悉檀故，所以一文一句，罔不超情、離見，離過、絕非，而皆不可取、不可說、非法、非非法也。《金剛般若波羅蜜經破空論》，X25，n479，p137b5-9。

對於此部講授般若無相的大法，乍聞即心生驚怖，難以信受，自己無法聽聞讀誦，作利己的修行。同時也沒有足夠的能力為他人解說，作利他的修行。佛陀除了指出，根器淺薄者無力受持大法的限制之外，於此處亦明確表示大法是為誰而說。

佛陀說：「**如來為發大乘者說，為發最上乘者說。**」意謂如來是為發心趣求大乘法者而說，為發心趣求一佛乘法者而說。佛陀明說，此經是諸佛如來為菩薩與佛這兩種人而說。因為能發大乘心者，發願普載一切眾生，同到彼岸，即是菩薩。能發最上乘心者，不但普度眾生且兼載菩薩，即同如來。此處經義同時揭示，賢聖階位分為四乘，聲聞是小乘，緣覺是中乘，菩薩是大乘，佛是最上乘。而六祖慧能則認為，佛法本無四乘之別，是人心根器本身有差等所致。[67]由於根器淺深有異，求法的意願不同，導致修行過程中，對佛法的認知有所落差，於是有四乘的出現。

佛陀在此段經文中，則明確指出，此部般若無相大法，是專為菩薩與佛這兩乘而說。究其緣由，似乎是因「**唯佛與佛仍能究盡諸法實相**」。[68]唯有佛陀與諸佛說法，諸佛才能窮究諸法實相，所以諸佛同說同證，不增不減。反觀非佛乘階層的其他三乘不能窮解實相，只能分證，所以經說：「一

---

67 法無四乘，人心自有等差。見聞轉誦是小乘；悟法解義是中乘；依法修行是大乘；萬法盡通，萬法俱備，一切不染，離諸法相，一無所得，名最上乘。乘是行義，不在口爭。《六祖大師法寶壇經》，T48，n2008，p356c20-23。

68 佛所成就第一希有難解之法。唯佛與佛乃能究盡諸法實相，所謂諸法如是相，如是性，如是體，如是力，如是作，如是因，如是緣，如是果，如是報，如是本末究竟等。《妙法蓮華經》卷第一，T9，n262，p5c10-13。

切賢聖皆以無為法而有差別。」至於菩薩，能受持讀誦，廣
為人說《金剛經》，所累積的功德不可稱量，是如來家業的
擔當者，是延續佛法命脈的主體，即令他們只能分證大法，
佛陀也必須為這些人說法。

第六節　弘經功德之校量與果報

　　《金剛經》中，佛陀除了清楚鉤勒說者、聽者、所說法
與說法軌則的完整說法網絡之外，更標舉五重功德校量與六
重果報，窮盡一切語言文字所能表達的極限，來描繪信解受
持與為他人說《金剛經》的偉大功德。究其目的，綜合多位
疏家的見解，似乎可以分為以下三項來解析：

1.欲令眾生生畢竟信：

　　功德施菩薩認為，佛陀一再稱說受持《金剛經》之功德，
其目的是要使眾生對此部般若大法產生「畢竟信」。[69]在般
若經中常出現的「畢竟」一詞，其義涵有終極、究竟、絕對
的意思，常用於指涅槃、實相、空性等，因此此處的畢竟信，
可以是指絕對堅定的信心，而非軟鈍如柔順忍之類的，於實
相法尚未能深入的軟智、軟信。[70]是故經中說：「若復有人，

69　何故復說受持之福？欲令眾生畢竟信故。《金剛般若波羅蜜經破取著不
　　壞假名論》卷下，T25，n1515，p896b20-21。
70　什曰：柔，謂軟鈍也。於實相法未能深入，軟智、軟信，隨順不違，故
　　名柔順忍也。《注維摩詰經》卷第十，T38，n1775，p417b29-c1。

得聞是經，信心清淨，則生實相。」由此可知，此處的畢竟信，即是實相信。

2.欲令眾生勇進修行

信解受持《金剛經》所生無量無為福德，非一切有為的恒沙福德所可比擬，以此殊勝修因，將報得菩提果，佛陀於經中數數強調的用心，在於讓眾生了解其殊勝利益，以激起眾生勇猛修行的動機。[71]佛陀為眾生指引出涅槃城，施設安穩道，同時增強眾生追求目標的動力，可謂用心良苦。

3.為使道脈常流法源不竭

般若分為三種，文字般若、觀照般若、實相般若。必須觀照精純，才能顯發實相般若。而欲觀照精純，則須借助文字般若，否則無由認路還家。所以佛陀廣明持說功德，用意在於「俾道脈以常流，使法源而不竭。」[72]欲使眾生了知持說《金剛經》功德深重，引生求取大菩提之心，如此即是荷擔如來家業，綿延佛道法脈。

---

71 何故復以須彌塵量寶施之福而校量耶？令修行者心勇進故。《金剛般若波羅蜜經破取著不壞假名論》卷下，T25，n1515，p895a25-26。

72 問：此經前後重重校量，佛意何居？答：良以金剛般若，無著真宗，誠印心之祕典，乃入聖之真詮。三執空而妄心休息，三智顯而實相圓成。稍非觀照精純，奚得心空境寂？不假文字般若，何由認路還家？故凡結證之處，廣明持說之功，不過俾道脈以常流，使法源而不竭。微言不泯，意在斯焉！《金剛般若波羅蜜經心印疏》卷上，X25，n505，p841a2-8。

一、弘經功德與布施功德之校量

　　持說佛經的功德，若只以單方面的描述，不容易深刻的顯現其偉大，因此在大乘佛典中，經常借重校德的方式，以有為有相的可數，比較無為無相不可數，以襯托出兩者之間的巨大差距，盡最大的可能凸顯持經弘法的無量無邊功德。《金剛經》在諸經中特重校德，於正宗分伊始，即高舉無住相布施的功德不可思量。例如佛陀說：「**須菩提！菩薩無住相布施，福德亦復如是不可思量。須菩提！菩薩但應如所教住。**」係指佛陀告訴須菩提，菩薩無住相布施的福德之廣大，也是與虛空一樣，不可思議稱量。菩薩應該一如我所教誨，無住而住，行於布施。

　　佛陀的這兩句話，是作為無住布施福德，如十方虛空般之不可思量的整段經文的結語。由於虛空具有遍一切處、無質礙、廣大、含容等特性，是大乘六無為法之一，用於譬喻無住布施之福德，雖無形質，卻是廣大周遍，與無為法的虛空性相應，是故不可思量。

　　此處僅強調無住布施之福德可以無限大，但尚未呈現校德之相狀，因為與無為法相應的無住布施難以比較。不過，已有為往後有相布施與持說本經之功德，兩者之層層校德，預作布局的跡象。

　　《金剛經》中次第提出五度校量，其中分為外財兩度、內財兩度、佛因一度，皆一一與持說《金剛經》的功德作比較。五度校德有明顯的層次分別，呈現由少而多，由具相至

抽象的排列。至於比較的對象,則由可數的外財開始,逐層擴及有爲的內財與供佛。其分布如下:

1. 以一三千大千世界七寶布施校量,不及持說《金剛經》。

2. 以無量三千大千世界七寶布施校量,不及持說《金剛經》。

3. 以一河沙數身命布施校量,不及持說《金剛經》。

4. 以無量河沙數身命布施校量,不及持說《金剛經》。

5. 以如來因地供養諸佛功德校量,不及持說《金剛經》。

前兩次的校量是外財一對,都是以七寶校量,前者以一個三千大千世界的數量來比較,但不如持說《金剛經》功德之大。隨後以無量個三千大千世界龐大數量作比較,還是不如持說功德。

第三、四度的校量也是一對,皆以身命的內財作比較。前者以一條恒河的細沙數量作比較,後者以無量條恒河之沙量作比較,佛陀依然強調還是比不上持說的功德。就經義分析,捨身命是住相,是有漏因。持說是離相,爲成佛正因。[73]十善、十惡之類的有漏因,是招感三界果報之業因,不能成佛。持說是離相修慧,是無漏因,故爲成佛正因。

就世俗諦而言,身命至爲寶貴,無可比擬,但欲與勝義諦的持說功德相較,由於生命意義的層次不同,一期生命有爲可數,而持說所招慧命無爲不可數,在兩者不可相提並論

---

73 假若有人以恒沙身命布施,所得福德,不若持經福勝。彼捨身命,乃是住相,成有漏因。持說此經,是不住相,成佛正因。《金剛經筆記》,X25,n478,p125a7-9。

的情況下，佛陀說還是以持說爲勝。

第五度的校量，是佛陀以其因地修行時，供養無量諸佛的功德，與持說作比較。就佛法來說，供佛因緣殊勝，自有無量功德，因爲因勝則果必勝，供佛是成佛的勝因之一。但佛陀以爲仍不及持說功德之大，其理由可能是，以供佛而成就阿耨多羅三藐三菩提是有爲，且只成就一人，反觀持說《金剛經》，由於般若爲佛母，一切諸佛皆從此經出，且係爲通達涅槃城的無爲安穩道，是故其功德之大，非供佛所可比擬。

二、經義與果報不可思議

《金剛經》透過上述的五度校德，極言持說經義的無量功德，至於其無量功德究竟會引申何種果報，依據佛教「果報通三世」的教義，經中至少臚列現世報與後報等六種不可思議果報。根據窺基就天親所造《金剛般若論》相關內容的整理，分別如下：[74]

> 1.須菩提！以要言之，是經有不可思議、不可稱量、
> 無邊功德。如來爲發大乘者說，爲發最上乘者說。

佛陀對須菩提說，總要而言，《金剛經》有不可思議功德，非爲三乘共說，因爲此經難聞難信，只有發趣大乘與佛乘者能聞能信，亦即所謂的大機能入，小機不能。佛陀是在

---

74 《金剛般若經贊述》卷下，T33，n1700，p142c13-23。

內、外財施校德之後，而作此小結，意謂持說此經的兩種人，未來將得菩提果報。

2.如是人等，則為荷擔如來阿耨多羅三藐三菩提。

佛陀接著說，持說此經者將成就無量功德。由於受持真妙法的緣故，受持者未來當能證獲菩提，並荷擔如來家業。雖然目前尚未證得，但往後必然可得，所以稱其爲荷擔菩提。

3.須菩提！在在處處，若有此經，一切世間天、人、阿修羅，所應供養；當知此處，則為是塔，皆應恭敬，作禮圍遶，以諸華香而散其處。

由於持說此經之人，必定成就無量功德，亦即顯示此經之寶貴且值得尊重，所以只要有此經之處，三善道眾生皆應如供佛一般供養此經，應當知道此處即是佛陀之舍利塔，都應該恭敬行禮，散花供養。此段經文在於表達經義不可思議，因此應見經如見佛，虔誠供養。

4.復次，須菩提！善男子、善女人，受持讀誦此經，若為人輕賤，是人先世罪業，應墮惡道，以今世人輕賤故，先世罪業則為消滅，當得阿耨多羅三藐三菩提。

佛陀說，受持此經的人，如果現世竟然遭人輕賤，未能

受到合理的尊重對待，那是因爲此人前世所作罪行，本應受墮落三惡道的果報，今世則以受持此經而得以轉障，重報輕受，只以爲人輕賤的輕罪酬因，前世的重業並得以消滅，而且未來還將證得大菩提。由此可知，此經有轉罪報而得佛果的不可思議功德。

> 5.若復有人，於後末世，能受持讀誦此經，所得功德，於我所供養諸佛功德，百分不及一，千萬億分、乃至算數譬喻所不能及。

此處即是上述的第五度校量，以供佛功德與持說功德校量，凸顯持經功德殊勝與不可思議。儘管菩薩修行百千諸行，如果不修習般若波羅蜜，終不能識達道理，契證真如，斷除分別生死根本，是故如能聽聞般若經義，即能速證菩提。

> 6.須菩提！若善男子、善女人，於後末世，有受持讀誦此經，所得功德，我若具說者，或有人聞，心則狂亂，狐疑不信。

佛陀於此處強調，雖然已作五度校德，示現持經的偉大功德，但只是略說其中一部分而已，如果全部說出來，恐怕鈍根眾生，因聞所未聞，非其境界，聽了之後，內心狂亂，狐疑不信。佛陀於此意欲再次申明持說《金剛經》功德之大、之多、之勝，爲免造成鈍根眾生內心困擾，是故在此只能說出一部分的功德。

　　在五番校德，並宣示六種果報之後，佛陀下了一個總結：「須菩提！當知是經義不可思議，果報亦不可思議。」意謂，此經詮釋無住離相深義，持說之者未來將可證得大菩提果。雖然教義如此玄妙無窮，非鈍根淺智之人所能測識思量，惟行者若能信解受持，爲他人說，勇猛精進，依教修行，其所獲果報，當然也同樣不可思議。

第五章　證 ——
賢聖以無爲法而有差別

　　在前幾章中，已依序討論《金剛經》的經義重點，分別是：起實相信、解無相義、修無住行。至於本章，則是直趣一期修行的成就階段，以般若觀照有爲法如夢如幻，而得以證入諸法實相 —— 證無爲法。

　　《金剛經》中提及，如來說法如筏喻，法尙應捨，何況非法。接著說：「如來所說法，皆不可取、不可說、非法、非非法。所以者何？一切賢聖皆以無爲法而有差別。」從此章句開始，經中的無爲法修證內容，漸次舖陳開來。

　　因爲如來所說的是無爲法，因證無所得，所以無能取說。[1]而一切賢聖，皆以證入此一無取無說、非有非無的無爲法的淺深差異，而有階位不同的分別。

　　何謂無爲法？無爲法係指「離因緣造作之法」。小乘佛教有虛空、擇滅、非擇滅等三種無爲法，大乘佛教立虛空、擇滅、非擇滅、不動、想受滅、真如等六無爲。三無爲中之

---

1 此義云何？無生者，非是法，亦非非法，法非法分別境故。不可取不可說者，無能取說故，證無所得故。《金剛般若波羅蜜經破取著不壞假名論》卷上，T25n1515_p889b5-7。

擇滅無為，以及六無為中之真如無為，皆指涅槃，涅槃為無
為法中之最勝者。

　　《金剛經》中所說的無為法所指為何？眾論紛紜，有說
是六無為中的真如無為，亦有解為寂滅涅槃，其他如平等空
性、不生不滅、一解脫義、無住、無相、無所得、阿耨多羅
三藐三菩提等，可謂隨著漢傳佛教中宗派的不同，而有多樣
化的詮釋。六祖慧能則加以會通，從無住、無相，至解脫、
般若波羅蜜，全部相即無異，都為一大無為法。[2]蓋賢聖說法，
所為權巧方便，都是為了開悟眾生，因此同義異名之使用，
如果能令人明心見性，即達目的。

　　如果依據羅什翻譯的各種經論譯本來闡釋，諸法實相即
是涅槃。[3]依此脈絡推演，則無為法可以視為「諸法實相」，
也可以是指「涅槃」。

　　《法華經。方便品》說：「唯佛與佛乃能究盡諸法實相。」
意指，只有諸佛才能窮究實相的邊際，反之，諸佛以下的階
位即是分證實相。如此，其所表達的意義，可與賢聖以無為
法而有差別的說法相互輝映。

　　此外，《智論》說：「諸法實相有種種名字，或說空，
或說畢竟空，或說般若波羅蜜，或名阿耨多羅三藐三菩提…

2　三乘根性，所解不同，見有深淺，故言差別。佛說無為法者，即是無住。
　無住即是無相，無相即無起，無起即無滅。蕩然空寂，照用齊收，鑒覺無
　礙，乃真是解脫佛性。佛即是覺，覺即是觀照，觀照即是智慧，智慧即是
　般若波羅蜜多。又本云聖賢說法，具一切智。萬法在性，隨問差別，令人
　心開，各自見性。《金剛經解義》卷上，X24，n459，p521c24-a5。
3　菩薩應如是思量：布施後得大富，此中無法可得；從一念至一念，若不從
　一念至一念即是諸法實相，諸法實相即是涅槃。《思益梵天所問經》卷第
　二，T15，n586，p41a1-3。

智慧分別利鈍，入有深淺故，皆名得諸法實相，但利根者得之了了。」[4]由此可知，諸法實相可以視爲無爲法的主體，利根者徹底證入諸法實相，了了分明，鈍根者只能分證，儘管證入的程度有淺深的差異，但其皆爲證諸法實相一事並無二致，都可以名之爲得諸法實相。此一說法無異是，前述賢聖以無爲法而有差別句義的再詮釋。

經中所謂的賢聖，至少有兩種疏釋。

一、賢指三賢，聖指十聖、等覺與妙覺。其中，三賢，指十住、十行、十迴向等三大階位的菩薩。十聖指十地菩薩。至於等覺與妙覺，是爲菩薩之極位，但尚未成佛，仍列爲聖位。

二、賢聖指四聖法界之眾生。依《法華經》，以地獄、餓鬼、畜生、阿修羅、人、天之六凡，與聲聞、緣覺、菩薩、佛之四聖，合爲十法界。從《金剛經》的經義看，賢聖是指十法界中的四聖法界，聖即菩薩與佛之二聖，賢指聲聞與緣覺的二賢。不過，《金剛經》中對於緣覺的修行，略而不提。對於聲聞四果、菩薩與佛的修證，則有相當詳盡的解說。

就「一切賢聖皆以無爲法而有差別。」的句義而言，前文已指出，係爲全經所說證法的發端，有關四聖的修證從此一一展開。同時，亦可視爲全經所有關於修證經義的總結，

---

4 佛此中自說：「除佛，諸聲聞、辟支佛無有及菩薩」者，「諸法實相」有種種名字：或說「空」，或說「畢竟空」，或說「般若波羅蜜」，或名「阿耨多羅三藐三菩提」。此中說「諸法實相」名爲「空行」。如一切聲聞弟子中，須菩提空行最勝；如是，除佛，諸菩薩空行勝於二乘。何以故？智慧分別利鈍，入有深淺故，皆名得諸法實相，但利根者得之了了。《大智度論》卷第七十九，T25，n1509，p618b27-c5。

一切能證、所證以及修證軌則，皆總攝在此句中。

由於此句經義至關重要，因此，在上文略述之後，此處有必要再予進一步之探索。以下依吉藏的譬喻作說明。

吉藏舉「三鳥出網」[5]、「三獸度河」[6]作譬喻，闡釋一切賢聖雖同證諸法實相，但因證悟的淺深不同，而有階位的次第行布差別產生。[7]

三鳥出網是指，雀、鴿、鷹一齊釋放出網時，三者昇空有近遠的差別，雀鳥只能低飛，鳩鴿所飛高度優於雀鳥，鷲鷹則鶱翔高空，以此說明三乘雖能同時衝破煩惱網，但聲聞與緣覺仍不能徹底斷除煩惱習氣，只有如來能拔除一切煩惱習氣根原，藉此譬喻由於根性利鈍不同，因而對於諸法實相的證悟程度有所差異。

三獸度河是指，兔、馬、象三獸同渡恒河，兔在水上飄，馬足亦僅能於水中划，香象則足能盡底，以此喻聲聞、緣覺、佛三乘同渡十二因緣河，而三者的證悟程度不同。此處以佛乘取代菩薩乘，亦能與《金剛經》中，「**如來為發大乘者說，為發最上乘者說。**」的經義相應。因為如來在因地修行，尚

5　三鳥比喻聲聞乘、緣覺乘、菩薩乘等眾生，三者皆已脫離煩惱苦境，趨向無為之解脫境，然由於上、中、下根器之差別，所修得之境界亦各不同。

6　如恒河水，三獸俱渡，兔馬香象。兔不至底，浮水而過；馬或至底或不至底；象則盡底。恒河水者即是十二因緣河也，聲聞渡時猶如彼兔，緣覺渡時猶如彼馬，如來渡時猶如香象，是故如來得名為佛。聲聞緣覺雖斷煩惱，不斷習氣。如來能拔一切煩惱習氣根原，故名為佛。《優婆塞戒經》卷第一，T24，n1488，p1038b8-14。

7　雖同悟無為，所悟不同，故有三聖為異。三鳥出網、三獸度河，而昇空有近遠，涉水有淺深，即是其事。《金剛般若疏》卷第三，T33，n1699，p107c24-26。

未成佛前，即是菩薩。證菩提後，在果地則名為佛。所以菩薩乘即是佛乘，佛乘涵括菩薩乘，所謂「因賅果海，果徹因源。」的說法，可為此作詮釋。

第一節 證果之階差

在聲聞的修證階位中，計分為四向四果等八級，又稱為四雙八輩，分別是：須陀洹向、須陀洹果、斯陀洹向、斯陀洹果、阿那含向、阿那含果、阿羅漢向、阿羅漢果。其中的「向」，是指「趣向於果位」，也就是躋身於准果位的意思。而在《金剛經》中，只解說四果的部分，並未提及四向。

在大乘佛典中，通常將聲聞定義為，聽聞佛陀所說四聖諦等佛法而證悟者。其特徵是，專修自利法門，不度眾生。並經常被拿來與菩薩的自利利他，形成明顯對比，其中顯然有輕鄙的意涵在內。不過，在《佛說無常經》中，已稱聲聞為聖眾，而與菩薩並列，總稱為八輩上人。[8]其中已有會通之意。

《法華經》中，偈說真聲聞是：「**以佛道聲，令一切聞。**」[9]既然能讓一切眾生聽聞佛道，就是本經所一再強調的「為他

---

8 稽首歸依真聖眾，八輩上人能離染，金剛智杵破邪山，永斷無始相纏縛。《佛說無常經》，T17，n801，p745b18-19。前述的八輩，是指四向四果的聖人，亦即所謂的「四雙八輩」。至於上人的涵義則為：若菩薩摩訶薩一心行阿耨多羅三藐三菩提，心不散亂，是名上人。《摩訶般若波羅蜜經》卷第十七，T8，n223，p342b6-7。
9 我等今者，真是聲聞，以佛道聲，令一切聞。《妙法蓮華經》卷第二，T9，n262，p18c20-21。

人說」，已屬於菩薩行的範疇，因此《法華經》將所謂的聲聞小乘，納入一乘道中。

在般若經中，《大品經》係將聲聞的修行歸類爲菩薩修行的一環。[10]《金剛經》則將聲聞劃歸一切賢聖之林，不過是列爲成佛之道中修行的初階，因此在無爲法的修證過程中，與菩薩及諸佛有不同淺深的階差。

雖說一切四果、三賢、十聖、等覺、妙覺、佛等賢聖，在真如無爲法的修證，自有淺深的差別，但經中並未明示循序漸進的階隥，故名之爲「密示階差」。[11]在這種情況下，顯然修行人是可以採行兩種修證進路，一者透過漸修而悟入真如，其次也可以直接頓悟實相。只是無論走何種法門，全部都必須遵循「無住離相」的宗旨而修行，才可以登堂入室。

---

10 須菩提白佛言：「世尊！諸聲聞、辟支佛無生法忍，菩薩無生法忍，有何等異？」佛告須菩提：「諸須陀洹若智若斷，是名菩薩忍。斯陀含若智若斷，是名菩薩忍；阿那含若智若斷，是名菩薩忍；阿羅漢若智若斷，是名菩薩忍；辟支佛若智若斷，是名菩薩忍；是爲異。」《摩訶般若波羅蜜經》卷第二十三，T8，n223，p390c28-391a4。
上述經文說明，聲聞四雙八輩修證之無生法忍，皆屬菩薩無生法忍之一部分，顯示雙方修證的程度有淺深的差別。以須陀洹爲例，須陀洹是以觀八忍八智之十六心而得無漏智，並斷見惑，而得以預入聖人之流，故上文概稱「若智若斷」。菩薩則是以觀無生滅之諸法實相，而證得一切法無生，之後並能虔心信受、如實解悟、通達法理，且不退轉，故名爲證無生法忍。初步證得無生法時稱爲無生忍，若進一步深入則稱爲無生智，故知忍即是智，兩者唯有淺深層次的不同。《智論》的說法是：「無生法忍」者，於無生滅諸法實相中，信受、通達、無礙、不退，是名無生忍。「無生智」者，初名忍，後名智；麤者忍，細者智。《智論》卷第五十，T25，n1509，p417c5-7。

11 密示階差者，謂隱密示現行人修行入位階降差別之相。《金剛經纂要刊定記》卷第一，T33，n1702，p176c23-24。

一、四果之修證

《金剛經》中，自經文指出，一切聖賢皆以無爲法而有差別之後，佛陀與須菩提旋即展開隨機問答，兩者對話內容漸次深入，包括初果、二果、三果、四果等名相的定義，以及無相修行證果的義理，皆予次第分梳。

1.須陀洹

經中提及無有定法可得，無有定法名菩提，既然菩提不可取、不可得，爲何聲聞四果皆各取自果？於是從須陀洹開始，佛陀與須菩提逐一論議各位階的修行與得果，以顯發得而無得、行無所行的離相行，意在闡明前述之一切賢聖皆以無爲法而有差別的精義。

須菩提首先回答佛陀的詢問，表示不起得須陀洹的念頭，因爲「**須陀洹名爲入流，而無所入。不入色聲香味觸法，是名須陀洹。**」須菩提的意思是，須陀洹雖已斷見惑，不再於地獄、餓鬼、畜生、阿修羅等四惡道中受生，得以預入聖人之流，而稱爲入流。實際上，他只是不執著於所入之流類，以及不染著於六塵境界，因爲入無所入，所以假名說「不入」，但實際上，須陀洹這一階位的修行，尚未能徹悟諸法實相。在四果中，初果爲見道，次二果修道，後一果無學道，須陀洹證初果，屬見道。

2.斯陀含

《金剛經》中，須菩提說：「**斯陀含名一往來而實無往來，是名斯陀含。**」意指斯陀含雖已斷除欲界九品思惑的前六品，但後三品未斷，所以一往天上之後，尚須再一度來人間受生，以斷後三品思惑，故名為斯陀含。然而，雖稱為一往來，但因我相已除，不執著於往來之相，故謂之實無往來，以無往來之相而證二果，屬修道。

3.阿那含

三果聖者名為阿那含。須菩提說：「**阿那含名為不來，而實無不來，是故名阿那含。**」行者位登三果時，已斷盡欲界九品思惑，上升色界，不再來欲界受生，所以名為不來。同樣由於修離相行，不著於我不來之相，故稱實無不來。阿那含證三果，亦屬修道。

4.阿羅漢

第四果阿羅漢，是聲聞最高階位。通常有三種意譯：一、殺賊，殺盡煩惱賊。二、應供，其德行當受人天供養。三、不生，永入涅槃不再受生死果報。即所謂的：「我生已盡，梵行已立，所作已辦，不受後有。」由於已斷盡三界煩惱，究竟真理，無法可學，故又名無學，異於前三果所稱的有學。

經中，須菩提說：「**實無有法名阿羅漢。**」又稱：「**須**

菩提實無所行。」意指，須菩提已無我相，也已無證第四果無學之相，行無所行，內外俱寂，所以世尊說須菩提是樂阿蘭那行者。

佛陀與須菩提以上的論議顯示，四果中皆有無字，可知四果雖同證無爲，但不妨階位差別。雖有階位差別，但皆證無爲。其用意亦在於，強調聲聞四果的離相無著。至於經中對阿羅漢實無所行的推崇，正是凸顯其較前三果修行的殊勝之處，也爲佛陀所說的，一切賢聖皆以無爲法而有差別，作了有力的註腳。不過論議至此，尙屬聲聞果位的修證，有關菩薩與如來極果的修證，佛陀則於經中隨機應物而提出，並未集中說明。

二、菩薩之修證軌則

在大乘佛法中，菩薩的定義，通常是：發菩提心，上求佛道，下化眾生，厭離有爲的大心眾生。

就發菩提心而言，在《金剛經》中，多達二十九處，明言「發阿耨多羅三藐三菩提心」，足見特別強調菩薩發心的重要。

在上求佛道方面，則明示一切賢聖皆以無爲法而有差別，以凸顯菩薩修行求道的階差，激勵佛子以勝心求法。

此外，菩薩的最主要任務是化度眾生，這方面，經中揭示的是行六波羅蜜與精進弘法，並反覆詳述應該「爲他人說」。

在荷擔上述的三大任務的同時，佛陀則耳提面命，垂示

應以無住、離相、人法俱空的無所得心態，奉行菩薩道，這是經中所宣說菩薩行的最高指導原則。而根據前引慧能的說法，此經所說無為法即是無住，無住即是無相等等，菩薩正是因於對於無住、無相等無為法的修證，較聲聞深入，而得名為菩薩。

1.應無所住而生其心

前文說聲聞四果不可取著的修行精要，接著論及菩薩的修證，佛陀說：「是故，須菩提！諸菩薩摩訶薩應如是生清淨心，不應住色生心，不應住聲香味觸法生心，應無所住而生其心。」意謂菩薩不可取相貪著於六塵而行菩薩道，應於無所住處隨緣而住，無所行處應物而行，如是發清淨菩提心，行菩薩行。由於相傳禪宗六祖慧能，因聽聞「應無所住而生其心」一句而頓悟，所以禪宗歷代大德一向視此名句為《金剛經》之法要，稱之為金剛正眼或涅槃妙心，究其意義則可謂與「祖師西來意」相應。

2.無住相布施即是菩薩

經中佛陀引虛空為例，譬喻無相布施功德之廣大：「須菩提！菩薩無住相布施，福德亦復如是，不可思量。須菩提！菩薩但應如所教住。」以無住相布施功德大如虛空，所以佛陀提醒須菩提，菩薩應依佛陀所教導的軌則，住於無相。

3.有四相則非菩薩

前述無住生心與無相布施，是菩薩修證的積極條件。在此之前，佛陀於此經正宗分伊始，即已列舉消極條件：「**若菩薩有我相、人相、眾生相、壽者相，則非菩薩。**」佛陀說有四相則不成其爲菩薩，此中四相，擴大而言實爲十六相，簡略來說，亦可總攝爲一個我相。行者只要內心有我在行菩薩道、我在滅度眾生等執相存在，就稱不上是菩薩。

4.實無有法名為菩薩

綜上所述，成爲菩薩的條件是無住、無相、無我，只是隨著情境的差異而使用不同的名詞，包括無住發心、無相布施、無我度生，其實總爲一個無我：「**須菩提！實無有法名為菩薩。是故佛說一切法，無我、無人、無眾生、無壽者。**」菩薩因緣和合而生，本無自性，是人無我。佛陀推而廣之，說一切法無我，是爲法無我。所以《維摩詰經》說：「**法無眾生，離眾生垢故。法無有我，離我垢故。法無壽命，離生死故。法無有人，前後際斷故。**」[12]其中的垢，與煩惱、漏、惑等都是「障」的異名。[13]全句大意即是佛陀所指出的，無眾生、無我、無壽命、無人等相。既然諸法無我，當然實無有法可以據此名之爲菩薩。

12　《維摩詰經》卷上，T14，n475，p540a4-6。
13　流注不絕，其猶瘡漏，故名為漏。染污淨心，說以為垢。能惑所緣，故稱為惑。《大乘義章》卷第五（本），T44，n1851，p561c2-3。

5.通達無我、法者，真是菩薩

菩薩的使命在於度生嚴土，修證過程中則須無我、無相，只要內心執相，即非菩薩，所以佛陀告訴須菩提說：「**若菩薩通達無我、法者，如來說名真是菩薩。**」當菩薩度生嚴土時，內心沒有一切相想，既沒有能度的我與所度的人，也沒有所莊嚴的佛土，人法兩空，畢竟無一法可得，如此才是真正的菩薩。[14]從前文對於四果的無我修行，顯示菩薩得道之淺深，至此句經文的顯發，可視為經中描述菩薩修證最高層次的總結，如此無上菩提大果的證得可謂近在咫尺。

三、佛陀之階位

四果與菩薩之賢聖流類，皆因對無為法的證悟淺深不同，而有名位差別。直至極果，則佛佛同證，佛佛同說，皆名如來，同稱十號。至於如來極位的證入，呈現哪些相狀？《金剛經》中並未作有系統的說明，但從經中陸續出現對於何謂如來的描繪，可約略了解，其修證必須具備無相、離相、無所得、正覺不動、平等空性等條件，依據這些條件而修行，最後得一切種智，即證如來果位。

---

14 信解一切法無性，一切法無性，不但離於人我，抑且離於法我。終日莊嚴而未嘗莊嚴，終日度生而未嘗度生。是真無相，是真無住，如來說名真是菩薩。《金剛經宗通》卷五，X25，n471，p29a23-b2。

1.見相非相，則見如來

經中佛陀問須菩提，是否可以從觀察如來的三十二相等具相，而觀見真正如來的法性身？須菩提回答不能，於是佛陀說出以下偈頌：「凡所有相，皆是虛妄。若見諸相非相，則見如來。」由於一切相狀都是因緣和合所生，無實自性，無自性即是空，所以一切相狀都是依緣起滅的虛誑妄取相。[15]若能了知諸相緣生而無性，本自無生，皆以無相爲體，即證無生法忍，亦即證諸法實相，而實相即是如來法身，因此佛陀說，見相非相，即見如來。換句話說，若見諸相非相是破有相，即見如來是顯法性，因此可以說，破相即是顯性。

2.離一切相，則名諸佛

佛陀說：「我相即是非相，人相、眾生相、壽者相即是非相。何以故？離一切諸相，則名諸佛。」此處佛陀強調，依此經修行，不起四相，離一切相即成正覺。[16]從前後文的脈絡看，無我等四相是人空，我相非相是法空，離一切相是空亦復空的俱空，能達如是三空，即能遠離一切相想，而證

---

15 問曰：「如佛經所說，虛誑妄取相。諸行妄取故，是名為虛誑。」佛經中說，虛誑者，即是妄取相。第一實者，所謂涅槃，非妄取相。以是經說故，當知有諸行虛誑妄取相。答曰：「虛誑妄取者，是中何所取。佛說如是事，欲以示空義。」若妄取相法即是虛誑者，是諸行中為何所取？佛如是說，當知說空義。《中論》卷第二，T30，n1564，p17a26-b6。
16 依此經修行，不起我、人、眾生、壽者四相，即是非相，非相即實相也。離此諸相，即成正覺，故曰即名諸佛也。《金剛般若波羅蜜經註解》，T33，n1703，p232c9-11。

無分別平等空性，則此人即令尙未證佛果，未來終將證得，所以仍可稱名爲諸佛。

3. 如來者，即諸法如義

《智論》將「如來」定義爲：隨順法相而解悟；隨順法相而說法；亦如同諸佛一樣從證涅槃而來，更不再受生。[17]其重點顯然在於表達佛佛同道、佛佛同說、佛佛同證，不變不異的特質，所以諸佛皆稱如來。因爲前文燃燈佛爲釋迦牟尼授記時開示：「汝於來世，當得作佛，號釋迦牟尼。」係以佛陀無得而得大菩提，與諸佛道同，故如予諸佛記荊一樣，予釋迦牟尼授記，所以說：「如來者，即諸法如義。」

義淨的譯本就此句譯爲：「言如來者，即是實性真如之異名。」他直接將如來的意義等同於實性真如。義淨自己所下注釋爲，無顛倒義是實性，無改變義是真如。[18]其中頗具瑜伽系的真空妙有特色，與上述龍樹的詮釋迥然不同。

地婆訶羅所譯功德施的《不壞假名論》，將此句翻爲：「言如來者，以真如故。」亦將如來視同真如。不過，功德施解釋，所謂的真如，即無所得義。[19]主要是爲呼應前文，

---

17 如法相解；如法相說；如諸佛安隱道來，佛亦如是來，更不去後有中，是故名「多陀阿伽陀」。《大智度論》卷第二，T25，n1509，p71b17-19。

18 文云：「妙生！言如來者，即是實性真如之異名。」謂無顛倒義，名為實性。無改變義，是曰真如。《能斷金剛般若波羅蜜多經論釋》卷中，T25，n1513，p880c27-28。

19 須菩提！言如來者以真如故。真如者無所得義。《金剛般若波羅蜜經破取著不壞假名論》卷上，T25，n1515，p894a4-5。

實無有法如來得阿耨多羅三藐三菩提，故以中觀系的角度作注解。而「無所得」的意義，在般若經中即是「畢竟空」義。

　　另有部分注疏將如字解為如如不動義，並認為是指無為法。[20]因為真如無為即是無為法之主體，真如具有如空不動、萬古一定、沒有變異的特性，以此代表無為法，則其詮釋理路甚能契合《金剛經》的無為法修證階進觀，係屬一切賢聖修證的最高層次。

4.無所從來，亦無所去，故名如來

　　如來的另一個定義是，無所從來，亦無所去。這是從法身的視角來談如來。自古以來，諸多經疏對於如來的無所從來，亦無所去，提出甚多精闢的解說與譬喻。以下略舉三例：

　　僧肇認為，如來的法性身是：「**解極會如，體無方所。緣至物見，來無所從。感畢為隱，亦何所去？而云來去，亦不乖乎！**」[21]因為如來可以解為即是真如，而真如凝然不動，湛然常住，遍一切處，所以如來法身，體無方所，亦遍一切處。既然是如虛空一般廣大含容，無所不在，則如來法身即無所謂從何處來，去至何處。眾生所以見如來，是眾生以因緣和合而有所感，如來則隨機緣而應現，並非如來真有從彼處來至此處的運動行迹。眾生與佛陀之間的感應結束，如來即隱身不現，此係由於緣盡散滅，而非真有如來從此處去至

---

20 如義者，如如不動義也，即是無為法。《金剛經宗通》卷六，X25，n471，p31c7-8

21 《金剛般若波羅蜜經注》，X24，n454，p404b21-23。

彼處。

　　亦如《圓覺經》所說，猶如「雲駛月運，舟行岸移。」[22]
就月亮與浮雲之間的相對關係而言，其實月亮並未運動，是
浮雲在飄動，但讓人錯覺是月亮在移動。就河岸與舟楫的對
比而言，河岸並未往後挪移，而是舟楫本身在往前航行，但
能令船上的乘客以為河岸在往後滑動。眾生之所以感覺如來
有去來，情況亦是如此。

　　又譬如水清月現，水濁月隱。然而月之隱現，其決定關
鍵在於水之濁清，無關乎月亮之升沉，月亮本身並未從天上
來至水中，也沒有從水中去至天上，它其實並無來去。[23]如
來也是如此，猶如天上明月，不來不去，而眾生所以能見如
來，只是因緣和合、感應道交的結果。

　　凡此皆是說明，諸佛之所以名如來者，是因如其常性，
無有變易。此外，無來則不生，無去則不滅，不生不滅，體
性即同真如，是為無為法修證的究極階陞，也就是禪宗所謂
的「向上一路」。

5.見淨、智淨 —— 悉見、悉知一切眾生心

　　《金剛經》中，佛陀告訴須菩提：「爾所國土中，所有
眾生，若干種心，如來悉知。」又說：「如來以佛智慧，悉

---

22 譬如動目能搖湛水；又如定眼猶迴轉火；雲駛月運，舟行岸移亦復如是。
　《大方廣圓覺修多羅了義經》，T17，n842，p915c4-6。
23 水清月現月亦不來，水濁月隱亦非月去，但是水有清濁，非謂月有昇沉。
　法中亦爾，心淨見佛非是佛來，心垢不見亦非佛去，但是眾生垢淨，非
　謂諸佛隱顯。《金剛經纂要刊定記》卷第一，T33，n1702，p223b24-27。

知是人，悉見是人，皆得成就無量無邊功德。」佛陀明示，以佛界之智慧，能知一切眾生之心行與三業果報。因爲經中佛說有五眼，而五眼總攝於一佛眼，以佛智慧之眼，能知見一切眾生之三業果報與心行。此係因諸佛以三事示現教化眾生：神通輪、記心輪、教誡輪。[24]先以放光動地等種種神通引導眾生，更以他心通了解眾生之根器，再以聖教諭示修行。菩薩之修證至此層級，即得見淨與智淨，皆能知見一切眾生心。更與諸佛相應，以三事示現，化度眾生。

6.畢竟空無所得

　　般若系的各部經論，都有一個共通的哲學思維，那就是強調：般若波羅蜜畢竟空，無所得。如說在般若的修證中，了解一切法畢竟空，無有少法可得。《金剛經》亦不例外，多處敘說菩提法空，不可得，不可取。惟菩提雖空，卻有成佛之功德，所以又說菩提法是真實不虛。

　　經中說：「如來在然燈佛所，於法實無所得。」又說：「實無有法，如來得阿耨多羅三藐三菩提。」以及「我於阿耨多羅三藐三菩提，乃至無有少法可得。」佛陀於因地修菩薩行時，無能取菩提之心，亦不執著有所得菩提之法，以無能取所取之心，行無住離相之行，所以燃燈佛予以記莂：「汝

---

24 如是我聞：一時，佛住迦闍尸利沙支提，與千比丘俱，皆是舊縈髮婆羅門。爾時，世尊為千比丘作三種示現教化。云何為三？神足變化示現、他心示現、教誡示現。《雜阿含經》卷第八，T2，n99，p50b14-17。亦如前章所述，三事示現的典故亦見於《佛說長阿含經》卷一。

於來世，當得作佛，號釋迦牟尼。」

　　但正覺畢竟空、無所得之法，並非落於撥無因果之斷滅空，所以佛陀說：「如來所得阿耨多羅三藐三菩提，於是中無實無虛。」如來於燃燈佛所，於法實無所得，故說無實。由無所得，於今得以成佛，名釋迦牟尼，此所以說爲無虛。

7.是法平等無有高下

　　佛陀於前文敘說菩提法畢竟空、無所得之後，於此進一步揭示：「是法平等，無有高下，是名阿耨多羅三藐三菩提。」對於無上菩提，前說無有少法可得，是因諸法實相畢竟空不可得。此處標舉平等空性，是以三世諸佛共修共證此無上菩提，而得以皆名爲如來。所以說，法法平等，佛佛同如。在聖不增，處凡不減。

　　溥畹在《金剛經心印疏》中，極爲重視「平等」二字，認爲平等乃是佛陀出世本懷，也是《金剛經》之教眼。他並從平等二字著眼，以平等之事、理、法、體、用等科目科判全經。[25]

　　（1）平等之事：從著衣持鉢至入舍衛城次第而乞，發明如來行平等之事。

　　（2）平等之理：次第乞已，還至本處，收衣而坐，顯示如來證平等之理。

　　（3）平等之法：正宗分中，問答發揮，皆屬如來說平等

25　《金剛般若波羅蜜經心印疏》卷下，X25，n505，p851b11-22。

之法。

（4）平等之用：降心離相，住心無住，彰顯平等之用。

（5）平等之體：而至菩提無法，展轉推詳，皆顯平等之體。

（6）平等之義：自此之後，雖有多文，無非顯此平等之義。

（7）信解平等：須菩提涕淚悲泣，乃信解此平等之用。

（8）悟入平等：須菩提復呈菩提無所得，正悟入此平等之體。

溥畹最後下結論說：「故知此是法平等一句經文，乃如來畫龍點睛，只要諸人向破壁飛騰而去耳！讀是經者，亦不可不著眼也。」

四、如來在何處？

《金剛經》中說明賢聖之修證，從聲聞四果、菩薩至佛位，皆強調無住、離相、無我，無法，其行相與《大品經》所說內含一致。[26]並以偈頌歸結：「若以色見我，以音聲求我，是人行邪道，不能見如來。」偈頌指出，如果從色、聲等六塵的外相，觀求見佛，這是錯誤的方法，不能真正觀見如來。其目的在於破斥一切相想，以無住、離相作爲佛道修

---

26 以是布施、禪定、智慧、解脫、解脫知見因緣故，過聲聞、辟支佛地，入菩薩位。入菩薩位已，淨佛國土。淨佛國土已，成就眾生。成就眾生已，得一切種智。得一切種智已，轉法輪。轉法輪已，以三乘法度脫一切眾生。乃至是事皆不可得，自性無所有故。《摩訶般若波羅蜜經》卷第二十三，T8，n223，p385a28-b4。

證的圭臬。但在一連串的否定之後，經中並未明言，究竟如來在何處？假如嘗試從經中所言：「如來者，即諸法如義。」觀察，則如來無處不在，只要內心清淨無我，即見如來，主要是因為「三界所有，皆心所作。何以故？隨心所念，悉皆得見；以心見佛，以心作佛；心即是佛，心即我身。」[27]所以在平等空性中，修一切善法，位位昇進，那麼隨清淨自心所持念，都可明見諸佛法身，因為三界一切法，都是眾生自心所造作，佛陀就在自己心內，不必刻意向外界尋覓佛陀的蹤跡。

第二節　無為法是何法 —— 空之品類

　　佛陀在經中標舉賢聖以無為法而有差別之後，並未說明無為法是何種法。在經末則以如是觀有為法如夢、幻、泡、影、露、電結經，也不說無為法到底如何觀察。前文引慧能之註釋，以無為法即是無住、無相、無起、無滅、般若波羅蜜。若從《金剛經》之經文爬梳，再以《智論》的說法印證，可以看出，經中所謂的無為法統括真如、法性、實際，一言

---

27 諸法從本以來，常自清淨，菩薩以善修淨心，隨意悉見諸佛，問其所疑，佛答所問。聞佛所說，心大歡喜；從三昧起，作是念言：「佛從何所來？我身亦不去。」即時便知：「諸佛無所從來，我亦無所去。」復作是念：「三界所有，皆心所作。」何以故？隨心所念，悉皆得見；以心見佛，以心作佛；心即是佛，心即我身；心不自知，亦不自見。若取心相，悉皆無智，心亦虛誑，皆從無明出。因是心相，即入諸法實相，所謂常空。得如是三昧、智慧已，二行力故，隨意所願，不離諸佛；如金翅鳥王，二翅具足故，於虛空中自在所至。《大智度論》卷第二十九，T25，n1509，p276b5-17。

以蔽之，也就是諸法實相。[28]功德施菩薩並予明白歸納，指出無爲法爲一平等空性。[29]簡而言之，觀有爲法如夢，即是觀有爲法空。有爲法空，即是無爲法。因此，觀無爲法的修行，是爲空慧的修行。換句話說，賢聖之所以有階位的差別，皆肇因於對空性悟入淺深不同所致。

有關《金剛經》之空觀內涵，本節從空之品類著手，探討般若經中所說的「空」究竟有幾種，每一種空義在相關經論中作何解釋。其次就觀空的法門 —— 十八空的意義，與空之十一品類作對照。

一、空之品類 ——《大智度論》所列之十一種空義

空義隨著佛法思想的演進而有所不同，原始佛教時代之空義，不同於部派佛教時代所說的空義。進入大乘佛教時代，中觀派之俗有真空觀又異於瑜伽派的外無內有觀。[30]惟無論如何，對於空義的論述既深且廣的經典，應屬般若經部類。因此，下文以《金剛經》爲基礎，援引龍樹所造，闡釋《大品經》的《大智度論》中所述之空義，作爲詮釋無爲法之主軸。

此處所謂的空義，即是就不同之體性加以分判，而非如

---

28 諸法實相，謂之般若。《肇論》，T45，n1858，p150c29。

29 何故不欲得果念耶？若是念生有我等取，離身見者無彼取故，是故先說以無爲相說名聖人。無爲相者，空性相義。《金剛般若波羅蜜經破取著不壞假名論》卷上，T25，n1515，p889c28-890a1。

30 所云大乘無過二種：一則中觀、二乃瑜伽。中觀則俗有真空，體虛如幻。瑜伽則外無內有，事皆唯識。斯並咸遵聖教，執是執非，同契涅槃。《南海寄歸內法傳》卷第一，T54，n2125，p205c13-16。

十八空，就其功用予以劃分。依據《大智度論》卷第三十一所述，計列舉十一種空義：

> 離我所故空；因緣和合生故空；無常、苦、空、無我
> 故名為空；始終不可得故空；誑心故名為空；賢聖一
> 切法不著故名為空；以無相、無作解脫門故名為空；
> 諸法實相無量無數故名為空；斷一切語言道故名為
> 空；滅一切心行故名為空；諸佛、辟支佛、阿羅漢入
> 而不出故名為空。如是等因緣故，是名為空。[31]

上述之十一種空義，幾乎已將包括從阿含經以還，直到般若經時代對於空性的不同定義，蒐羅殆盡。各種空義及其內涵分析如下：

1.離我所故空

離我所空是最早的空義，通常是以「無我我所」的形式出現。若觀內六根空，即是無我。觀外六塵空，即是無我所，亦即外界一切法皆非我所有。而內外合觀，稱為無我、我所，即是內外空。在《雜阿含經》中提及：「眼空，常、恒、不變易法空，我所空。所以者何？此性自爾。」[32]此處將我、我所空簡略為我所空。一般以為，此一空義是指「眾生空」，因為《雜阿含經》被認為是小乘經典，而小乘只知道眾生空，

---

31 《大智度論》卷第三十一，T25，n1509，p293b20-26。
32 《雜阿含經》卷第九，T2，n99，p56b25-26。

不知法空。但龍樹不以爲然，他認爲《雜阿含經》的離我所空，既非專指眾生空，亦非限定於法空，而是說「性空」。

> 問曰：此《經》說：「我、我所空。」是爲眾生空，不說法空，云何證性空？
> 答曰：此中但說性空，不說眾生空及法空。性空有二種：一者、於十二入中無我、無我所；二者、十二入相自空。無我、無我所，是聲聞論中說。摩訶衍法說：「十二入我、我所無故空，十二入性無故空。」復次，若無我、無我所，自然得法空。以人多著我及我所故，佛但說無我、無我所；如是應當知一切法空。若我、我所法尚不著，何況餘法！以是故，眾生空、法空終歸一義，是名性空。[33]

　　龍樹主張，我所空是指「性空」。雖然我所空可以稱爲眾生空或法空，但因具有內外十二入皆空的意思，所以可以視爲內空、外空、內外空、法空，甚至是一切法空。而以上的五種空義，可以歸納爲眾生空與法空兩種。更以對我、我所法不取相生著，故最後可歸於一個意思 —— 性空。

　　印順導師對於我所空的看法則是：「無我我所是空的要義，廣義是離一切煩惱的空寂。空與無我的聯合，只表示無我與無我所；無我我所是空的狹義。」[34]亦即無我我所可以

---

33 引文中此《經》即是指上述《雜阿含經》卷第九的（二三二）經。引文全文參見《大智度論》卷第三十一，T25，n1509，p292b7-16。
34 印順著，《空之探究》，新竹：正聞，2000，頁17。

從廣義與狹義兩方面來分析，廣義是離一切煩惱之後的空寂境界。狹義則是只表示無我與無我所的空義。其中，廣義的無我我所即接近龍樹所說的性空，狹義的無我我所即指內空與外空，或內外空。

　　2.因緣和合生故空。

　　一切有為法緣合則生，緣散則滅，沒有常住的自性，無自性即是空。因此凡是仗因託緣而起的諸法，其性即空。此一空義源自龍樹的《中論》：

　　　眾因緣生法，我說即是無，亦為是假名，亦是中道義。
　　　未曾有一法，不從因緣生，是故一切法，無不是空者。[35]

　　在第三章中，已對第一偈作二諦與三諦之解析，以之作為詮釋三句論之基本架構，亦為貫穿《金剛經》全經解義之骨幹。在此尚可引吉藏所作的另一角度的剖析，以廣釋本偈之義涵。

　　在上一偈中，吉藏以「三是」來解釋因緣生法的空義。[36]

---

35 《中論》卷第四，T30，n1564，p33b11-14。
36 今示因緣生法是於三是：一、因緣生法是畢竟空。所以然者，若有自性則不從因緣，既從因緣生，即是無自性，所以是空。亦為是假名者，示第二是：明因緣生法亦是假名，所以稱假者，前明因緣生法我說是空，然因緣既本不有，今亦不空，非空非有，不知何以目之，故假名說有，亦假名說空。亦是中道義者，示第三是：明因緣生法亦是中道，因緣生法無有自性故空，所以非有。既其非有，亦復非空，非有非空，故名中道。《中觀論疏》卷第十（本），T42，n1824，p152b13-22。

第一個「是」：眾因緣生法我說即是無，此處的「無」即空之異名。由於因緣生法皆無自性，無自性即是空。

第二個「是」：眾因緣生法亦爲是假名。前述因緣生法即空，是故非有；但幻有宛然，亦屬非空。既然是亦空亦有，故勉強假名說空，亦假名說有。

第三個「是」：眾因緣生法亦是中道義。因緣生法即空非有，假名即有非空，非空亦非有，故名中道。

吉藏於此處採用四句的概念解析：眾因緣生法是「有」。我說即是無是「無」。亦爲是假名是「亦有亦無」。亦是中道義是「非有非無」。

對於此一俗有真空的說法，法藏亦有其獨特的詮釋：「空不異有，有是幻有，幻有宛然，舉體是空。有不異空，空是真空，真空湛然，舉體是有。」[37]至此，法藏已將空有的關係導入真空妙有的境界，並認爲空有無礙即是大乘法。

另在《大智度論》中，亦提出因緣和合即是畢竟空的說法：「諸法因緣和合生，是和合法無有一定法故空。何以故？因緣生法無自性，無自性故即是畢竟空。」[38]由此可知，因緣和合生故空的空義，亦爲演繹其他空思想的基礎。

3.無常、苦、空、無我故名爲空

「無常、苦、空、無我」係原始佛教之核心思想，通過無常、無我的空觀，才能了解苦的本質是空，依此修行則能

---

37 《華嚴經探玄記》卷第一，T35，n1733，p118a18-20。
38 《大智度論》卷第七十四，T25，n1509，p581c2-3。

達到涅槃的解脫境界，故有三大法印「諸行無常、諸法無我、涅槃寂靜」的產生。在《雜阿含經》中，佛陀對於此四個空觀有多處宣說，例如：「一切無常。⋯如《無常經》，如是苦、空、無我，亦如是說。」[39]此中佛陀開示，依「無常、苦、空、無我」四種觀法，觀五眾、十二入、十八界等一切法而生厭離，即得以解脫，並達到「我生已盡，梵行已立，所作已作，自知不受後有。」的涅槃境界。至於苦之所以名為空，係因苦之集因本無自性，無自性性即是空。而無常是空的說法，鳩摩羅什的詮釋是：「凡說空則先說無常，無常則空之初門。初門則謂之無常，畢竟則謂之空。旨趣雖同，而以精麁為淺深者也。」[40]在羅什的空性思想之中，所謂的空性，本有其精粗與深淺的差別，以現代的說法，就如光譜，由紅至紫，顏色由淺至深，顏色種類雖有差別，但總為一個光譜。空觀的修證也是一樣，由最淺易的無常觀起修，而進入空理的第一道門，隨後階階昇進，最後登堂入室，窺其堂奧，直至深般若波羅蜜多的畢竟空深奧境界。空慧修證的精麁程度雖有差異，但總為一無為法的修證進程。羅什在此提出的由淺至深的觀空思想，正是為《金剛經》中，一切賢聖皆以無為法而有差別這一句修證總綱，下了妥切的註腳。

　　上說無常是空之初門，由於無常即是空，苦、無我亦是空，故無常、苦、空、無我皆為空之異名。若依二空來區分，此處之空係屬法空。

39　《雜阿含經》卷第八，T2，n99，p50a11-23。
40　《注維摩詰經》卷第三，T38，n1775，p353c24-27。

4.始終不可得故空

《金剛經》中，須菩提回答佛陀：「無有定法名阿耨多羅三藐三菩提，亦無有定法，如來可說。何以故？如來所說法，皆不可取、不可說、非法、非非法。」菩提法無定實可得，即是不可得。不可取、不可說，即是空。非法、非非法，是非有非無，非有即空，非無則不斷滅。是故如來說法，不常不斷，了不可得。

此一空觀可以透過十八空之中的第十五空 ── 不可得空，加以詮釋，而後直指第十空 ── 無始空，予以解析，始能明白呈現其涵義。

天台智顗對於不可得空的詮釋是：

> 一切法及因緣畢竟不可得，故名為不可得空。又解云：上以諸法空，空一切法，皆不可得。若作可得，則為斷滅。若知是不可得亦不可得，則於不可得中心不沒，故名不可得空也。[41]

就智顗的說法，不可得空係由三種不可得所構成。

第一是，一切法畢竟不可得。此係就第十四空的一切法空加以延伸而導出之結論，既然五眾、十二入、十八界等一切法皆空，乃至無餘涅槃亦不可得，即意謂無一常法可得，既無常法可得，本身即是空。

41　《法界次第初門》卷下之上，T46，n1925，p690b10-13。

　　第二是，因緣畢竟不可得。正如前述，因緣所生法無自性，無自性即是空，空即不可得。這一點，《大智度論》是以「**五指中拳不可得**」作譬喻。[42]因爲所謂的拳，是由五隻手指因緣和合而成，如果五隻手指張開，則不成其爲拳。一旦構成拳頭的因緣散滅之後，如何再能於一一手指中找得到拳這個東西？所以說五指中拳不可得，以印證因緣所生法畢竟不可得。

　　第三是，不可得亦不可得。基本上，這是空亦復空的空空觀，也是般若波羅蜜多稱爲無相法的深奧處。行者既然了解一切法始終不可得，亦不可取相執著於「我有不可得」、「我知不可得」的概念，才稱得上不可得空。

　　由此可知，「始終不可得故空」之意義，其中之無所得，即是空。至於「始終」，所謂「始」，則指眾生及一切法無有起始，生死流轉，求始不可得。[43]也就是，一切法無前際，前際無故即是空，稱爲無始空。至於「終」，即指眾生生死流轉如輪，既無前際之始，亦無後際之終。而前後際既無，即無相待，因此，亦無中際可言，是故說，始終不可得故空。

5.誑心故名爲空

　　經中佛陀說偈：「**凡所有相，皆是虛幻。若見諸相非相，則見如來。**」前文已對此偈略有詮釋，此處的焦點在於觀空，觀諸相虛幻誑心故空。

42　《大智度論》卷第三十一，T25，n1509，p295c9。
43　《法界次第初門》卷下之上，T46，n1925，p690a12-15。

　　所謂「誑心」是指，現象界的一切東西並非真實的存在，也就是說，外境之一切法都是虛幻而無實，但修行者妄取外境，更因取相生著，而誑惑自心。由於三界唯心，萬法唯識，故說誑心之外境是空。此即相當於十八空之外空。有關誑心故名空的說法，《中論》提出兩偈：

> 如佛經所說，虛誑妄取相，諸行妄取故，是名爲虛誑。
> 虛誑妄取者，是中何所取，佛說如是事，欲以示空義。[44]

　　依據吉藏的注解，在上一偈中，包括兩部分：虛誑相與妄取相。由於外境之虛誑無實，所以是空。其次，由於眾生之心不實而妄取外境，所以是空。[45]而下一偈則敘明，佛陀之所以說誑心之相，是爲了宣說空義。

6.賢聖一切法不著故名爲空

　　所謂賢聖一切法不著，其中的不著意指不取相，因爲不取相所以不著。

　　《金剛經》中佛說：「須菩提！菩薩於法，應無所住，行於布施，所謂不住色布施，不住聲香味觸法布施。」佛陀告訴須菩提，應不住著於六塵而行施，六塵即代表一切法，意即應不住著於一切法，離相而行施。如此修行可謂空行。

　　在《大品經》中，佛陀的解釋是：「不著故不住。何以

44　《中論》卷第二，T30，n1564，p17a27-b4。
45　《中觀論疏》卷第七（本），T42，n1824，p105a8-9。

故？是菩薩不見有法可著可住。」[46]而菩薩不見有法可住可著，此種修行又稱爲「無相三昧」。

《大智度論》說：「云何無相三昧？一切法無有相，一切法不受不著，是名無相三昧。」[47]正因了了知一切法無相，所以菩薩於一切法不取受，不執著。而空即無相，無相即無作。由於無相即空，故賢聖於一切法不著，可以稱名爲空。

7. 以無相、無作解脫門故名為空

此處以三解脫門解釋空義。空、無相、無作是三解脫門，也就是行者證入涅槃城的三個必經之城門，亦稱爲三三昧。

三三昧中的空三昧，即是指十八空。[48]由於空三昧意義涵蓋一切空義，故予省略，只說無相、無作解脫門是空義。而無相三昧觀諸法無相，即是法空。[49]至於無作三昧，則是指不願求生三界，於三有或五有不願求，即是不再受生，不造作生死。[50]不造作生死，即是解脫，即是空義。

若以二空分別，無作解脫門則應歸類爲眾生空。

8. 諸法實相無量無數故名為空

上文已指出，觀無爲法即是觀諸法實相，亦是觀空。此

---

46 《摩訶般若波羅蜜經》卷第二十一，T8，n223，p370a23-24。
47 《大智度論》卷第五，T25，n1509，p96c10-11。
48 《大智度論》卷第五，T25，n1509，p96c15。
49 《注維摩詰經》卷第五，T38，n1775，p373a15。
50 什曰：無作，不作受生行也。《注維摩詰經》卷第四，T38，n1775，p369b2。

處就空義再予探討。由於如、法性、實際,皆是空之異名,而實際即是諸法實相。[51]《大智度論》又說:「**諸法實相名性空。**」[52]。惟無論是如、法性或實際,皆是諸法實相,皆屬無爲法,無爲法性如虛空,遍一切處,皆無有量,既無可限量,即不可數,既不可量、不可數,即是有法空。[53]其次,「**現在一切法及無為法,名為有法。如是有法皆空故,名有法空。**」[54]由此可知,所謂諸法實相無量無數故名爲空,應是指十八空之中的有法空。

9.斷一切語言道故名為空

所謂斷一切語言道,簡稱爲言語道斷,即是不可說之義。智顗認爲:「**一切言語道斷,即一切空,一切空不可說,故言語道斷。**」[55]一切空即是十八空之一切法空。由於世俗諦之假名難以完全表達第一義諦之實相,故透過言語途徑如實呈現實相的施設並不通暢,所以名之爲「言語道斷」。

菩薩修行的最高境界是,如《金剛經》中的如來說法不可取、不可說,亦如維摩詰的無言於無言,以空慧修證,而悟入諸法實相。然而,雖然一切法不可說,但爲了度脫一切

---

51 所謂諸法實相,名為「實際」。《大智度論》卷第九十,T25,n1509,p697a14。
52 《大智度論》卷第九十,T25,n1509,p698a28-29
53 無量即有法空,有法即有量,有量既空故言無量。《法華文句》卷第九上,T34,n1718,p121a16。
54 《法界次第初門》卷下之下,T46,n1925,p690b19-20。
55 《法華文句》卷第九上,T34,n1718,p121a10。

眾生，即使是無名相法，也必須勉強施設，以假名說，否則
眾生無法「認路返家」，也就是所謂的有言於無言。因此，
《維摩詰經》說：「夫說法者，無說無示。其聽法者，無聞
無得。譬如幻士，為幻人說法。當建是意，而為說法。」[56]無
說並非指靜默不說，而是依於空慧，終日說而不取相說。無
聞並非如木石般的聽而不聞，而是依於空慧，終日聞而不取
相聞。菩薩不於我能說、聽者能聞、中間有說有聞之法中取
相生著，因此說，斷一切語言道故名為空。

10.滅一切心行故名為空

「滅一切心行」亦稱「心行處滅」，通常與上述之言語
道斷一齊出現，而言語道斷，心行處滅，所表達之意義即是
不可思議 ── 不可以心思口議。然而，不可以口議，並非不
說，而是不取相說。不可以心思，並非不思，而是寂而常照，
照而常寂。長水子璿認為：「心行處滅者，以相是心之行處，
行猶緣也。既離於相，心無所緣。所緣既無，能緣亦絕，無
相真理何思慧之所及乎？」[57]亦即，外境是內心的所緣相，
既空其外境即是無相，無相則心行即無所緣，既無所緣之相，
則能緣之心行亦絕。換句話說，透過聞慧與思慧並不能證入
諸法實相，只有修慧能觀照無相空理，因此般若波羅蜜亦稱
為無相法，《金剛經》講的即是無住無相法。上述心行常寂
滅相，相當於十八空之畢竟空。

---

56 《維摩詰經》卷上，T14，n475，p540a18-20。
57 《起信論疏筆削記》卷第七，T44，n1848，p332c23-25。

11.諸佛、辟支佛、阿羅漢入而不出故名爲空

　　諸賢聖入而不出之處，是指涅槃，故《大智度論》說：
「涅槃中一切得道人入者永不復出。」[58]涅槃是無爲法，係
菩薩於因地修行之後，所證入之果地。《大品經》說：

> 須菩提語諸天子：我說佛道如幻如夢，我說涅槃亦如
> 幻如夢。若當有法勝於涅槃者，我說亦復如幻如夢。
> 何以故？諸天子！是幻夢、涅槃不二不別。[59]

　　在大乘佛法之中，如幻事、如夢，皆爲空之譬喻，所以
《金剛經》中，佛陀指出一切有爲法如夢、幻、泡、影的偈
頌，亦可視爲觀有爲法空之教說。

　　上述經文中，須菩提所表達的意思是，菩薩所願求的佛
道（即阿耨多羅三藐三菩提）與涅槃，都是如幻如夢，兩者
皆空。也都是無爲法，既非可住處，亦非可著處。此外，第
一義中，涅槃空亦無涅槃空相，涅槃空相亦應捨，故涅槃空
即是第一義空。[60]對於大乘菩薩而言，以大悲故不住涅槃，
以大智故不住世間，世間即涅槃，涅槃即世間，以世間空，
涅槃亦空，故無所依住，修而不證，超越而過。對於一切法
中最殊勝法的涅槃法應該如此觀空，就算還有超過涅槃的殊

---

58 《大智度論》卷第七十四，T25，n1509，p581b20。
59 《摩訶般若波羅蜜經》卷第八，T8，n223，p276b6-9。
60 《法界次第初門》卷下之上，T46，n1925，p689c24-25。

勝法存在，還是不離畢竟空，而與涅槃空不二不別。

二、十一種空義之階進序列

就上述十一種空義予以列表，從原文的排列順序之中，可以看出龍樹對於空義的詮釋，似乎存有階進深入的概念。

空之品類與十八空對照表

品　　類	十八空
1.離我、我所空	眾生空、內外空、法空、一切法空、性空
2.因緣和合故空	性空、畢竟空
3.無常、苦、空、無我故名空	法空
4.始終不可得故空	不可得空、無始空
5.誑心故名爲空	外空
6.聖賢一切法不著故名空	一切法空
7.以無相、無作解脫門故名空	十八空、法空、眾生空
8.諸法實相無量無數故名爲空	有法空
9.斷一切語言道斷故名爲空	一切法空
10.滅一切心行故名爲空	畢竟空
11.諸賢聖入而不出故名空	第一義空

附表顯示，最先列出的「我我所空」，即是《阿含經》中所提出的原始佛教的空觀，也是小乘的空觀 —— 眾生空。雖然透過龍樹的再詮釋，指其內涵其實是大乘佛法中的性

空，但即使是性空，也是大乘空義中「此性自爾」的基礎空
觀，因此，龍樹接著在第二種空義中，提出了因緣和合生的
空思想。

　　「因緣和合故空」是第二種空義。龍樹在其所造《中論》
的〈四諦品〉中，提出了「眾因緣生法，我說即是空。」的
思想，建立大乘佛法的核心空觀理論。他以因緣生法無自性，
無自性即性空的邏輯，開展出後續的十八空思想。由於有此
空、假、中的理論，使佛法空義得以深化，因此，在我所空
之後，立即提出性空的空義。

　　「無常、苦、空、無我故名空」是表列的第三種空義。
正如上述羅什的看法，無常是空之初門，即是以前述第一、
第二種空義爲出發點，以觀無常即空爲初門來觀空。此外，
不同於第一種的眾生空，無常等空觀與因緣空皆屬法空，已
明顯有階進的概念產生。

　　第四至第七種空義則屬觀一切有爲法皆空的深入修證階
段，其中，「始終不可得故空」即是不可得空與無始空。「誑
心故名爲空」則是觀外境皆空的外空。「賢聖一切法不著故
名空」之空觀，顯然已進入不取相、不執著，一切法空的深
般若波羅蜜境界。「三解脫門故名空」相當於觀十八空、法
空、眾生空等一切法皆空的空觀。

　　隨後的第八至第十一種空義進入無爲法的修證階段。第
八種空義的「諸法實相無量無數故名爲空」，是爲「有法空」。
正如前述，智顗認爲有法包括現在一切有爲法與無爲法，兩
者皆空，名爲有法空。因此，自此開始觀諸法實相等無爲法
爲空的深層空義階段。第九、第十種空義，是屬「言語道斷、

心行處滅」的不可思議修證境界,亦即觀一切法的實體 —— 畢
竟空。而畢竟空「**有種種名字,所謂無相、無作、寂滅、離、
涅槃等。**」[61]此處已將修證的境界提升至涅槃的層次。至於
第十一種空義「諸賢聖入而不出故名空」,則爲觀涅槃空的
第一義空境界,已是菩薩修證境界的最高階層。

第三節　無爲法之階進證入觀

　　本節的重點係透過對諸法實相之修證階進的觀察,以參
究果地之證果分別。除《金剛經》中已明示,一切賢聖皆以
無爲法的修證淺深而有階位分別之外,《法華經·安樂行品》
中,安樂第一法的菩薩行處,亦有「**於法無所行,而觀諸法
如實相。**」的修證教說,其中亦隱含無爲法之修證義涵。[62]因
此,本節首先列舉無爲法之修證層次,其次再闡釋無爲法階
進證入之觀行境界。

一、無為法之修證層次

　　空、如、法性、實際等雖係體一名異,都是諸法實相的
異名,但因行者之觀慧有淺深的差別,導致同一觀境往往令

61　《大智度論》卷第七十四,T25,n1509,p581c6-7。
62　云何名菩薩摩訶薩行處?若菩薩摩訶薩住忍辱地,柔和善順而不卒暴,
　　心亦不驚;又復於法無所行,而觀諸法如實相,亦不行不分別,是名菩
　　薩摩訶薩行處。《妙法蓮華經》卷第五,T9,n262,p37a18-20。

行者之觀見有所不同。針對此一環節，以下分爲空、如、法性、實際等四種名相，對無爲法之修證層次作進一步的探討。

（一）空

在〈安樂行品〉的菩薩行處 ── 空觀，與第二親近處 ── 十八空，都是指觀空之法門。[63]而其所觀之空，則是指菩薩修證之法體，亦稱爲本體。其中涉及無爲法 ── 空、如、法性、實際 ── 之修證層次，值得加以探究，俾印證《金剛經》所述之無爲法觀門。

1.空爲諸法之本體

依《智論》所說，觀空法門可以只是一空，或是二空、四空、七空、十四空、十八空，甚至無量無數法門。但上述之觀空是助開門法，只是證入涅槃城之門，並非指諸法之本體。惟就果中說因的觀點來看，觀空亦可稱爲觀諸法實相。[64]

而空之所以爲諸法之本體，依《心經》：「色不異空，空不異色；色即是空，空即是色。受、想、行、識，亦復如

---

63 復次，菩薩摩訶薩觀一切法空，如實相，不顛倒、不動、不退、不轉，如虛空，無所有性。一切語言道斷，不生、不出、不起，無名、無相，實無所有，無量、無邊，無礙、無障，但以因緣有，從顛倒生故說。常樂觀如是法相，是名菩薩摩訶薩第二親近處。《妙法蓮華經》卷第五，T9，n262，p37b12-17。

64 「諸法實相」有種種名字：或說「空」，或說「畢竟空」，或說「般若波羅蜜」，或名「阿耨多羅三藐三菩提」。此中說「諸法實相」名爲「空行」。《大智度論》卷第七十九，T25，n1509，p618b28-c1。

是。」[65]即指作為諸法之本體的空，與五眾、十二入、十八界的一切諸法，兩者本質上並無差異。

永明延壽於《宗鏡錄》卷第六明列虛空有十義：[66]

無障礙義：諸色法中無障礙故。所謂色即是質礙義，而色法在空中，可以無障礙、無封滯，自由自在地活動。

周遍義：無所不至故。意即虛空遍一切處。

平等義：無揀擇故。虛空含容一切法，無所揀擇，平等平等。

廣大義：無分際故。虛空廣大，無封疆邊際。

無相義：絕色故。虛空是無為法，無色、無形、無對、一相所謂無相。

清淨義：無塵累故。虛空清淨，不為一切塵累所染。

不動義：無成壞故。虛空無流動，無成、住、壞等無常相。

有空義：滅有量故。虛空不可量、不可數，空一切有。

空空義：離空著故。虛空不可著，無所依住。

無得義：不能執故。虛空離我執與我所執，故無所得。

---

65 《般若波羅蜜多心經》T8，n251，p848c8-10。

66 性虛空理有十種義：一者、無障礙義，諸色法中無障礙故。二者、周遍義，無所不至故。三者、平等義，無揀擇故。四者、廣大義，無分際故。五者、無相義，絕色故。六者、清淨義，無塵累故。七者、不動義，無成壞故。八者、有空義，滅有量故。九者、空空義，離空著故。十者、無得義，不能執故。是名為十。如是十事義用差別，若據其體無別而已。《宗鏡錄》卷第六，T48，n2016，p446c19-28。

上述十義是依空的德用而作區分，如就其本體而言，並無差別。而所謂的觀空修證，即是透過上述十義，觀一切法，而十八空等種種空觀，亦爲觀上述十種空義之功能性門徑。

2.觀空爲證入涅槃等無爲法之門

在釐清空之體性與功能性意義之後，接著是探討觀空之目的。在佛法中，觀空即是智慧，所以稱爲空智慧。[67]以空智慧觀一切法，才能如實觀照一切法之實相。在《智論》中，須菩提問佛陀，何謂如實觀諸法，佛陀的回答是：「**觀空。須菩提！若菩薩能觀一切法若大若小皆空，是名如實觀。**」[68]亦即，菩薩若能觀空，不但觀有爲法空，無爲法亦空，如是觀一切法即空，就稱爲如實觀諸法。對照於〈安樂行品〉的菩薩行處，佛陀開示，菩薩應「**於法無所行，而觀諸法如實相。**」於法無所行是指，於一切法中，唯見眾生及法皆空，而不分別、執著爲有。能如此觀空，即可觀覺諸法之真理如實體相。由此可見，就般若經與《法華經》對於觀空的修證而言，兩者的說法完全一致。

有關觀空的目的，就佛法理論來說，無論小乘或是大乘，都是爲了證入涅槃，這是三乘共通之處。至於其差別僅在於，小乘諸賢聖是入而不出，大乘菩薩證入之後即予超越，不住涅槃，亦不住生死，雖無所住，而能生起悲愍眾生拔苦予樂

67　《法華義疏》卷第十，T34，n1721，p596b5。
68　《大智度論》卷第九十四，T25，n1509，p721b2-4。

之心，得阿耨多羅三藐三菩提。[69]兩者之所以有此重大差異，
其中關鍵，即在於觀空修證之不同。

就三乘共法而言，觀空即是進入涅槃城之大門。涅槃城
有三個城門：空、無相、無作。[70]捨此三門，無由得入涅槃
城。前述之十八空，即名爲空三昧，即是入涅槃城的大門。[71]
甚至可以說，空是唯一的涅槃城門。因爲從本質而言，空即
是無相，無相即是無作，體一名異。[72]因此，觀空可以代表
一切佛法之修證法門，也可以說，觀空即是證入無爲法之門。

3.空、如、法性、實際體一名異

就上述空之十義而言，作爲本體之空，其本質與如、法
性、實際，四者可謂體一名異。就空觀來說，諸多空觀中之
畢竟空，其行相即是觀破一切法無有遺餘，甚至此一空之概
念本身亦須捨棄，在一切皆空的情況下，《智論》說：「畢
竟空，即是如、法性、實際。」[73]亦即，無論是本體的空性，
抑或空觀，都可以與如、法性、實際劃上等號。對於四者之

---

69 色等法無住處，如：地住於水，水住於風，風住於空，空無所住；以本
　　無住處故，一切都無住。菩薩應如是住無住法中得阿耨多羅三藐三菩提。
　　《大智度論》卷第八十二，T25，n1509，p638b24-27。
70 涅槃城有三門，所謂空、無相、無作。《大智度論》卷第二十，T25，n1509，
　　p206a12-13。
71 復次，十八空，是名空三昧。《大智度論》卷第五，T25，n1509，p96c15。
72 空則是無相，若無相則是無作，如是為一，名字為別。《大智度論》卷
　　第三十七，T25，n1509，p335b11-12。
73 《大智度論》卷第七十四，T25，n1509，p578c4。

所以視爲同一本體，《智論》的解釋是：「**諸法性自爾。**」[74]
也就是一切法的體性本來就是這樣。因爲，所謂的如，譬如
水性，本來是冷相，以火加熱，成爲熱水，在火滅之後，又
還原爲冷水，如本不異，這就是如實常住，也是如的定義。
而空之爲本體，是因一切色法皆有空分，如無空分，一切色
法即無存在的空間。此外，一切法皆有涅槃性，正如一切眾
生即涅槃性一樣，此即名之爲法性。[75]至於得涅槃種種方便
法中皆有涅槃性，得證時，如、法性則是實際。由此可知，
空、如、法性、實際四者，差別只在於修證階段不同時的體
悟有異，也就是此處所謂的「階進證入觀」。推究其體性，
皆爲一空，則是毫無別異。

（二）如

「如」是真如之簡稱。如之定義，可以說是「如其本性」，
亦可說是「隨順本相」。[76]所以如來之如，可以解爲「**如法
相解；如法相說**」。[77]而其所以稱之爲如，重點則在於強調
平等的概念。也就是，豎窮三際，橫遍十方，一切諸法皆平
等平等。

龍樹菩薩在《釋摩訶衍論》中，對真如的定義，作如下

---

74 有關空、如、法性、實際四者體一名異之詮釋，引自《大智度論》卷第
　三十二，T25，n1509，p299a12-21。
75 諸佛知一切眾生畢竟寂滅，即涅槃相，不復更滅。《維摩詰經》卷上，
　T14，n475，p542b19。
76 隨順本相謂之如。《注維摩詰經》卷第四，T38，n1775，p363a10。
77 云何名「多陀阿伽陀」？如法相解；如法相說；如諸佛安隱道來，佛亦
　如是來，更不去後有中，是故名「多陀阿伽陀」。《大智度論》卷第二，
　T25，n1509，p71b16-19。

之詮釋。

> 頌曰：性真如理體，平等平等一，無有多相故，故名
> 為真如。
> 論曰：性真如理，平等平等，唯同一相。亦無一相，
> 亦無多相。無一相故，遠離同緣。無多相故，遠離異
> 緣。以此義故，名為真如。[78]

　　龍樹認為，真如的理體，是一切諸法平等平等，都是同
一個理體行相。但這個同緣一相的概念亦應捨棄，如此，一
切事法得以繁興。而一切事法之行相個個差異，必須捨棄異
緣的概念，認知一切事法本於同一理體，因此稱為真如。這
是以空間的概念來詮釋真如的涵義。

　　如果從時間的概念來看，諸法如本的真如，是指諸法未
生起時、生起時、生後異滅，都是同一如。誠如《智論》所
說：「諸法如者，如諸法未生時，生時亦如是，生已過去，
現在亦如是；諸法三世平等，是名為如。」[79]也就是，一切法
在過去、現在與未來，三世一如，平等平等，因此稱之為如。

　　除了從不同時、空的視域觀察如的體性之外，亦可由總、
別的角度分析真如的體性。就別相觀察，諸法如有各各相。
就總相觀察，諸法如則同一實相，也就是「空」。[80]其別相
與總相分別如下：

78　《釋摩訶衍論》卷第三，T32，n1668，p614c3-7。
79　《大智度論》卷第三十二，T25，n1509，p298b7-9。
80　《大智度論》卷第三十二，T25，n1509，p297b25-c5。

　　別相：諸法各自有相，例如，地是堅相，火是熱相，水是濕相，風是動相。不管是那一大洲的土地，一定是呈現堅硬的體相。任何地方所燃的火，一定是呈現灼熱的體相。因此，諸法各自有如相。

　　總相：如果從上述的諸法各各相中，窮究其底蘊，則不見其常存不變的實性。例如，地雖呈現堅硬的相狀，但將地碎爲微塵，再予以無限切割，終歸於空，如此一來，大地即無所謂的堅相，欲求其地相則不可得。在這種情況下，空則成爲地之實相。然後再推演至一切法之一切別相，結果完全相同，亦即所謂一切皆如，因此稱之爲諸法如。

　　綜合上述由時間、空間、總相、別相等觀點所分析的真如體相，可以視爲是一切萬物真實不變之本性，正如禪宗常說的：「青青翠竹盡是真如，鬱鬱黃花無非般若。」[81]諸法之別相雖各各有差別，然總相之理體則平等無異，此諸法之理體平等相同，即稱爲如。至於如與空、法性、實際之間，其體性亦無別異，其內涵分析如下：

1.如即是空

　　經由前述可知，空是一切諸法之本體，而如亦是一切萬

81　青青翠竹盡是真如，鬱鬱黃花無非般若。人有信否，意旨如何？師曰：
　　此盡是文殊、普賢大人境界，非諸凡小而能信受，皆與大乘了義經意合。
　　故《華嚴經》云：「佛身充滿於法界，普現一切眾生前。隨緣赴感靡不
　　周，而常處此菩提座。」翠竹不出法，豈非法身乎？又經云：「色無邊
　　故，般若亦無邊。黃花既不越色，豈非般若乎？」《祖庭事苑》卷第五，
　　X64，n1261，p387b18-23。

物真實不變之本性，兩者不一不異。在《智論》中，須菩提曾問佛陀，既然一切法空相，無所得，那麼菩薩如何依住薩婆若？佛陀的回答是：「如中住」。龍樹的解釋是，如即是空，菩薩依住於畢竟空中，即是住薩婆若。[82]因為梵文 sarvajña 音譯為薩婆若，意譯是一切種智，一切種智的體性即是畢竟空，真如的體性也是畢竟空，所以說住於如中，也可以視為住於薩婆若。由此可以說，如即是空。

2.如即是法性

正如上述，從別相而言，一切法雖有其各各不同之屬性，如地有堅性，水有濕性等，然此各別之屬性非為實有，一一皆以空為實體，故總相稱此實性為如；又如為諸法之本性，故名為法性，是故如即是法性。

3.如即是諸法實相

在〈安樂行品〉的菩薩行處經文中，有觀諸法如實相的說法。慧思將其中的「如」解釋為真如，他認為，五陰、十八界、十二因緣，皆具真如實性。真如實性無本末，無生滅。既無本末生滅，即無煩惱。既無煩惱，即無所謂解脫。[83]此

---

82 須菩提問佛：「一切法空相無所得，云何菩薩住薩婆若？」佛言：「如中住。」——「如」者，即是空；菩薩住是畢竟空中，名為「住薩婆若」。《大智度論》卷第七十九，T25，n1509，p615c10-12。

83 《法華經安樂行義》，T46，n1926，p702c1-2。

處對真如實性的詮釋內容形同諸法實相的定義，因此可以說，如即是諸法實相。

4.如即是諸法平等

龍樹在《釋摩訶衍論》中，解說真如理體爲平等平等，無一相，亦無異相。在《維摩詰經》中亦有相同說法：「一切眾生皆如也，一切法亦如也，眾聖賢亦如也，至於彌勒亦如也。」[84]亦即如爲一切法之本體，包括一切眾生、阿羅漢等眾賢聖、彌勒等大菩薩，皆一如無異，平等平等。所以僧肇說：「萬品雖殊，未有不如。如者，將齊是非，一愚智，以成無記無得義也。」[85]也就是說，一切萬物雖各有行相，但於如相則一，皆一如無異。是故所謂如，意思即是，是非平齊，愚智如一，因此成就非善、非惡的無記別，以及無所得的平等空義。所以說，如即是諸法平等。

（三）法　性

法性意指諸法之真實體性，也是一切法之本性。一切法雖各各有其不同之相狀，但究其根本，皆以空爲其本體，因此，空即爲一切法之法性。《智論》中，對於法性的定義，舉出四個譬喻，以勾勒法性的輪廓。[86]

所謂法性，「法」名爲涅槃，此處取涅槃之不可散壞與

84　《維摩詰經》卷上，T14，n475，p542b12-13。

85　《注維摩詰經》卷第四，T38，n1775，p362a5-7。

86　《大智度論》卷第三十二，T25，n1509，p298b19-c5。

不可戲論之義。因此，法性稱爲「本分種」，亦即萬法本有之因性。例如黃石中有金性，白石中有銀性。依此推演，一切世間法中，皆有涅槃性，皆有法性。

如水性皆往下流，最後會歸大海，合爲一味。諸法亦如是，一切總相、別相，皆歸法性，同爲一相，故稱爲法性。

又如傳說，將金剛置於山頂，堅硬的金剛會漸漸穿透地層，下至最底層一樣堅硬的金剛地際，到同爲金剛自性之處才停止。諸法亦如是，以智慧分別推求之後，證入如中，從如入自性，如本未生，滅諸戲論，是名爲法性。

又如小牛落單，驚慌哀鳴，直到尋得母牛才停止。諸法亦如是，種種別異，取捨不同，得到自性乃止。此種諸法之本性已經窮盡其底，無復過處，是名法性。

綜合上述四種法性之詮釋，可以看出，所謂法性，它具有萬法之本性、同爲一相、如本未生、無復過處等四種特性。

在《宗鏡錄》中，永明延壽對於法性有如下之詮釋：

> 法性者，法謂差別依正等法。性謂彼法所依體性，即法之性，故名為法性。又，性以不變為義，即此可軌，亦名為法。此則性即法，故名為法性。此二義並約不變釋也。又，即一切法各無性，故名為法性。即隨緣之性，法即性也。[87]

此處是依華嚴思想，從真如體性「隨緣」與「不變」的

87　《宗鏡錄》卷第七，T48，n2016，p453c25-29。

兩個觀點，闡釋法性之含義。

依不變義（亦稱隨緣不變），法性是指一切萬法所依之體性，這個體性即是真如，真如之體雖爲萬法所依，但本體不動不變。

依隨緣義（亦稱不變隨緣），真如本體雖凝然不動，但觸緣即生起萬法。因此，依不變義，則稱即法之性，名爲法性。

另，不變之真如體性即爲可以軌持之法，是故，性即是法，稱爲法性。

若依隨緣義，雖萬物繁興，各各有相，但一切法皆無自性，無自性即是畢竟空，畢竟空爲一切法之體性，故稱爲法性。這是隨緣之性，法即是性，名爲法性。

總而言之，真如體性隨緣不變，不變隨緣，即是法性。

（四）實　際

實際與法性兩者之意義密不可分，如《智論》所說：「**法性名爲實，入處名爲際。**」[88]根據此一定義，所謂實際是指入法性之處。又說：「**實際者：以法性爲實證，故爲際。如阿羅漢，名爲住於實際。**」[89]亦即，以法性爲實證之疆域，所以稱爲邊際。譬如阿羅漢取證有餘涅槃，即名爲住於實際。由此可知，實際之意義等同於涅槃。

就實際與涅槃之間的關係，《智論》的解釋是：「**涅槃種種名字說，或名爲離，或名爲妙，或名爲出；如是等則爲**

88　《大智度論》卷第三十二，T25，n1509，p298c6。
89　《大智度論》卷第三十二，T25，n1509，p297c12-14。

說實際。」[90]涅槃是梵文 nirvāna 的音譯，其中含有多種意義，所以翻爲漢文時，須以多種名字來形容。有時稱爲滅、或名爲離、妙、出，這些說法都是在說實際，所以可以將實際視爲涅槃之異名。

就涅槃的境界而言，涅槃是一種言語道斷、心行處滅的不生不滅境界，亦稱爲諸法實相。[91]因此，實際又可解釋爲「到實相彼岸」。[92]然而，實相彼岸即是涅槃，又如何說爲法性之邊際？僧肇認爲是：「無邊之邊，謂之實際，此真法之所住也。」道生則解釋爲：「無際之際，謂之實際。」[93]換句話說，法性以無邊爲邊，以無際爲際，即稱爲實際，也就是諸法實相。

綜上所述顯見，由於空、如、法性、實際體一名異，都是諸法實相的異名，故於無爲法的修證而言，其境界本質應無差異。[94]然而，處於各個不同階位之菩薩，其智慧有淺深之別，因此造成諸菩薩在修證方面，呈現證入層次不同的現象，必須修行昇進，超越菩薩地，證入佛地，才能消除，達到佛佛平等，通達最深奧諸法實相之最高層級。因此，在〈安樂行品〉之菩薩行處，佛陀開示，應「於法無所行，而觀諸

---

90 《大智度論》卷第三十二，T25，n1509，p298b4-6。
91 捨一切觀，滅一切言語，離諸心行，從本已來，不生不滅，如涅槃相；一切諸法相亦如是，是名諸法實相。《大智度論》卷第十八，T25，n1509，p190b16-18。
92 到實相彼岸謂之際。《注維摩詰經》卷第四，T38，n1775，p363a12。
93 《注維摩詰經》卷第二，T38，n1775，p347a6-9。
94 問曰：如、法性、實際，是三事爲一、爲異？若一，云何說三？若三，今應當分別說！答曰：是三皆是「諸法實相」異名。《大智度論》卷第三十二，T25，n1509，p297c14-16。

法如實相。」也就是，在依安樂第一法而觀空時，其修證層
次須深入至諸法實相之最高境界。

二、無為法之階進證入觀

《金剛經》說，信心清淨則生實相。《法華經》之安樂
第一法，則是以觀諸法如實相爲菩薩修證之極致，因而成爲
菩薩修證之目標。但此觀境之名稱眾多，可以說是空，也是
如、法性、實際、涅槃、諸法實相，菩薩如何分辨，如何修
證？事實上，空、如、法性、實際等雖係體一名異，但以出
世間慧有深淺不同，[95]加上菩薩各各用觀有深淺，觀法有別，
因此所證入諸法實相之深度亦有差別。[96]其中修證之層次，
有明顯別異，本文稱之爲「無爲法之階進證入觀」。

（一）無為法之證入步驟

菩薩以空觀，或以十八空等諸法門觀空，而得以證入真
如、法性、實際等諸法實相，其漸進深入之階差，猶如現代
所謂的光譜，雖是同一道日光，經過折射可以看出，係由紅、
橙、黃、綠、藍、靛、紫等色帶組成，由淺色至深色。無爲
法之證入也是類此，由初見真如，再進階至法性，最後窮究
其底，而至實際。所以羅什說：「**始見其實，謂之如；轉深，**

---

95 出世間慧亦有深淺，無常則空，言初相，故先說無常，無常是出世間淺
　慧也。《注維摩詰經》卷第五，T38n1775_p0379b11-18。
96 諸法實相，得有深淺。是故菩薩深入實相故，一念中福德無量無邊。《大
　智度論》卷第七十四，T25，n1509，p582a5-7。

謂之性；盡其邊，謂之實際。」[97]此係因菩薩之修證程度有異，因此觀時有深淺之別，所以區分爲三種，其實是同一實相，稱爲諸法實相。

僧肇就羅什之說法加以闡釋：[98]

始見法實：菩薩初證實相時，猶如見到遠處的一棵樹，菩薩知道那一定是一棵樹，在這個階段，名之爲如。

見法轉深：菩薩繼續努力修行，猶如逐漸走近那棵樹，可以更清楚的看見那棵樹是什麼樹種，是檜木或是扁柏，這個階段，名爲法性。

窮盡法實：當菩薩修行至甚深境界，猶如走到那棵樹下，可以明見該樹全貌，看清是何樹種，它的樹根、莖、枝、葉之類的細部，一目了然，這個階段，名爲實際。

這三個譬喻，都是以同一棵樹爲對象，同樣是看見那棵樹，但觀察的遠近與深淺程度有異，所以產生不同的結果。諸法實相也是類此，如、法性、實際三者體一名異，原本都是同一實相，只因觀空境界有深淺的差別，而有三種不同的階進出現。而羅什與僧肇的文意顯然是，菩薩修行證入的階次，首先是見到真如，其後隨著程度的提升而證入法性，最後才達到無際之際的實際。

（二）一切賢聖皆以無爲法而有差別

在《金剛經》中的一句經文：「一切賢聖皆以無爲法而有差別。」其漢譯自羅什以來，計有六種版本，皆不盡相同，

97　《注維摩詰經》卷第二，T38，n1775，p346c27-28。
98　《注維摩詰經》卷第二，T38，n1775，p346c7-14。

各家之注釋更是大異其趣，其中，三論宗吉藏以三鳥出網、三獸度河爲譬的注解，最能契合羅什的說法。其意義已於前文有所注解。

同樣在羅什所譯的《坐禪三昧經》中，也有無爲法證入階進觀的說法。但該經並非採取《金剛經》的法說方式呈現，而是以譬說的形式，展現三乘修證淺深程度的差異。《坐禪三昧經》說：

> 於諸法中，智慧淺入名阿羅漢，中入名辟支佛，深入名佛。如遙見樹，不能分別枝；小近能分別枝，不能分別華、葉；到樹下盡能分別知樹、枝、葉、華、實。聲聞能知一切諸行無常，一切諸法無主，唯涅槃善安隱。聲聞能如是觀，不能分別深入、深知。辟支佛少能分別，亦不能深入、深知。佛知諸法分別究暢，深入、深知也。[99]

《坐禪三昧經》對於三乘智慧差異的譬說，是以樹喻無爲法，並分爲三段解析。第一階段是遠見一棵樹，但不知是何種樹，也看不清楚它的樹枝。第二階段是稍微接近時，知道它是一棵什麼樹，也看清楚樹枝，但仍不能分別它的花、葉長相。第三階段是走近至樹下，則不但樹種、樹枝清晰可見，甚至花、葉、果實的形狀亦一目了然。此一譬喻中的第一階段是指聲聞的智慧淺近，只能觀修諸行無常，諸法無我，

---

99 《坐禪三昧經》卷下，T15，n614，p281a7-14。

涅槃寂靜的三法印，不能深入、深知。第二階段譬喻緣覺稍能分別，但還是不能深入。第三階段則譬喻，只有諸佛分別窮暢其理，深入、深知。

就此一譬說的內容來看，經文並無將三階段譬喻爲如、法性、實際等三種無爲法的說法。但羅什與僧肇在前述的《注維摩詰經》中，則引此經的此一譬說，並加以詮釋爲三階段是指：淺入見如、中入見法性、深入見實際。因此綜合兩處經論的說法則是：聲聞淺入見如、辟支佛中入見法性、諸佛深入見實際。由此亦可看出，羅什師資相當強調無爲法的階進證入觀。

（三）唯佛與佛乃能究盡諸法實相

在《法華經・方便品》之中，有「唯佛與佛乃能究盡諸法實相」的經文。意指，只有佛與諸佛說法時，諸佛才能通徹悟解諸法實相。聲聞或菩薩即使在場聽法，亦聽而不聞，不能證入，此係因三乘的修證淺深不同，境界有異所致。至於其中所指的諸佛境界，究係如何？吉藏對此有所解析，他認爲：

> 明諸法不出差別、無差別二境。諸佛之智亦不出差別、無差別二智。知無差別名一切智，則如來智。照於差別名一切種智，則是佛智。」[100]

100　《法華義疏》卷第三，T34，n1721，p488c16-18。

此處所謂差別、無差別二境，即相當於俗諦與真諦。知曉無差別的真諦如境，名爲一切智，是爲如來智。對於諸法差別的俗諦有境，照明了了，是爲一切種智，稱之爲佛智。無論是一切智或一切種智，兩者皆屬諸佛境界。對此佛境，吉藏有更進一步的解說：

> 今言差別無差別者，差別宛然而無差別，故云不壞假名而說實相。雖無差別而宛然差別，故云不動真際建立諸法。如此了悟唯是佛能故歎佛智也。[101]

此處的差別是指俗諦的有，無差別是指真諦的空。所謂差別無差別，意指，即使萬法森然，宛然而有，本質仍然是畢竟空，所以說是，不棄捨假名而能說諸法實相，也就是，無名相法以名相說。至於無差別差別，意指，雖然一切法畢竟空，如如不動，但能流出萬法，使萬物得以繁興，宛然而有，所以說是，不乖離真如而能建立一切法。吉藏認爲，只有諸佛能夠了悟此種境界。亦即，在無爲法的修證階進之中，存在只有諸佛能夠證入的諸法實相層次，這是不共二乘與菩薩的深奧體悟。

關於上述唯佛與佛的境界，天台智顗是以陰曆十四日與十五日月光的差異作譬喻，他認爲：

> 唯佛與佛乃能究盡者，初、中分獲，未盡其源，如十

101　《法華義疏》卷第三，T34，n1721，p488c22-25。

四日月，光用未普。獨佛與佛究竟邊底，如十五日之
月，體無不圓，光無不遍。如此豎深修道得故，故不
可說。[102]

智顗的看法是，二乘與菩薩只部分證得實相，並未窮盡
其源，就像是陰曆十四日夜晚的月亮，光度尚未周遍圓滿。
諸佛之修證，則如十五日夜晚的月亮，體相圓滿，光照周遍。
這是諸佛豎窮三際，橫遍十方，深入諸法實相的修證所得，
非二乘與菩薩境界，所以不可以心思口議。由此可知，智顗
亦認爲無爲法的修證有階進之分，三乘的證悟境界各各不同。

第四節　無爲法與一合相

前文引用佛陀所說，觀空即是如實觀諸法，但「觀空」
兩字係屬概括性的旨意，其中義涵深廣，並非一般修行者可
以精確理解，所以《金剛經》中，佛陀與須菩提的往返問答，
從有爲法相開始，逐層深入到無爲法，並明示不作斷滅相，
最後以偈頌詮解，一切有爲法如夢幻泡影，意指觀一切有爲
法空，於是得以證入無爲法的畢竟空。[103]其中雙方的反覆論

102　《妙法蓮華經文句》卷第三下，T34，n1718，p42a22-25。
103　蓋佛法實非一空所了，故全經皆從有法說到無法相，末後又明白說出，
　　不作斷滅相。所以取喻六事，六事皆自有入無，佛法亦自有爲而入無爲。
　　故曰：一切有爲法。若經中所謂降心、無住、信心、奉持、第一希有、
　　忍辱、布施、應無住而生其心、成於忍、修一切善法、不作斷滅相、持
　　於此經、爲人演說，皆所謂有爲法也，而皆底于無法相，故曰應作如是
　　觀。此即所謂無餘涅槃，乃真空也。《金剛經郢說》，X25，n488，
　　p285c20-286a3。

說，皆是從淺層的有爲法，逐步深入，指向精細的無爲法修證。至於有爲法與無爲法之間的差別，以及《金剛經》所說的「一合相」究竟所指爲何，是有爲法，抑或是無爲法？凡此皆爲本節所欲嘗試釐清的關鍵性問題。

一、有爲法與無爲法

《金剛經》末偈提到一切有爲法。所謂有爲法，是指有作爲、有造作之一切因緣所生法。《智論》指出，「有爲法」有種種名，所謂作法、有爲、數法、相法等。[104]如作別相詮釋，作法是指依身、口、意等三業有所造作之法；有爲是指因緣和合所生之一切法，故常稱爲一切有爲法；數法是指由一起算至無量阿僧祇之計數法，因此可數之法即屬有爲法；相法是有相法的簡稱，係指事物之相狀，外表可見之形相。[105]上述四類別相之法，都名爲有爲法。

根據《智論》所下的定義，與有爲法相對待的是無爲法。因爲有有爲法，才談得上無爲法。無爲法是無所造作之非因緣生法，依其體性，可以分爲兩種。[106]

---

104 「有爲法」有種種名，所謂作法、有爲、數法、相法，若有若無。以「有爲」故，可說「無爲」，有爲相尚不可得，何況無爲！《大智度論》卷第八十，T25，n1509，p625b6-8。

105 相謂相狀，一切諸法，各有相狀，故名爲相。《大乘義章》卷第一，T44，n1851，p487c3。

106 無爲有二種：一者、無相、寂滅、無戲論，如涅槃；二者、相待「無」，因「有」而生。如廟堂上無馬，能生無心；此無心是生諸煩惱因緣，云何是無爲法？是菩薩不見此有、無等法，但見諸法如、法性、實際。《大智度論》卷第八十，T25，n1509，p625b10-14。

　　第一種無爲法，具有無相、寂滅、無戲論等體性，例如涅槃。所謂無相是相對於有爲法的有相，無爲法沒有相狀，不能以色法而明見。寂滅則相對於有爲法的喧動生滅，其體性凝然不動，不生不滅。無戲論是指不能以語言之虛構完全表達其全貌。在佛教經論中，所謂的戲論，通常係指沒有意義的言論，但此處爲了能夠完整的描述無爲法之體性，將戲論兩字定義爲「語言之虛構」，似乎更爲妥善。[107]而一切法中的最勝法 —— 涅槃，即是最具代表性的無爲法。根據《雜阿含經》的教說，貪、瞋、癡及一切煩惱永盡，即是無爲法。[108]而三毒與煩惱永遠斷除的狀態，即是涅槃，所以涅槃與無爲法可謂是同義異名。

　　第二種無爲法是，因「有」而生的相待「無」，例如因廟堂上無馬而衍生的無心。廟堂上無馬，但有比丘眾。[109]此處揀擇不見有馬，故說是無。若問廟堂有無比丘眾，則真實是有。這種相對於有的無，是爲相待無。

　　有爲法與無爲法，兩者之間的種種關聯分別爲：

---

107 「語言的虛構」的梵語原文，是 prapañca，即漢譯的「戲論」。prapañca 的原意是多樣性、複數性，亦有思惟、語言的複雜發展之意。戲論這一漢譯，亦有「依思惟、語言而來的多樣的虛構」之意。梶山雄一著，吳汝鈞譯，《龍樹與中後期中觀學》，台北：文津，2000，頁 47。

108 云何無爲法？謂欲貪永盡，瞋恚、愚癡永盡，一切煩惱永盡，是無爲法。《雜阿含經》卷第三十一，T2，n99，p224b2-3。

109 我從爾時至於今，多行空也。阿難！如此鹿子母堂，空無象、馬、牛、羊、財物、穀米、奴婢，然有不空，唯此比丘眾。是爲，阿難！若此中無者，以此故我見是空，若此有餘者，我見真實有。阿難！是謂行真實、空、不顛倒也。《中阿含經》卷第四十九，T1，n26，p737a7-12。

1.有爲法與無爲法皆空

有爲法係衆緣所生法，無實自性，只有虛妄表相，體性即空。無爲法無相、無生、無作，體性本空。由此可知，如說有爲法空，則無爲法亦空，二者本是一體之兩面，體性沒有差異。

2.一切賢聖不以修行有爲法而得道果

有爲法係因緣生法，無實自性，依有爲的緣相而修行，不能證入無爲法，所以《金剛經》中，佛陀說偈：「**若以色見我，以音聲求我，是人行邪道，不能見如來。**」賢聖是以觀有爲法空，心能不繫著於有爲法，知有爲法實相即是無爲法，而證入非因緣生法之無爲法，進而證得菩提果。

3.離有爲則無無爲

有爲法實相即是無爲，無爲相者則非有爲。有爲相的特性，是指具有生、住、異、滅四相，或合住、異二相爲一住相，略稱生、住、滅三相，因爲在生、滅之間的相似相續狀態稱之爲住，而住位的相續轉變稱爲異，所以異位是住位的衰損狀態，因此可以視同住位；無爲相的特性與有爲相相反，是指不生、不住、不異、不滅四相，或略稱不生、不住、不滅三相。解了此有爲相與無爲相之區別，是爲進入大乘佛法

之初門。[110]而窮究兩者之關係，不是說離開有爲法，可以有一個叫無爲法的東西存在。兩者相因相待，非一非異。

4.無為但有名字

前述無爲法無相，體性本空，因此沒有定相可得，只有依有爲法的假名而勉強說無爲法，讓衆生有所理解。[111]是故，無爲法的涅槃亦無定相，如說有定相可取，即是戲論。

二、有為法與因緣法

佛教的三法印中的第一法印說「諸行無常」，所謂行是指有爲生滅遷流之法，所以諸行即是指一切有爲法。而一切有爲法之所以無常，因其係屬衆因緣生法，衆緣和合則生起，衆緣散壞則滅去，沒有永遠存在的獨有實體，也就是沒有自性。因此，衆緣所生這一因素，是構成有爲法的主要成分。

《智論》分析，一切有爲法皆呈無常相之原因，包括：生滅不住；先無今有、已有還無；屬諸因緣；虛誑不真；無常因緣生；衆合因緣起等六項。[112]但前五項因素中，生滅不住即是行因，係緣起所致。先無今有、已有還無，即是緣生、

---

110 《大智度論》卷第三十一，T25，n1509，p289a17-20。
111 《大智度論》卷第八十三，T25，n1509，p643c20。
112 如說一切有爲法，皆是無常相。所以者何？生滅不住故；先無今有、已有還無故；屬諸因緣故；虛誑不真故；無常因緣生故；衆合因緣起故。如是等因緣故，一切有爲法是無常相。《大智度論》卷第三十一，T25，n1509，p293b13-17。

緣滅的行相。屬諸因緣、虛誑不真、無常因緣生等三項，都是緣起法的相用。是故，前五項因素，其實可以總攝於眾合因緣起這一項，而眾合因緣起在佛法思想中的重要性，也因此凸顯出來。

（一）緣起在佛法中的地位

緣起理論不但是原始佛教的核心，也是二千五百年來佛教哲學發展的基石。它的基本觀念是，一切諸法都是仗因托緣而起。也就是說，宇宙間的萬事萬物都是由各種不同的關係與條件組合而成，在各種關係與條件不存在時，事物即告散壞。從這個觀念進路再拓展出因果、業、輪迴等思想的深層詮釋，然後逐步建構成龐大的佛教哲學體系。

佛陀在世時，有婆羅門提問：「沙門瞿曇，何論何說？」佛陀回答：「我論因說因。」並且就其意義加以說明：「**有因有緣集世間，有因有緣世間集。有因有緣滅世間，有因有緣世間滅。**」同時舉對色法的愛、取、有，緣生有情的生、老死憂悲惱苦，來作集世間的十二緣起流轉律的闡釋。此外，亦舉出如實知色愛滅則取、有、生、老死滅的十二支還滅律，來解釋滅世間的意義。[113]由此可知，佛陀在世說法四十九年，弘傳正法的理論骨幹，就是在於「論因說因」，也就是，論述緣起說，開示緣起說。

在《雜阿含經》卷十二亦有佛陀舉十二支的流轉與還滅以說明緣起法，經中在逆推十二支時，只推到識爲止，稱爲

---

113 《雜阿含經》卷第二，T2，n99，p12c21-13a12。

「齊識而還，不能過彼。」這段話留給後人一些質疑，認為十二支可能在佛陀時代尚未發展完成。值得注意的是，經中進一步標舉佛陀自述：「今我如是，得古仙人道、古仙人逕、古仙人跡，古仙人去處，我得隨去，謂八聖道。」[114]明確指出，八聖道（即八正道：正見、正志、正語、正業、正命、正方便、正念、正定）為超脫十二支輪迴，到達涅槃彼岸，自知自覺，成等正覺的正道，能增廣梵行，多所饒益。

　　有關緣起法的意義，佛陀在《大緣方便經》中有更深入的解釋。經中的記載是這樣的：

> 十二因緣法之光明，甚深難解。阿難！此十二因緣難見難知。…我今語汝，老死有緣。若有問言，何等是老死緣？應答彼言，生是老死緣。若復問言，誰是生緣？應答彼言，有是生緣。…若復問言，誰為行緣？應答彼言，癡是行緣。[115]

　　這段經文除了強調十二支緣起法理論的深奧，其真義不易理解之外，已經不再如上述的「齊識而還」，而是推進至行與癡（無明），十二支的緣起理論粲然大備。尤其值得重視的是，佛陀要求諸比丘，必須遵照緣起法的原則與規定來應對、修學、弘法與度化眾生。他告訴阿難：

> 齊是為語，齊是為應，齊是為限，齊此為演說，齊是

114　《雜阿含經》卷第十二，T2，n99，p80c17-19。
115　《長阿含經》卷第十，T1，n1，p60b9-25。

為智觀，齊是為眾生。阿難！諸比丘此法中，如實正
觀，無漏心解脫。阿難！此比丘當名為慧解脫。[116]

佛陀指出如實正觀緣起法，能讓比丘證悟，得到心解脫
與慧解脫。到這裡，佛陀已經明白設定十二支緣起法是如實
正觀、如實知見的主要內容，而實踐的方法則是遵行八正道。

更具體明確的緣起定義出現在《緣起經》，佛陀在經中
指出：

云何名緣起初？謂依此有故彼有，此生故彼生，所謂
無明緣行，行緣識，識緣名色，名色緣六處，六處緣
觸，觸緣受，受緣愛，愛緣取，取緣有，有緣生，生
緣老死，起愁歎苦憂惱，是名為純大苦蘊集，如是名
為緣起初義。

佛陀除了宣說十二支緣起的基礎定義外，更細說「緣起
差別」，也就是詳述十二支中每一支的涵義，其中關於無明
的概念範疇設定爲，不知過去、未來，不知五蘊內、外，不
知業、果報，不知三寶，不知四諦、不知因、果，不知已生
諸法，不知善、惡，不知應、不應修習，不知下劣、上妙，
不知黑、白，不知同、異，不知緣生或六觸。然後，佛陀下
結論：「如是於彼彼處如實無知、無見、無現觀、愚癡、無
明、黑闇，是謂無明。」[117]，也就是說，對上述各種情況真

116 《長阿含經》卷第十，T1，n1，p61b23-26。
117 《緣起經》，T2，n124，p547b17-c4。

正的無知，對緣起法不能如理思惟，稱爲無明。相反的，對上述情況清楚明瞭，能如實正觀緣起法的道理，那就可以證得心解脫、慧解脫，出離生死海，抵達涅槃岸。

公元前一、二世紀，大乘佛教崛起，緣起論獲得進一步的開展。龍樹所造《十二門論》中，在揭櫫「眾緣所生法是即無自性」的偈頌之後，接著說明眾緣所生法有兩種：一者內，二者外。眾緣亦有兩種：一者內，二者外。

內因緣的定義，就是指十二因緣：「**內因緣者，所謂無明、行、識、名色、六入、觸、受、愛、取、有、生、老死，各各先因而後生。**」論主並引述自己著作的《空七十論》中的一頌：「**緣法實無生，若謂爲有生，爲在一心中，爲在多心中？**」強調十二因緣法實自無生。也就是說，十二因緣諸法，若先執爲有者，則無論是在一刹那心生起，或在多刹那心生起，這兩種情況都是不可能的，並進而推論一切有爲法都是空的。既然一切事物都是空的，更何況「我」？

所謂的外因緣係指瓶生、疊生、舍生、酥生、芽生等。換句話說，外因緣是指器世間的生滅循環，而這種循環爲成、住、壞、空的四劫所支配。由於器世間的眾物，皆外在於五陰和合的個體，故稱爲外在因緣與果法。

緣起理論發展至龍樹所處的公元二、三世紀，已由原始佛教時期的專指十二因緣的內六入緣起，擴大至外六入的器世間生滅緣起，進而構成涵括十二入，一切有爲法皆因緣生，完整的緣起法。

佛陀獨創的緣起理論，從原始佛教的「無明緣起」（亦稱十二支緣起、業感緣起、業果緣起、分別愛非愛緣起），

演進到中期大乘佛教中觀宗的「受用緣起」（中道緣起或八不緣起）以及唯識宗的「阿賴耶緣起」（分別自性緣起），後期大乘佛教的「如來藏緣起」（真如緣起），甚至弘傳到中國後衍生出的天台宗的「一念三千」緣起說與華嚴宗的「無盡緣起」（法界緣起），其流變的過程與內容的擴張，可謂一脈相傳，理路分明，其中最顯著的特色則是，無論是那一代的新理論，每一種都可以溯源至「無明緣起」理論，每一種都具有佛教獨有而不共外道的強烈的緣起性格。

（二）無因與少因皆不能生果

《智論》說：「一切法皆從因緣和合生，無有『無因緣』、若『少因緣』而起者。」[118]主要是根據《中論》的一個偈頌：「諸法不自生，亦不從他生；不共不無因，是故知無生。」而來。

第一句的諸法不自生，是指一切萬物不可能自己生自己。

第二句的亦不從他生，是指萬物不可能從他一物而生，因爲自與他是相對待的概念，有自才有他，所以兩者都是指一因所生，而一因生這種事是不可能的。由此可知，佛教不能同意有第一因的一神論的存在。

第三句的不共不無因，其中的不共，是指任何一物皆不可同時是自生，又是他生，如此即犯了自生與他生兩種過錯。至於不無因，是指萬物不可能沒有任何因緣而莫名的出現，

---

118 「諸法性不可得」者，一切法皆從因緣和合生，無有「無因緣」、若「少因緣」而起者；若從因緣生，則無自性。《大智度論》卷第一百，T25，n1509，p753a5-7。

因為如此即違反無因即無果的因果法則。

第四句的是故知無生，是指前述四種生法，都是屬於有自性的生，而四種生法都不能成立。[119]因此可以了解，有自性的生法是不可能的。

綜上所述，《智論》即下了一個結論，一切法皆從因緣和合生。因為上述的無因生即是無因緣而生，自生、他生、共生，皆屬少因緣而生起，無因與少因都不能成立，因此一切法只能從因緣和合而生起。

（三）三個因緣以上才能生果

雖然已經證明一切法只能從因緣和合而生起，無因與少因不能生果，那麼究竟至少須要多少個因，才能生起一個果？吉藏的答案是，至少必須有三個以上的因，才能生起一個果。他列舉的理由是，所謂的眾因緣而生，眾因是指一切法都有三種因：一、正因，謂穀子。二、緣因，謂水土。三、生相因。[120]吉藏舉五穀的生長為例，其中的正因是指穀種，必須有種子才能再生五穀。其次，必須有緣因，此處是指須有眾多的助緣，例如水、土、空氣、陽光等。第三是生相因，也就是種子必須是活的，有生機的，如此才具備生相，否則焦種即使具備正因與緣因，還是不能生起。

---

119 四生不能生，故稱無生。力負不能滅，故稱無滅。《中觀論疏》卷第八，T42，n1824，p126b28。

120 問：何故言必待眾因耶？答：外人但謂從己體一因生，今奪之。萬化藉於眾因，豈獨從自己一因生耶？所言眾因者，一切諸法有三種因：一正因，謂穀子。二緣因，謂水土。三者生相因。既必待三因方乃得生者，豈從自體生耶？《中觀論疏》卷第三，T42，n1824，p42a16-21

緣起法的成立，必須至少有三個以上的因緣，已可確定。但多至何種數量，是否有上限？八十《華嚴經》說：「佛子！譬如三千大千世界，非以一緣，非以一事，而得成就，以無量緣、無量事，方乃得成。」[121]意即如果以三千大千世界爲譬喻，可知並非只憑一個因緣，或單一事物，就能構成一個三千大千世界。而是必須憑藉無量數的因緣、無量數的事物，和合之後才能成就。此處不但點出一因不能生果，而且明說一因搏合之相，亦不能生起三千大千世界，必須具有眾緣和合之相，才能成就三千大千世界。

三、無爲法與一合相

關於無爲法的體性與定義，本章前文已有討論。但在探索無爲法與一合相之間的關係之前，仍須就一合相之內涵有所了解。《金剛經》中，提到「一合相」之名詞，總共有三句，分別是：

> 若世界實有者，則是一合相。
> 如來說一合相，則非一合相，是名一合相。
> 一合相者，即是不可說。但凡夫之人貪著其事。

從什譯本問世迄今，一千六百年來，對於經中所說的一合相的定義，可謂眾說紛紜，即令六種譯本本身，其譯名與

121　《大方廣佛華嚴經》卷第五十，T10，n279，p263b3-5。

譯義,亦出入頗大。其中,流支採用什譯的「一合相」;真
諦譯爲「聚一執」;達摩岌多亦譯爲「一合相」;玄奘譯爲
「一合執」;義淨譯爲「聚執」。在達摩岌多所譯的無著《般
若論》中,另有解釋一合相即是「摶取」,即摶取微塵而爲
世界之意。至於眾多疏家對於一合相之詮釋,意義之差異更
大,以下擇要列舉數則:

1.一性合而不可分

羅什的高徒僧肇認爲,所謂的一合相,應解釋爲「一性
合而不可分」。[122]此處的一性,係指實性。諸法實性皆入第
一義,即是平等一相,所謂無相。[123]六祖慧能亦持一合相是
諸法實相的看法,但一合相不可得,只能以假名而說實相。[124]
因此,從真諦層面看,一合相應是指一性合而不可再分的諸
法實性,亦即「諸法實相」。

2.眾緣和合

吉藏認爲,一合相即是合微塵爲世界之謂。[125]另澄觀則

---

122 何故非世界名世界耶?若是實有,應一性合而不可分也。《金剛般若波
　　羅蜜經注》,X24,n454,p404c8-9。
123 一切實者,推求諸法實性,皆入第一義,平等一相,所謂無相。如諸流
　　異色、異味,入於大海,則一色一味。《中論》卷第三,T30,n1564,
　　p25a18-20。
124 心無所得,是名一合相。一合相者,不壞假名而談實相。《金剛經註》,
　　X24,n461,p563b7-8。
125 一合相者,合眾塵成世界。《金剛般若經義疏》卷第四,T33,n1699,
　　p123b2。

直指，一合相即是指眾緣和合。[126]既然屬於眾緣和合，則一合相即是可以分割之相，如此則與僧肇之詮釋大相逕庭。不過，如果從真諦層面看，緣生無性，無性之性即是諸法實相，如此亦可會通兩者之疏釋。

3.俗諦相

功德施認爲，一合相是俗諦相，非真實有。[127]子璿主張，一合相非是實有之一合，是空無之一合。[128]此即視一合相爲空相，意義與第二則的眾緣和合相近。

4.虛空真性

王日休指，一合相即是真性，亦即真如。唯有真性遍虛空，無形相，不可分割。[129]石成金則認爲，一合相是如虛空之常住真實之性。[130]如果從經中提及一合相的三段經文，其

---

126 一合相者，眾緣和合故，攬眾微以成於色，合五陰等以成於人，名一合相。《華嚴經大疏演義鈔》，T36，n1736，p284c10-12。

127 一合者，是俗諦相，非真實有。何以故？第一義一切法本性無生，無生故不可得。不可得故，離於言說。《金剛般若波羅蜜經破取著不壞假名論》卷下，T25，n1515，p896a28-b2。

128 佛說一合者，非實有之一合，是空無之一合。《金剛經纂要刊定記》卷第七，T33，n1702，p224a17-18。

129 一合相，謂真性也。真性遍虛空世界，又無形相，故一而不可分之以為二，合而不可析之以為離。非有相也，強名曰相耳！《金剛經註解》卷之四，X24，n468，p814a14-16。

130 若以世界為實有者，必是本來真性，自無始以來，常住不滅。以此真實之性，在於世界中打成一片。有而不滯於迹，無而不淪於虛。即是一合

上下脈絡來看，似乎以此一詮釋較爲合理。事實上，此解亦與第一則僧肇的注疏相應。

5.佛性法身

宗鏡稱，一合相是界塵法應圓融無礙之理。[131]也就是法身非一非異、非有非無之真理。此解係採真空妙有的角度作觀察。

如果根據僧肇與王日休的疏釋，一合相的定義是一性合而不可分，因爲不可再分拆，因此即屬無爲法，而非屬於數法或相法等可數可分割的有爲法。此種具有不可再分特性的無爲法，就稱爲真性。此外亦可以真如、法性、實際、諸法實相等同義異名稱呼。

一合相之所以稱爲一合相，可能與相對待的「眾合相」有關。前文已述及《智論》的主張，一切法皆從因緣生，沒有因爲無因緣而生，也沒有因爲「少因緣」而生。無因緣不可能生，此一觀念容易理解，但少因緣是指多少個因緣，則含意比較隱晦。如果比較《金剛經》的其他譯本，經中的「我於阿耨多羅三藐三菩提乃至無有少法可得」，流支翻譯的天親《金剛般若論》中即作爲「如來不得一法名阿耨多羅三藐

相。然如來所說一合相者，原以真性等於虛空，豈假言說所能形容哉？即非一合相，乃強名一合相矣！…是一合相之道，空而不空，妙不容言，即是不可以言說求也。《金剛經石註》，X25，n497，p605b8-17。

131 若世界實有者則是一合相，此以一合相理，返顯世界非是實有，則知一合相理，乃是界塵法應圓融無礙之理。明矣！故偈云世界作微塵，此喻是彼義也。《銷釋金剛科儀會要註解》卷第八，X24，n467，p739b22-23。

三菩提」，由此可知少法應爲「少至一法」之謂。

其次，再與眾合相比較，在梵文文法中有三種數，分別爲單數、複數與眾數。單數是指單一數量之詞彙，複數是特指兩個數量，眾數是泛指三個，或三個以上數量。依據此一數量的概念推敲，則前述之「眾合因緣起」與「眾因緣生法」，其中的「眾」字，應係指三個或三個以上之數量。換句話說，就緣起法的性格而言，一切諸法都必須具備三個，或三個以上的因緣，才能生起。反之，沒有因緣（無因生）、單一因緣（自生或他生）或兩個因緣（共生），都不能生起。依循此一理路，一合相可以解釋爲：「單一因緣所構成而不可分割之相。」因此僧肇將其定義爲一性合而不可分。

由於一合相即是真如，而真如的體性，本來是言語道斷、心行處滅的不可思議實相，只能證知，無法以語言文字完整表達其真實意義。所以佛陀說：「**一合相者，即是不可說。**」[132]既然一合相是不可說，則其屬性是無爲法，非屬因緣造作之有爲法，因此可以說，一合相即是無爲法。在這種推論之下，此段有關一合相之經文，也可以與前文的「**一切賢聖皆以無為法而有差別**」相呼應。

綜合以上論述，對於上述有關一合相的經義，轉譯如下：

132不可說一詞在《大品經》中，均指以第一義畢竟空，故不可說。例如：佛言：「如是，如是！須菩提！一切法不可說。一切法不可說相即是空，是空不可說。」《摩訶般若波羅蜜經》卷第十七，T8，n223，p345c11-13。龍樹對此句的詮釋是，一切法空所以不可說，不可說的意思即是不增不減。而不增不減即指真如、法性等實相。例如：佛可其言而說因緣：「一切法終歸於空，歸於空故不可說，不可說義即是無增無減。」《大智度論》卷第七十四，T25，n1509，p584b14-15。

如果世界是實有的自體，那麼即是一性和合而不可分割的真如實相。

如來所說的世界一合之相，就真諦層次來說，並非屬於實有之一合，而是空無之一合，所以說則非一合相。從俗諦層次說，爲了引導眾生，讓眾生了解，勉強假名施設，說爲一合相。

此一合相，即是可證而不可說之真如無爲理相，但凡夫人不了解，貪著其事相，而虛誑妄取。

第五節　般若觀門 —— 如實觀一切法

大乘的般若觀門甚多，但可略分爲兩種：一、得解觀。二、實觀。由得解觀可以進入實觀，再透過實觀而得以進入空、無相、無作等三個涅槃門。[133]若依《中論》的說法，主要有三門，包括：空觀、假觀與中道觀。另天台智顗就《中論》的三門說法，演繹爲三種觀，他認爲修觀時，觀法有三種，分別是：慧行觀、得解觀與實觀。其中的得解觀，即是假想觀。實觀是如事而觀，則相當於中道觀。[134]《金剛經》作爲般若經中最普及的一部經典來說，它當然也是以這三個觀門來觀察一切法。惟考察各種觀門產生的根源，仍可追溯

---

133 復次，有二種觀：一者、得解觀，二者、實觀。實觀者，是三十七品。以實觀難得故，次第說得解觀。得解觀中心柔軟，易得實觀，用實觀得入三涅槃門。《大智度論》卷第二十，T25，n1509，p206a24-28。

134 觀有三種：一者、慧行觀，觀真之慧。二者、得解觀，即假想觀。三者、實觀，如事而觀也。《釋禪波羅蜜次第法門》卷第七，T46，n1916，p524c18-19。

到最早的原始佛教經典《雜阿含經》。

一、如實正觀

　　《雜阿含經》的第一卷開卷之初，即不斷強調「如實正觀」，例如，第一經即指出，觀色無常即爲正觀。[135]分析卷初各經說法的重點分別爲，第一經：正觀。第二經：如實知。第九經：真實觀。第十經：真實觀。第十二經：真實觀。第十三經：如實知。第十四經：如實見、如實知。經首的十四經，其中的七經皆強調應如實觀五蘊無常、苦、無我、無我所，並於各經之中宣示：如是觀者，名真實觀。[136]而無常、苦、無我即是人空，無我所即是法空。五蘊、十二入、十八界等三科則涵括一切有爲法，因此，可以明確看出，《雜阿含經》卷第一的前十四經，所要表達的意義，無非是觀一切有爲法無常、苦、空，簡而言之，是觀一切有爲法皆空。甚至卷第三的八十四經，亦指出，如實知五蘊是無常、苦、無我，即爲正觀。[137]總之，如此據實觀察一切有爲法無常、苦、

---

135 爾時，世尊告諸比丘：「當觀色無常。如是觀者，則爲正觀。正觀者，則生厭離；厭離者，喜貪盡；喜貪盡者，說心解脫。「如是觀受、想、行、識無常。如是觀者，則爲正觀。正觀者，則生厭離；厭離者，喜貪盡；喜貪盡者，說心解脫。《雜阿含經》卷第一，T2，n99，p1a7-12。

136 爾時，世尊告諸比丘：「色無常，無常即苦，苦即非我，非我者即非我所。如是觀者，名真實觀。如是受、想、行、識無常，無常即苦，苦即非我，非我者即非我所。如是觀者，名真實觀。《雜阿含經》卷第一，T2，n99，p2a13-17。

137 爾時，世尊告諸比丘：色是無常，無常則苦，苦則非我。非我者，彼一切非我‧不異我‧不相在。如實知，是名正觀。《雜阿含經》卷第三，T2n99，p21c6-8

空、無我，稱爲如實見、如實知、真實觀、正觀。

在《智論》中，羅什將「如實正觀」譯爲「如法本相觀」，其中的觀察重點也是無常、苦、空、無我。[138]由此可知，隨順諸法本來相狀而觀察，即是如實正觀。而諸法本相則是無常、苦、空、無我，故知諸法本相即是空。換句話說，如實正觀亦可視爲觀空。

就《金剛經》而言，眾多的註疏家認爲，該經是以實相爲體，所謂的實相，具名諸法實相，在《智論》中，龍樹稱它是空的異名。因此，《金剛經》中，全文除虛空這個名詞之外，雖然沒有提到空字，但一再強調的無相、無住，其蘊含的深義直指空義，似乎不能執著於文字章句中沒有空字，而否定經中所討論的是以空觀爲主體的修行。所以僧肇所造本經最早的註解中，即直接指明此經是以「空慧」爲體。[139]是故此處以空慧來觀察本經，則與上述《雜阿含經》、《智論》所說內容相應，應可稱爲如實正觀。

《金剛經》中，從經首的如是我聞，便說如是兩字，中間節節皆不斷詮釋如是的意義。而總結全經之序分與正宗分，最後則說，應作如是觀有爲法如夢如幻。若與《心經》首句：「觀自在菩薩行深般若波羅蜜多時，照見五蘊皆空。」

---

138 凡夫無智，於一切法作邪觀，所謂常、樂、淨、實、我等。佛弟子如法本相觀，是時不見常，是名無常；不見樂，是名苦；不見淨，是名不淨；不見實，是名空；不見我，是名無我。《大智度論》卷第三十二，T25，n1509，p297c。

139 此經本體，空慧爲主，略存始終，凡有三章：初訖尊重弟子，明境空也，意在語境，未言於慧；第二，正名辯慧，即明慧空，但語慧空，未及行人；第三，重問以下，明菩薩空也。《金剛般若波羅蜜經注》，X24，n454，p395b1-4。

相對照，可知《心經》陳述的觀法也是觀空。因此可以歸納出，一切大、小乘經典的教說都是強調，如實正觀一切法空。

二、如是 ── 開後、指前、印可

《金剛經》以如是我聞發起，而以應作如是觀作正宗分之結語，從始至終皆提到「如是」兩字。而經文中，亦有「**佛告須菩提：如是！如是！**」的雙重如是出現，究竟經中多次所說的如是，所指的是何種意義？歷代疏家提出頗多不同角度的詳盡詮釋，唯整體而言，由於諸佛是以二諦說法，因此經文中的「如是」二字，可以從俗諦與真諦兩種觀點，作簡略的歸納。

就俗諦觀點言，如就前後文分析，「如是」應含有三種意義：一、開後。二、指前。三、印可或讚同。

（一）開　後

所謂開後是指，後文所述之相關內容甚多，其要點總在於詮答前文之問題，唯因無法一時說清，是故先以「如是」二字總答，爲下文的回答內容作前導。此種具有開後意義的「如是」，在經中爲數不少，略引如下：

1.**如是我聞**：如是，是指以下該經的全部內容。
2.**應如是住，如是降伏其心**：兩句如是，都是指下文的住降修行心要。
3.**諸菩薩摩訶薩應如是生清淨心**：如是所指的是下文的

應無所住而生其心。

4.發阿耨多羅三藐三菩提者當生如是心：指下文滅度眾生而實無生可度。

（二）指　前

如是兩字可以指上文所說的內容，於語意表達告一段落之後，攝納於如是兩字。《金剛經》中出現的此類例子甚多，略舉如下：

1. 如是滅度無量無數無邊眾生：如是兩字，即指佛陀之前所說之法。

2. 菩薩應如是布施不住於相：此處之如是，係指上文之應無所住行於布施。

3. 菩薩為利益一切眾生應如是布施：如是，意指上文之不應住色布施。

4. 我今得聞如是經典：句中之如是，總指佛陀之前所說全部經義。

5. 應作如是觀：其中之如是，是指偈中前三句之觀一切有為法如夢如幻等。

（三）印可或讚同

如是兩字作為印可意義時，通常使用重複語氣，以兩句如是表達所言甚是，並用於以上對下，故稱為「印可」。經中之雙重如是，亦見於以下對上，作為弟子須菩提讚同佛陀教誨之用。此外，亦有僅以如是兩字，表達對於佛陀所出問題的肯定答覆。此類實例經中頗多，略舉數則如下：

1.佛告須菩提：如是！如是：此處之雙如是，係佛陀印可須菩提所說之「離一切相，則名諸佛。」表示善契我心之意。

2.佛言：如是！如是：此句佛陀所以重言如是，係針對須菩提所說：「佛於然燈佛所，無有法得阿耨多羅三藐三菩提。」表示印可，證明須菩提所作的回答無誤，契合佛陀的本意。

3.如是，世尊！如來有肉眼：關於如來是否有五眼，佛陀逐一垂問須菩提，須菩提所回答的五句，都以如是兩字作前導，向佛陀作肯定的答覆。

三、如是 —— 真諦的涵義

就真諦觀點言，如是兩字可以作更深入的解析。尤其是大乘三系中的真常唯心這一系，對於如是兩字的意義更有深入的闡釋。

唐朝的華嚴宗第四祖清涼澄觀，對如是的疏釋是：

> 如，即真空。是，即妙有。既無俗外之真，故空而非斷。無真外之俗，故有而非常。即對破邪宗，以彰中道。一代時教不出於斯，故云如是。[140]

澄觀認為，如是的意思即是真空妙有，不斷不常。不斷

---

140 《大方廣佛華嚴經疏》卷第四，T35，n1735，p529b3-5。

不常即是中道第一義。佛陀的一代教化，即以此破斥外道偏執兩端的邪說。是故其核心理論不離中道，故說如是。

　　明朝的曾鳳儀亦將如是的如視爲真如，他在疏釋經中的「應如是知、如是見、如是信解」一段經文時，認爲如是知，即是知不離真如。如是見，則爲見不離真如。如是信解，意指解不離真如。[141]所以對於一切法之知見信解，皆不離真如，如此則於一切法平等如如，不生分別，而能證入無住真際。此處所謂的真際，係真如、法性、實際之異名。

　　清初的無是道人認爲：「如是二字，即為全經之髓。」他所持理由是，在《金剛經》中，無論是住、降、布施、福德、清淨、知見信解、觀法，抑或機鋒相投，佛陀都說如是。[142]這個「如是」就理法解釋，即是真如。如果就佛教的宗派來說，以真常唯心論者，尤其禪宗，最喜歡將如是中的如字，解爲真如。是字，解爲皆是。因此，如是之定義成爲「皆是真如」，結果如是兩字變成統括一切法之真如，亦爲統攝所有的佛經的經首，成爲無一法不是佛法，無一法不是真如。

　　有關「如是」兩字的第一義詮釋，清朝的溥畹認爲，各部經典的通序，雖然都以如是爲經首，而且皆作證信解，但因各經的宗趣不同，各經的如是，其意義亦有差異。他專就

---

141 如是知，知不離真如。如是見，見不離真如。如是信解，解不離真如。一真平等，分別不生，豈但界塵一異之相了不可得，即貼體微細法相亦自不生，其斯爲無住真際乎！《金剛經宗通》卷七，X25，n471，p40a16-19。

142 如是二字，即爲全經之髓。六祖云：法非有無謂之如，皆是佛法謂之是。故住，曰如是住。降伏，曰如是降伏。布施，曰如是布施。福德，曰福德亦復如是。清淨，曰如是生清淨心。又曰：如是知·如是見·如是信解。又曰：如如不動。又曰：作如是觀。每每機鋒相投，則曰：如是，如是！《金剛經如是解》，X25，n485，p186c24-187a5。

《金剛經》中的如是，常見的各家說法，作了以下的整理：

　　1.諸佛說法，無非顯如，唯如爲是，除如之外，了無片法可談。

　　2.有無不二爲如，如非有無爲是。

　　3.不異爲如，無非曰是。

　　他認爲，上述三種詮釋都是泛泛之談，《金剛經》中的如是，其精確之含意應該是「以實相、觀照爲如，文字般若爲是。」[143]因爲實相般若與觀照般若之間的關係，二而不二。實相爲體，觀照爲用，體用如如，故名爲如。文字雖非般若，但能詮解般若，又能生起般若，故稱文字般若，係指諸部般若經。而以文字性空，實相般若與觀照般若雖不即文字般若，亦不離文字般若，故名曰是。所以如是一詞，即指實相、觀照、文字等三般若。

四、有爲法的觀門 —— 觀照般若

　　《金剛經》的正宗分以一首偈頌結經，就羅什的譯本是：「一切有爲法，如夢幻泡影，如露亦如電，應作如是觀。」偈中提到六喻。而其餘的五種譯本則是詳列九喻：「一切有爲法，如星翳燈幻，露泡夢電雲，應作如是觀。」兩者

---

143 通序者，諸經通有，以證信故。然此如是，諸經不同，如是亦異：有謂諸佛說法，無非顯如，唯如為是，除如之外，了無片法可談。或曰：有無不二為如，如非有無為是。又云：不異為如，無非曰是。皆泛言之也。今據本經，當以實相·觀照為如，文字般若為是。良以實相·觀照，二而不二，體用如如，故名為如。文字性空，不即文字，不離文字，故名曰是。《金剛經心印疏》，X25，n505，p819a24-b4。

除了中間兩句的譬喻數目不同之外，前後兩句的文字與意義相同，都是「一切有爲法」與「應作如是觀」，意指應如實正觀一切法空。因此所謂的如是觀，即指如實正觀，也就是三般若中的觀照般若。至於如何以般若妙智，正觀六喻或九喻，以下略釋以空、假、中三觀解六喻偈的般若觀門。

1. 俗諦觀：觀一切有爲法之相狀、染淨等，有無量差別，此即有觀。

2. 真諦觀：觀一切有爲法皆生滅無常，並以如夢、幻、泡、影、露、電等六喻比況其空無自性，此即空觀。

3. 中道觀：觀一切有爲法雖有而無常生滅，雖空而幻有宛然，有而無常即是非有，空而幻有即是非空，非有非空，即真即俗，是名中道觀。

以如是真、俗二諦觀照一切有爲法，不落有無兩邊，即是以中道觀照諸法，又稱爲妙智正觀。[144]由於《金剛經》全經闡揚的是般若妙智，故宋朝的宗鏡與明朝的宗泐皆主張妙智實爲一經之宗趣。[145]經中，佛陀宣示應以此妙智，如實正觀一切有爲法，因此以應作如是觀結經。

明朝的蕅益智旭，依大、小乘以及漢傳佛教各宗的不同觀法，進一步演繹，而成爲三釋：一、附事釋。二、次第釋。三、圓融釋。並用於詮釋六喻偈。

---

144 偈言：非有爲非離，諸如來涅槃。九種有爲法，妙智正觀故。《金剛般若波羅蜜經論》卷下，T25，n1511，p796c25-27。

145 《銷釋金剛科儀會要註解》卷第八，X24，n467，p744b22-c11。

　　1.附事釋：所謂附事釋，在《金剛經》中，係指以外界事法的生滅無常等現象，譬喻一切法無常、無我。大別而論，六喻中的夢、幻、泡、影，是屬無我觀。露、電兩喻，則是無常觀。

　　若從五蘊觀察，色陰如夢，覺醒時空無而不可得。受、想如幻，隨心變現一切法，並無實體。行陰如泡，虛妄生滅。識陰如影，無有實性。

　　若將五蘊以色、心二法區分，則是色法如露，不能久停。受、想、行、識等心法如電，倏忽起滅，念念遷流不住。

　　若依判教的觀點看，此種詮釋方法屬於藏教。

　　2.次第釋：所謂次第釋，是指依空、假、中的三觀次序，次第詮釋六喻。

　　譬如夢等，因緣妄有，一切有爲法亦復如是，因緣妄有，無實體性。

　　譬如夢等，當體即空，一切有爲法亦復如是，當體即空，非滅故空。

　　譬如夢等，種種變現，一切有爲法亦復如是，種種變現，假名無量。

　　譬如夢不異睡，幻不異本，泡不異水，影不異質，露不異濕，電不異光，一切有爲法亦復如是，不異實相。

　　此屬通、別兩教之觀法。

　　3.圓融釋：亦即以天台宗的一心三止三觀等理論，來圓融詮釋六喻。

　　即止而觀，故一切皆夢幻等。

　　即觀而止，故一切夢等悉皆如如。

由此一心圓止觀力，則知一切諸法，皆即無住大涅槃性。[146]
此係天台宗所稱的圓教之圓融觀法。

五、妙智正觀 ── 證實相般若

《金剛經》以六喻偈結經，佛陀於偈中教示應如實正觀
一切有爲法空，但爲何觀空？亦如前經所說，行邪道不能見
如來，卻不說如來在何處。亦說賢聖以無爲法而有差別，卻
不說無爲法是何法。此處亦然，佛陀並未明示，如實正觀一
切有爲法空，其修行之歸趣爲何？但如以三般若之觀照次
第，則可推知先以文字般若爲方便，以生起觀照般若，而修
行之歸趣則是證覺實相，入實相般若。

所謂實相般若，依隋朝慧遠的定義，實相是指諸法之真
實體相。[147]實相爲觀照所知之境界，體非般若，但能生起般
若，因此稱爲實相般若。[148]此種因觀照所知之境界，在《金
剛經》中具體的描述，無非是「不取於相，如如不動。」一
句經文，能夠離相如如，即是實相般若。由於解了前經所說
文字章句，生一念淨信，得以離相無住，而起文字般若。由
解經義而觀一切有爲法空，起觀照般若。以妙智正觀有爲法
空，而不取相住於有爲。如實觀無爲法亦如幻如夢，而不離
相住於無爲。生死與涅槃皆具平等空性，所以說不取於相、

146　《金剛般若波羅蜜經破空論》，X25，n479，p147c5-148a2。
147　言實相者，是前觀照所知境界。諸法體實，名之為實。實之體狀，目之
　　為相。《大乘義章》卷第十，T44，n1851，p669c22-23。
148　此之實相，體非般若，能生般若，故名般若。如色、香等，體非是欲，
　　能生欲心，說為五欲。《大乘義章》卷第十，T44，n1851，p670a4-6。

如如不動，如此境界即是證入諸法實相之實相般若。

　　《金剛經》中，不取於相、如如不動的上文是「云何為人演說」，所以這句經文是，宣示正確的演說法，也是經中多處勸修「爲他人說」的具體修行準則。惟依三般若的理路推論，這兩句經文不但說的是演說法，也可以視爲修持法、住降法、滅度法、無爲法，而爲全經之結穴。[149]分析三句經文之屬性，爲人演說，即是文字般若。不取於相，即是觀照般若。如如不動，即是實相般若。行者依三般若而證入諸法實相，惟因證入淺深的不同，而有修行階位之行布，所以經說：「一切賢聖皆以無為法而有差別。」

---

149 結以不取於相、如如不動二句，為全部金經結穴，直指般若本體。是修持法；是演說法；是住降法；是滅度法；即所謂無所住而生其心也；即所謂無為法也。一切有為法，作六如觀，則以空世法，證入空心法，尤為修行人第一喫要關頭。佛之傳心，俱在於此。以之到彼岸，證菩提，不難矣！《金剛經解義》卷下，X25，n509，p904b21-c2。

第六章　金剛經之漢譯與譯文比較

　　《金剛經》之漢譯，從羅什於五世紀初翻譯完成開始，直至義淨（635～713）於八世紀初重譯，歷時達三百年之久。期間出現的譯本，目前仍傳世的至少有六種，是所有漢譯佛經中譯本最多的一部。至於針對《金剛經》所撰造的注疏，一千六百年來，更是數以千計，光是在唐朝初年，六祖慧能（638～713）即指出有關《金剛經》的注疏已多達八百餘部。[1]慧能與義淨是生存於同一時代的高僧，因此可以說，什譯問世以後的三百年間，《金剛經》不但在佛教界盛行，在民間亦廣爲流傳，所以會有大量的譯本與注疏出現。延至當代，有關《金剛經》的注疏，除了漢文之外，更以各種不同的語言文字持續大量出版，可見不但是佛教界或佛學界，甚至是社會各階層，都普遍重視《金剛經》，這股研讀宣說《金剛經》的風潮，一千六百年來從未停歇。

　　既然《金剛經》的譯本多達六本以上，注疏之部帙成千上萬，其中即顯示每位作者對於經論內容有與眾不同的看法，因此才會加入翻譯或注疏的行列。而分歧見解產生的主要原因之一，應係來自各譯本經文之間內容的差異。由於經

1　此經讀誦者無數，稱讚者無邊。造疏及註解者，凡八百餘家。所說道理，各隨所見。見雖不同，法即無二。《金剛經解義》，X24，n459，p517a11-13。

文的不同，直接影響後世造論者之間的見解，導致彼此看法紛紜。

第一節　影響佛經漢譯內容的 四個主要因素

　　其實不但《金剛經》的漢譯出現諸多異見，自從公元一世紀的東漢明帝時期，佛教傳入漢地，而展開佛教經典由梵文或胡文轉譯成漢文的偉業，迄宋代結束譯經事業，歷時達千年之久，期間每一部佛經的漢譯，其內容都面臨至少五個共同因素的影響。這些因素在窺基所造之《辯中邊論述記》中有個別的論述。

　　窺基在《述記》中，提出對真諦所譯的《中邊分別論》譯本不能苟同之處，合計共計約有五十八處，就其異見分析，大致可以分為五類，分別是：版本差異、體例差異、譯家增刪、譯名精確度、譯義忠實度等。這五種影響佛經漢譯的因素，除體例差異一項之外，其餘四項與《金剛經》的漢譯問題關係密切。

一、版本差異

　　佛教的傳承歷史，從佛陀滅度後，至部派佛教出現之間的一百多年，佛教學者稱其為原始佛教時期。此期間的經義

傳授，主要是採師資口頭傳頌的方式進行，甚至延至部派佛教時期亦然。這種僅憑記誦的教學，難免在多代不同的傳承者轉述之後，使經義產生歧異，因而導致同一部經典卻有不同的版本出現。至於其後以紙筆抄寫經文，經過數百年多次的傳抄，或是轉譯爲不同文字，進而出現不同的版本，亦在所難免。

在佛經漢譯過程中，牽涉譯者之師承與譯者所譯版本的差異，皆直接影響所譯經典的品質。至於新、舊譯所採用的版本之所以會有所差異，呂澂認爲其原因可能是：

> 經文既以傳承派別有異，故前後學說改易，所傳又有歧本。經本如此，論更可知。以是西域傳本與梵土常不同，而梵土傳本前後又常不同也。新、舊譯之所以有判，此其一因。[2]

也就是說，在經典方面，由於學說或主張的流變，大、小乘所傳承的各部經典內容都難免有出入。即使是小乘本身，各部派流傳的經典內容也有所不同。其次，西域胡本與印度梵本的內容，因時間的遷流與地域的隔閡，當然也會有變動的情況。就算同樣來自印度的梵本，由於印度疆域廣袤，交通不便，阻礙佛學思想的交流，因而容易形成不同的版本。以《金剛經》的版本爲例，羅什取自西域，玄奘取自北印，真諦取自西印，不同版本的內容自然難以一致，何況三者的

---

2 呂澂著，《佛典泛論》，台北：新文豐，1993，頁14。

年代差距長達三百年之久。[3]因此，在未考慮版本不同的影響
因素之前，即論斷任何一方的譯本最爲完整，似有態度偏頗
之嫌。

二、譯家增刪

除版本不同的客觀因素影響之外，另一重大影響佛經漢
譯因素是譯家增刪。由於譯者本身的師傳背景左右其對經文
的了解方向，以及譯者對於譯經的理念是探意譯或直譯，皆
影響所譯經文的內容。

羅什在翻譯《智論》時，將三百二十萬字的梵文刪略三
分之二，再翻爲約一百萬字的漢文，而成爲一百卷的鉅作。
其所持理由是：「梵夏既乖，又有煩簡之異」。[4]因爲梵文與
漢文的文法結構差異太大，無論是笈多、悉曇或天城體之梵
文字母，皆迥然不同於象形文字的漢字，欲精確的由梵文對
翻爲漢文，極爲困難。此外，另牽涉到不同的自然環境與文
化習性，印度人寫經是不厭其煩，但漢地卻是力求精簡，所

---

3 當爾積代梵本文並付三藏，藏討諸本，龜資梵文即羅什譯，同崑崙之本與
　真諦翻等，然經文舛異，隨文乃知真謬。《金剛般若經贊述》卷上，T33，
　n1700，p125b22-24。
　窺基的此段描述玄奘翻譯《金剛經》的緣由是說，唐太宗於玉華寺，交給
　玄奘歷代蒐集的《金剛經》梵本，玄奘研究各版梵本，發現龜資（亦稱龜
　茲，即今新疆庫車）梵本即爲羅什譯本。崑崙（係指南海諸國，因真諦係
　由南印度經南海而至漢土。）梵本即真諦之譯本，兩個版本經文相互乖違，
　隨文校對才知是正確或誤謬。
4 論之略本有十萬偈，偈有三十二字，并三百二十萬言。梵夏既乖，又有煩
　簡之異，三分除二，得此百卷。《大智度論》卷第一，T25，n1509，p57b9-11。

以羅什以「秦人好簡」的習性而作節譯。[5]羅什就在語文的限
制與文化的差異之下，不得不採取大幅度的節譯刪文。

　　玄奘翻經，亦面臨採取如羅什般的節譯，抑或照原文全
譯的問題。他在翻譯《大般若經》時，因此經卷帙浩大，多
達二十萬頌，亦即六百四十萬字，參與翻經的徒弟建議比照
羅什的作法，除去繁雜重複的部分。當他擬接納弟子們的建
議時，當晚即夢見猛獸搏人等可怕情事。隔天他告訴弟子們
還是全經照翻，當夜即見諸佛放光照射他的身體，多人圍繞
著他，作禮讚嘆。[6]在堅深的仰信支持之下，他盡力克服語文
與文化的差異，決定採取直譯，並就此不再考慮節譯一事。

　　節譯與全譯的不同之處為何？由以下的例子可見一斑。
在《心經》中有一段經文：舍利子！色不異空，空不異色，
色即是空，空即是色；受、想、行、識亦復如是。類似的經
文，在《大般若經》中的全段照翻是：舍利子！色不異空，
空不異色，色即是空，空即是色；受、想、行、識不異空，
空不異受、想、行、識，受、想、行、識即是空，空即是受、
想、行、識。[7]兩相比較，前者是以「亦復如是」四個字，取
代後者從「不異空」至「受想行識」之間的二十四個字，即

<hr>

5　法師以秦人好簡故，裁而略之。《大智度論》卷第一，T25，n1509，p57b23。

6　（唐高宗顯慶）五年（公元 660 年）春正月一日起，首翻《大般若經》，
　　經梵本總有二十萬頌，文既廣大，學徒每請刪略，法師將順眾意，如羅什
　　所翻，除繁去重。作此念已，於夜夢中，即有極怖畏事，以相警誡。或見
　　乘危履峻，或見猛獸搏人，流汗戰慄，方得免脫。覺已驚懼，向諸眾說還
　　依廣翻。夜中乃見諸佛菩薩眉間放光，照觸己身，心意怡適。法師又自見
　　手執花燈供養諸佛，或昇高座為眾說法，多人圍繞，讚嘆恭敬。或夢見有
　　人奉己名菓，覺而喜慶，不敢更刪，一如梵本。《大唐大慈恩寺三藏法師
　　傳》卷十，T50，n2053，p275c24-276a09。

7　《大般若波羅蜜多經》卷第四，T5，n220，p22b3-5。

使省略甚多文字，但經義不變。

　　就翻譯的本質而言，任何不同語文的轉譯，都可以說是一種再造。透過譯者的學術背景，對原文充分消化之後，再以另一種文字表達出來，在主觀因素方面即難以呈現原典的精確意義。何況還有不同的社會文化與文法差異等客觀因素障礙，尚待排除。

　　從譯者的理念看，尚有意譯與直譯的問題。鳩摩羅什重意譯，玄奘則是直譯爲主，意譯爲輔。事實上，由於梵文與漢文的文法結構迥異，印度與中國兩者社會、文化背景差異懸殊，冀望做到完全忠實的直譯，那是有極高難度，甚至是不可能的。因此，如果譯者透過適度的意譯來輔助直譯，以維持譯文的可讀性，以及增添譯文涵義的豐富性，其苦心可以理解。

三、譯名精確度

　　所謂的譯名精確度，係指梵文名詞在翻譯過程中，是否能精確的轉換爲漢文，以及漢文名詞的使用能否維持前後一致性。這部分大致可以歸納爲六種型態，包括：同名雙音譯、同名多音譯、同名雙意譯、同名多意譯、同名音譯與意譯混用、同名舊譯與新譯混用。

　　譯名精確度不足的問題，多數出現在舊譯佛典上。[8]主要

---

8 學術界習稱，所謂的「舊譯」是指，玄奘以前的佛經翻譯。「新譯」是指，包括玄奘在內的玄奘以後的佛經翻譯。所以舊譯的年代約從公元一世紀末至七世紀中葉，歷時約六百年。新譯時期則從公元七世紀中葉至公元十一世紀，歷時約四百年。

原因是，舊譯佛典在名詞的翻譯方面未能統一，以致普遍發
生同名異譯或同名多譯的現象。以一百卷的《智論》為例，
其中「目犍連」就有六種譯法：摩訶目伽連、目乾連、目犍
連、目連、目度伽略子、大目乾連。這種同名雙譯或多譯的
例子，在《智論》中高達七十二處之多。鳩摩羅什所犯的錯
誤一樣出在真諦的譯本上。原因是，主譯者為胡僧或梵僧，
不諳漢文，而且筆受可能先後非同一人，不易統一譯名。[9]蘇
公望以真諦翻譯《中邊分別論》為例所提出的看法是：

> 真諦的翻譯不但是法相先河，實可稱舊譯翹楚。但其
> 梁代的譯本不若陳代譯本，因陳代筆受者是他的高足
> 慧愷，故文理並臻佳妙，又因二代筆受不同，故名詞
> 也多有異同。[10]

這種由於譯名精確度不足，而影響翻譯品質的現象，直
到隋朝以後才逐漸有所改善。湯用彤認為，原因在於：

> 隋朝以後，凡譯經大師，類華梵俱精，義學佳妙，若
> 彥琮，若玄奘，若義淨，若不空，非聽言揣義，故著
> 筆時無牽就，不模糊，名詞確立，遵為永式，文言曉

9　所謂筆受是指，負責於譯場聽受熟諳梵文之譯主之言，而以漢文筆錄下
　　來的漢僧、文人或朝廷官員。由於梵僧多數不諳漢文，而漢僧等人又多
　　數不諳梵文，因此必須透過譯主與筆受之間的密切合作，才能圓滿完成
　　佛經的漢譯工作。
10　蘇公望著，〈真諦三藏譯述考〉，《佛典翻譯史論》，台北：大乘，1981，
　　頁68。

暢，較可研讀。[11]

　　上述評語中所說的「名詞確立」，即是指譯名的精確度。其中不但做到了名詞使用的一致化，而且必須達到名詞的含意，能精準的表達在原文中的義涵，如此才能永遠爲後世譯者或讀者一致依循沿用，名副其實的「遵爲永式」。以音譯的「須陀洹」爲例，若以意譯表達，則舊譯作入流、至流、逆流、溝港。新譯則只採用「預流」一個名詞。須陀洹意指，預入聖人之流、初入聖人之流，或逆生死流，所以翻爲預流、入流、至流、逆流，都能達意。但在舊譯佛經《大明度經》中翻爲溝港，則含意比較間接且模糊。[12]該經譯者支謙是大月氏人，三世紀中葉至吳國譯經，比羅什到長安的時間早一百五十年，更較玄奘翻經時期早四百年，他共計譯經四十九部，可以說是佛經翻譯事業的先行者之一，而在舊譯初期，佛經名詞的漢譯，其精確度皆待確立，翻譯工作可謂蓽路藍縷，支謙能創造出「溝港」之類的譯名，已屬不易。

---

11 參見湯用彤著，《隋唐佛教史稿》，台北：佛光，2001，頁 111。其中所謂的義學，是指名相訓義之學、理論之學，或統稱有關佛教教義理論之學問。

12 溝港、頻来、不還、應儀、緣一覺至於佛，不當於中住。五陰無常，不當於中住。參見《大明度經》卷第二，T8，n225，p482b27-28。
　如以新譯之名詞呈現，則從溝港至應儀的四果名相，玄奘本的相對應譯名是爲：預流、一來、不還、阿羅漢。參見《大般若波羅蜜多經》卷第五百七十七，T7，n220，p981a25-b14。

四、譯義忠實度

　　所謂譯義忠實度，係指譯文所表達的意義是否符合梵本原義。其中最大的問題是，當今所見的梵文經典，是否即是當初譯經時所依據的同版梵文原本？如果不是當初的原文，那麼各譯本在譯義忠實度的比較方面，即無所憑依，無法分辨孰優孰劣。就當代所具有的研究條件來說，除了參考梵文經典之外，就各譯本的內容作分析對照，亦為不可忽略的重要方法。

第二節　金剛經之譯本與譯者

　　雖說現存完整之《金剛經》譯本已多達六種，但實際曾經出現過的漢譯本，可能在七種或八種以上。根據窺基的說法，唐太宗貞觀年間，有位名叫杜行顗的唐朝文官，於玉華寺翻譯過《金剛經》。[13]而且窺基判定《金剛經》漢譯所依據的梵文經本，可以分為廣本、中本、略本等三種。杜譯本為廣本，真諦、流支所譯者為中本，羅什與玄奘所譯為略本。而在當時長安慈恩寺的梵經臺，都有這些梵經原文。[14]由此

13　杜行顗：唐代譯經居士，京兆人。唐高宗儀鳳年中（676～679）任朝散郎，行鴻臚寺典客署令，通曉各國語言，兼善文藻，尤精天竺語書，於儀鳳四年（679）正月譯出《佛頂尊勝陀羅尼經》一卷。其餘事蹟及生卒年均不詳。《開元釋教錄》卷第九，T55，n2154，p564a26-28。
14　經本自有廣、略、中異。杜顗廣本。《能斷》文是略，于闐本羅什文同。中者，是天竺本，與真諦、流支本同。玉華更譯，文亦相似。今於慈恩梵經臺，具有諸本。《金剛般若論會釋卷》第一，T40，n1816，p730a28-b2。

可知，大約於玄奘圓寂十多年後，有位官員杜行顗曾漢譯《金剛經》，而且所譯的是廣本。至於所謂廣本它的篇幅到底多大，則不得而知。另窺基提到羅什的于闐本（窺基於上文則稱爲龜資梵本），以及玄奘所用梵本，都是屬於略本。然而略本的篇幅究竟多大？如果予以精算則是，漢譯之後，什譯本5175字，奘譯本8285字。換句話說，篇幅在一卷以內的版本都屬略本。依此標準衡量，其實真諦的譯本篇幅也沒有超過一卷，也應該算是略本。

另有梵僧地婆訶羅，唐名日照三藏，翻譯功德施菩薩所造《金剛般若波羅蜜經破取著不壞假名論》二卷，簡稱《功德施論》，係於唐高宗永淳二年（683）於西太原寺譯出。論中係逐段疏釋《金剛經》全文，可惜引用經文時，常有簡略，因而未能見其全貌。不過用於對校其他版本之譯文時，仍有一定的參考價值。

《金剛經》的漢譯，從羅什開始，至義淨截止，中間相隔近三百年，流通於世者前後總共有六種譯本，分別爲：

1.羅什於後秦弘始四年（402）譯出，名《金剛般若波羅蜜經》。

2.流支於北魏永平二年（509）譯出，名《金剛般若波羅蜜經》。

3.真諦於陳朝天嘉三年（562）譯出，名《金剛般若波羅蜜經》。

4.笈多於隋朝開皇十年（590）譯出，名《金剛能斷般若波羅蜜經》。

5.玄奘於唐朝龍朔三年（663）譯出，名《能斷金剛般若波羅蜜經》。

6.義淨於大周長安三年（703）譯出，名《能斷金剛般若波羅蜜經》。

羅什於弘始三年（401）抵達長安，翌年即譯出《金剛經》，由於譯文簡潔流暢，詮理通順，一千六百年來，皆爲六種譯本中最受歡迎的版本。

流支的版本並非單獨譯出，而是於《金剛仙論》中一併翻譯，後世於其所翻論中再錄出經本。

玄奘於貞觀二十二年（648）曾翻譯過《金剛經》，而後於龍朔三年再譯，是爲現行之譯本。惟後譯並非單行本，係收錄爲《大般若經》六百卷中之第五百七十七卷，名爲〈大般若經第九會能斷金剛分〉。

第三節　金剛經譯文差異之比較

《金剛經》的六種漢譯本，其中彼此的譯文差異頗多，造成歧異的原因，正如上述，大致有四種：版本差異、譯家增刪、譯名精確度、譯義忠實度等。至於各版本之間的比較，整體而言，可以分成經題、重大差異與細部差異等三大部分進行探討。

一、經題之比較

就六種版本的經題而言，大抵可以歸納爲三類：

1.羅什、流支及真諦等三種譯本，同名《金剛般若波羅蜜經》，主要是取般若妙智如金剛之堅利，能破煩惱，從生死之此岸，度菩薩而至涅槃之彼岸。

2.笈多的譯本題名爲《金剛能斷般若波羅蜜經》，係以能斷二字放在金剛之後，以「金剛能斷」四個字作爲一個形容詞，形容般若猶如金剛之堅利，能斷一切煩惱。

3.玄奘與義淨的版本同名《能斷金剛般若波羅蜜經》，以能斷二字在金剛前，成爲「能斷金剛」，則是取我、人等四相之執著，猶如金剛之堅固難壞，但以般若空慧能斷執著，而度菩薩至涅槃彼岸。[15]也就是，以般若空慧爲能斷，金剛爲所斷。

二、各版譯文之重大差異

各版所譯經文內容中，彼此之間的差異甚多，然而，如依玄奘的看法，羅什本與其他五種版本的主要差異，計有三處，分別是：三問闕一、二頌闕一、九喻闕三。[16]

---

15 今觀舊經，亦微有遺漏。據梵本，具云《能斷金剛般若》，舊經直云《金剛般若》。欲明菩薩以分別為煩惱，而分別之惑，堅類金剛，唯此經所詮，無分別慧乃能除斷，故曰能斷金剛般若，故知舊經失上二字。《大唐大慈恩寺三藏法師傳》卷七，T50，n2053，p259a18-23。

16 《大唐大慈恩寺三藏法師傳》卷七，T50，n2053，p259a23-24。

1.三問闕一：云何修行

　　《金剛經》的經初，係以須菩提向佛陀提問而展開全經的問答。在羅什的譯本中須菩提只提出兩問：「**善男子、善女人，發阿耨多羅三藐三菩提心，應云何住？云何降伏其心？**」在其他的五個譯本中，須菩提則都是提出三問，以流支本為例則是：「**云何菩薩大乘中，發阿耨多羅三藐三菩提心，應云何住？云何修行？云何降伏其心？**」[17]羅什本與其他五本的差異，即是什本之中，並無「云何修行」一問。

　　須菩提的問意是，如果眾生發菩提心，應該住於何種境界？如何修行？如何降伏修行過程中產生的妄心？隨後佛陀提出的答案，依天親論中的詮釋是，佛陀令弟子們應安住於廣大心、第一心、常心、不顛倒心等四心，而修六度萬行，並於其中應以離一切相，降伏妄心。

　　什本中不提「云何修行」一問，在經義上是否會有所缺憾？依據唐朝宗密的看法，離相住道降心，即是修行。[18]因為一旦無住發心即是啟動修行，降伏妄心也是修行，因此什本於「云何修行」一句略而不提，無損於經義的完整性。

　　宋朝柏庭善月更認為，什譯是以其後佛陀的酬答來凸顯須菩提的請問，文義齊備，所以什譯較佳。[19]他所持觀點，

---

17 菩提流支譯，《金剛般若波羅蜜經》，T8，n236a，p752c24-25。

18 秦譯略修行者，意云：住道降心，即是修行；謂四心、六度皆名住修降伏故。《金剛般若經疏論纂要》上，T33，n1701，p157c29-158a1。

19 若什譯則謂既住且伏，是即修行。故以答顯問，文義宛齊，則知秦本為善。《金剛經會解》，X24，n462，p568c17-18。

也是將無住降心視為修行，所以即使什譯本並未提到云何修行，其整體文意亦無缺漏。

除了可能是出於略譯的動機，而刪除原文中的「云何修行」一句之外，其實也不能忽視，因為版本差異所導致的原典文句不同。因此可以說，玄奘所謂的三問闕一，不一定是因譯者羅什的增刪所致，它可能也是反映了版本差異這個因素所造成的影響。

2.二頌闕一：應觀佛法性，即導師法身；法性非所識，故彼不能了。

羅什的譯本中，在須菩提回答佛陀，不應以三十二相見如來之後，佛陀說出一首偈頌：「若以色見我，以音聲求我，是人行邪道，不能見如來。」但在其他的五種譯本中，佛陀所說的不只是一偈，而是兩偈，多出來的一偈，以奘譯本為例是：「應觀佛法性，即導師法身；法性非所識，故彼不能了。」[20]因此玄奘會說什譯本是「二頌闕一」。

簡而言之，什本中的偈義是，若依循色相或聲音來觀佛或求法，即是心存生滅之心，不能見到真正的如來。而所缺的一偈，其偈義則是，應該觀察如來是以法性為身，而法性等虛空，其體性非有非無，言語道斷，心行處滅，只能證覺，不能以六根觀見識知，所以依色、聲不能觀見如來。由此可知，其他五種譯本的第二偈，其內容在於補充說明，為何不

---

20 《大般若波羅蜜多經》卷第五百七十七，T7，n220，p985a25-26。

能以色、聲觀見如來的理由。

　　然而，是否一定須有第二偈才能使經義更為完整，則有商榷的餘地。在諸大乘經中，對於第一義的境界，幾乎皆採雙重否定的句型來呈現。以見相非相即見如來一句為例，在《大薩遮尼乾子所說經》中即有類似的經義，該經說：「我今如是見於如來，如是不見、非不見、不知不分別、不起不示…離一切言語、名字、章句、音聲，名見如來。」[21]句中使用一連串的「不」與「非」字，以否定的語氣，稱揚如來不可思議的第一義身，此處已明確顯示，肯定而具相的章句語言句型，不能完整而具體的告訴眾生，如何見於如來。同樣的情況，否定的句型，也為《金剛經》的類似經句下了極佳的註腳。

　　在什譯本中，先說一切賢聖皆以無為法而有差別，卻不說無為法是什麼。再宣示見相非相則見如來等等教說，但一連串的否定之後，經中並未明言，究竟如來在何處。此處再說以色、聲邪道不能見如來，也不肯定的說出如何見如來。這是羅什貫通全經，完全一致的譯經思維理路。他一律採取否定的句法，以襯托出肯定的句義，更留下寬廣的空間，讓學者可以自行思考推求：究竟無為法是何法？如來在何處？甚至如何修行，才可以與如來覿面相見？可謂是充滿創造性的譯經手法。正如宋朝曇應所謂的「披沙若盡，金體自彰。」

21　我今如是見於如來，如是不見、非不見、不知不分別、不起不示、不生不增長、不取不捨、不戲論、不作相、不作非不作、不作物非不作物、不受不護、非作心見、非自然見、非觀見、非不觀見、非可語見、非不可語見。離一切言語、名字、章句、音聲，名見如來。何以故？以不可如是相見故。《大薩遮尼乾子所說經》卷第九，T9，n272，p360c4-9。

[22]意謂，表面的塵沙如果披散殆盡，其中的金體自然顯現出來。羅什的用意，顯然亦是如此，透過聚焦於負面表列之後，正面的肯定意義自然凸顯出來。所以在此一思考邏輯之下，刪除畫蛇添足的一偈，更能凸顯玄妙的佛法真義。

不過，佛經的譯者皆係高僧大德，其翻經一向講求「經意多含」。[23]只要是整部經的經義能合乎佛法理路，則文字的處理方式，似乎不必太過苛求必須大家完全一致。更何況羅什的譯本本身，屬於最早的《金剛經》漢譯本。

3.九喻闕三：一切有為法，如星翳燈幻，露泡夢電雲，應作如是觀。

什譯中，正宗分的結經偈是：「一切有為法，如夢幻泡影，如露亦如電，應作如是觀。」由於偈中有夢、幻、泡、影、露、電等六喻，所以稱為六喻偈。又因有六如，亦名六如偈。若與其他的五個版本比較，可以明顯看出，什譯少了三喻，所以玄奘稱其為「九喻闕三」。如果詳加對照，則什譯缺少星、翳、燈、雲等四譯，而影喻則為他譯所無，所以雙方的差異總共有五喻。惟無論採用幾喻，都是在譬喻一切有為法皆空。

---

22 此後復有一偈：彼如來妙體，即法身諸佛，法體不可見，彼識不能知。秦譯缺此一偈者，疏云：是則羅什但存斥邪，流支具翻顯正，披沙若盡，金體自彰。童壽之意，諒在茲乎！《金剛般若波羅蜜經采微》卷下，X24，n464，p629a5-6。

23 今謂彼二論一譯，既皆聖師，未易臧否，謂經意多含，各得其理可也。《金剛經會解》，X24，n462，p569c3-4。

　　什譯的六喻偈是說，一切世間有所作為之事法，都是虛妄不實。猶如夢事之非真；如幻術之假化；如水泡之空浮；如身影之無體；如朝露之易乾；如閃電之易逝。行者應當依據上述六喻的空性而觀察有為法。

　　其他的五種譯本同樣是為了觀察一切有為法皆空，但用的是九喻，明顯有別於什譯本。如果羅什譯為六譯，是因為根據不同的梵文版本，則不宜對什譯有所挑剔。但如果是因為羅什自行增刪所致，則其機動何在，即值得推敲。

　　宗密認為，什本所以略去三喻，是因為「**以星、燈有體，雲種含生，恐難契空心，潛滋相想。**」[24]宗密的意思是，晚上的星光到了白天，受到日光的遮蔽而不能見，但並非消失，何況尚有發出星光的星體存在，因此作為空喻有失週全。燈光亦然，雖然燈焰閃爍，念念生滅，可以喻空，但現見仍有燈體與燈炷。天空中的雲層，形狀雖然變化無常，無積住性，但其中蘊含水氣，可以降雨滋潤萬物。另眼翳一項，或取其遮蔽視力，或取其造成天花幻相，但乃因病而生，以緣集則現。總之，這四種譬喻，仍隱含可以引人產生取相之想的副作用，並非理想的空喻。或許因為出於這一層的考慮，所以羅什去繁為簡，將九喻刪減為六喻。

24　秦譯經本，夢幻泡影，空理全彰；露電二喻，無常足顯。悟真空，則不住諸相；觀生滅，則警策修行。妙符破相之宗，巧示亡情之觀。魏譯九喻，秦本略者，以星、燈有體，雲種含生，恐難契空心，潛滋相想，取意之譯，妙在茲焉！《金剛般若經疏論纂要》下，T33，n1701，p169c10-15。

三、譯文細部差異舉例

　　上述玄奘所指出的三闕，係屬羅什譯本獨具，而有別於其他五部譯本的最顯著部分。至於各譯本經文之間比較細微的差異，仍爲數甚多。以下根據版本差異、譯家增刪、譯名精確度、譯義忠實度等四個觀察角度，略作分析。

1.長老、慧命、淨命、具壽、尊者

　　《金剛經》中，對於須菩提的尊稱，各譯本總共有五譯，分別是：長老、慧命、淨命、具壽、尊者。五種譯名皆爲梵文 āyusmat 之意譯，但漢譯之含意略有出入。

　　長老：係什譯本採用的譯名，意指年齡長而法臘高，智德俱優之大比丘。

　　慧命：係流支的魏譯本所用譯名，意謂博聞強識，以慧爲命之大比丘。岌多之隋譯本亦以慧命尊稱須菩提。

　　淨命：真諦的陳譯本獨稱淨命，係取其以清淨之心爲命，謂之淨命。在《維摩詰經‧菩薩品》中有「正行善法，起於淨命。」[25]的說法。

　　具壽：在玄奘與義淨之譯本中，皆尊稱須菩提爲具壽，係指兼具世間壽命及法身慧命之比丘。

---

25 《維摩詰經》，T14，n475，p543c20-21。

尊者：係奘譯本的流通分中所採用的譯名，同樣是形容
　　　須菩提之年高且智德具尊，義同上述的具壽。

2.須菩提、善現、妙生

梵文的 Subhūti 在什本中音譯爲須菩提，魏譯、陳譯及
隋譯亦皆採取音譯爲須菩提。但在奘譯中則意譯爲善現，因
此什本的長老須菩提，在奘譯中成爲具壽善現。義淨本中亦
採意譯，而爲具壽妙生。奘譯本中的善現，意指出生時室中
一切空寂，表顯其長大之後能善解空義，故名善現。[26]義淨
譯本中意譯爲妙生，含意相同。

3.塔廟、支提、塔、靈廟、制底

梵文的 caitya，羅什與流支皆意譯爲塔廟，岌多意譯爲
塔，玄奘意譯爲靈廟。其他兩譯爲音譯，真諦譯爲支提，義
淨譯爲制底。如嚴格區分，有舍利者爲塔，無舍利者爲支提、
制底、靈廟，但後世已多混用。

4.歌利王、迦陵伽王、羯利王、羯陵伽王

梵文的 Kali 在六種漢譯本中，皆採音譯。什譯、魏譯、

---

26 應佛之世即能現生，或善能現前了達空義，或初生現時其室空寂，相師
　占之名爲善現。現者，出也，生時室中一切空寂，表其長大善解空義，
　故名善現。《金剛般若經贊述》卷上，T33，n1700，p128a22-25。

隋譯等三本，皆譯為歌利王。玄奘獨自譯為羯利王。至於真諦譯為迦陵伽王，以及義淨譯為羯陵伽王，其梵文應為Kaliṅgarājā，迦陵伽係 Kaliṅga 之音譯，rājā 即國王的意譯。而 Kali 的意譯則是鬥諍或惡生。

5.涅槃、滅度、無餘涅槃、圓寂

什　譯：我皆令入無餘涅槃而滅度之。如是滅度無量無數無邊眾生，實無眾生得滅度者。

真諦譯：如是眾生，我皆安置於無餘涅槃。如是涅槃無量眾生已，無一眾生被涅槃者。

奘　譯：如是一切，我當皆令於無餘依妙涅槃界而般涅槃，雖度如是無量有情令滅度已，而無有情得滅度者。

義淨譯：如是一切，我皆令入無餘涅槃而滅度之。雖令如是無量眾生證圓寂已，而無有一眾生入圓寂者。

　　在上述四譯中，涅槃、滅度、般涅槃、無餘涅槃、圓寂等五個名詞都可以視為「涅槃」的梵文 nirvāna 的異譯。其中，涅槃是音譯，滅度與圓寂是意譯。如果加以細分，則般涅槃係指梵文 parinirvāna 的漢譯，意謂完全的涅槃。無餘涅槃是進一步灰身滅智的完全涅槃境界，為有餘涅槃的對稱。此外，在各譯文中，涅槃與滅度皆見作為動詞使用。至於上述奘譯本與義淨譯本中，同時使用涅槃與滅度，此種音譯與

意譯並用的作法,則稱為「唐梵雙彰」。[27]另義淨譯本中的圓寂,是取其圓滿諸德、寂滅諸惡的意譯。

6.我相、人相、眾生相、壽者相

> 什譯:須菩提!若菩薩有我相、人相、眾生相、壽者相,
> 　　　即非菩薩。
> 魏譯:須菩提!若菩薩起眾生相、人相、壽者相,則不
> 　　　名菩薩。
> 奘譯:善現!若諸菩薩摩訶薩不應說言有情想轉。如是
> 　　　命者想、士夫想、補特伽羅想、意生想、摩納婆
> 　　　想、作者想、受者想轉,當知亦爾。何以故?善
> 　　　現!無有少法名為發趣菩薩乘者。

什譯中提到我、人、眾生、壽者等四相;流支的譯本提到三相,較什本少了一個我相;奘譯中則列出多達八相。惟什譯與魏譯的四相或三相,都是包括在十六神我之中。奘譯的版本似乎異於前兩者,可能屬於三十種外道神我,是故提到多達八相,同時因採用較多的音譯,所以文意顯得有些隱諱。其中,有情想即是眾生相;士夫想是人相;命者想是壽者相;補特伽羅是梵文 pudgala 的音譯,意譯數取趣,即是假名我,所以補特伽羅想是我相;意生想係指「建立外道」

27　然滅唯據果,滅度乃兼因,今則約果標因故云滅度。所以經中上言涅槃、
　　下云滅度,亦是唐梵雙彰也。《金剛經纂要刊定記》卷第二,T33,n1702,
　　p184c17-19。

的主張，意謂自心能生一切法；摩納婆是 mānava 的音譯，意譯為勝我，計我於身心中最為勝妙者。總之，無論提及多少相，都為一個我相。

7.菩薩於法，應無所住，行於布施

> 什譯：須菩提！菩薩於法，應無所住，行於布施。
> 魏譯：須菩提！菩薩不住於事，行於布施。無所住，行於布施。
> 奘譯：善現！菩薩摩訶薩不住於事應行布施，都無所住應行布施。

　　魏譯與奘譯的「不住於事」，是指下文的不住色布施，不住聲、香、味、觸、法布施。因此所謂的事是指六塵，不住於事即是法空。都無所住則是我空。我、法二空，名為俱空。以上法空、我空與俱空的三空，亦稱三輪體空。由於在佛經中，「法」字可以用於代表一切有形、無形的事物，所以羅什精簡的以一個法字總括人法與事法。

8.如來悉知悉見，是諸眾生得如是無量福德

> 什譯：須菩提！如來悉知悉見，是諸眾生得如是無量福德。
> 魏譯：須菩提！如來悉知是諸眾生，如來悉見是諸眾生。
> 　　　須菩提！是諸菩薩生如是無量福德聚，取如是無

量福德。

奘譯：善現！如來以其佛智悉已知彼，如來以其佛眼悉
　　　已見彼。善現！如來悉已覺彼一切有情，當生無
　　　量無數福聚，當攝無量無數福聚。

　　什譯與魏譯皆僅提及悉知、悉見等兩悉，但奘譯多了悉
覺而爲三悉，可能是各自依據的版本不同所致。另一差異處
是，什譯「得」如是無量福德，魏譯「生」、「取」如是無
量福德，奘譯「生」、「攝」無量無數福聚。宗密認爲，得
字的意思即包括生與取。[28]至於魏譯與奘譯兩者詞義無異，
取即是攝。

　　9.法尚應捨，何況非法

　　什譯：如來常說：汝等比丘，知我說法，如筏喻者，法
　　　　尚應捨，何況非法。
　　魏譯：如來常說筏喻法門：是法應捨，非捨法故。
　　奘譯：是故如來密意而說筏喻法門：諸有智者，法尚應
　　　　斷，何況非法！

　　這段經文亦出現在《增壹阿含經》卷三十八，〈馬血天
子問八政品第四十三〉，僧伽提婆譯爲「船筏譬喻」，其中
有兩處經文分別爲：1.行善之法猶可捨之，何況惡法而可翫

---

28 此云得者，生、取二義不離於得，得之一字生、取俱攝。《金剛般若經
　疏論纂要》上，T33，n1701，p159c6-7。

習！2.佛告比丘：善法猶可捨，何況非法！[29]以此兩段經文作對照可知，什譯與奘譯的意義相近，但魏譯則略有差異。魏譯解析「是法應捨」為「得理須忘詮」，也就是四依中的依義不依語，這一點與其他譯本同義。但「非捨法故」解為言教不得全捨，因為不憑言教，如何「認路還家」？不過，如此一來，其中即缺「非法」的意思，而與其他譯本內容略有出入。至於奘譯的法尚應「斷」，斷即是除捨，名別義同。[30]一言以蔽之，在《金剛經》中所引之船筏喻，大義是教菩薩應求假言顯義，不應如言執義。這一點與《增壹阿含經》中所指非法，為十惡等不善法，意義有別。

10.一切賢聖，皆以無為法而有差別。

什譯：一切賢聖皆以無為法而有差別。

魏譯：一切聖人皆以無為法得名。

奘譯：以諸賢聖補特伽羅皆是無為之所顯故。

無為是涅槃的同義詞。[31]亦即三無為中的擇滅無為，六無為中的真如無為。如前章所述，一切賢聖皆以對於無為法

---

29 《增壹阿含經》卷三十八，T2，n125，p760a12-26。

30 法尚應斷，斷者，除捨之義，名別義同，准前應捨教與假解。今正捨教，故下解欲得法身，亦名證法身。《金剛般若論會釋》卷第一，T40，n1816，p739b22-24。

31 經稱有餘涅槃、無餘涅槃者，秦言無為，亦名滅度。無為者，取乎虛無寂寞，妙絕於有為。滅度者，言其大患永滅，超度四流。斯蓋是鏡像之所歸，絕稱之幽宅也。《肇論‧涅槃無名論》，T45，1858，p157b29-c2。

的證悟程度有差別，而行布不同之階位，所以有三賢十聖之
分。由此可知，各譯本中所翻的差別、得名、所顯等，都屬
名異義同。奘譯本特別譯出「諸賢聖補特伽羅」，因爲諸賢
聖之有爲假我，即是無爲法所顯現，所以龍樹說有爲法實相
即是無爲。

11.一切諸佛、法，皆從此經出。

什譯：須菩提！一切諸佛，及諸佛阿耨多羅三藐三菩提
　　　法，皆從此經出。

魏譯：須菩提！一切諸佛阿耨多羅三藐三菩提法，皆從
　　　此經出。一切諸佛如來，皆從此經生。

奘譯：一切如來、應、正等覺阿耨多羅三藐三菩提皆從
　　　此經出，諸佛世尊皆從此經生。

什譯謂佛與法皆從《金剛經》出，魏譯及奘譯皆謂法從
經出，佛從經生。經文中的「出」即是「生」，亦爲名異義
同。所說佛、法皆從般若經出，係以菩薩因大悲心而得般若
波羅蜜，因得般若波羅蜜而作佛。[32]所以說，般若是諸佛母，
而大悲心是諸佛之祖母。就各譯本之譯文而言，什譯最爲精
簡，其他各譯本爲直譯，而所表達的經義並無不同。

---

32 菩薩處眾生中，行三十二種悲，漸漸增廣，轉成大悲。大悲是一切諸佛、
　菩薩功德之根本，是般若波羅蜜之母，諸佛之祖母。菩薩以大悲心故，
　得般若波羅蜜，得般若波羅蜜故得作佛。《大智度論》卷第二十，T25，
　n1509，p211b20-24。

12.所謂佛法者，即非佛法

什譯：須菩提！所謂佛法者，即非佛法。
魏譯：所謂佛法、佛法者，即非佛法，是名佛法。
奘譯：善現！諸佛法諸佛法者，如來說為非諸佛法，是
　　　故如來說名諸佛法諸佛法。

　　此句經文已於隱式三句論部分有所說明，此處討論焦點
在於版本差異與譯者增刪。什譯單舉佛法，其他各譯本皆雙
舉佛法、佛法。標舉部分的差異，可能是出於梵文版本的不
同。至於什譯省略「是名佛法」一句，則可能是出於譯者增
刪的因素，也可能是版本不同所致。

13.是福德即非福德性，是故如來說福德多

什譯：是福德即非福德性，是故如來說福德多。
魏譯：是福德聚即非福德聚，是故如來說福德聚、福德
　　　聚。
奘譯：福德聚福德聚者，如來說為非福德聚，是故如來
　　　說名福德聚福德聚。

　　此一隱性三句論的比較重點在於，標舉部分的單舉與雙
舉的差異。什譯在標舉與「是名」部分皆為單舉。魏譯係前
面單舉，後面雙舉。奘譯則是前、後皆雙舉。就經義的詮釋

而言,吉藏認爲,雙舉是爲了顯示福德分爲有漏與無漏兩種,因此必須以重言的形式表達。[33]不過,如果考慮什譯皆爲單舉的現象,則亦不排除是出於版本差異的因素影響。

14.實無所行是樂阿蘭那行。

什譯:以須菩提實無所行,而名須菩提是樂阿蘭那行。
魏譯:以須菩提實無所行,而名須菩提無諍無諍行。
奘譯:以都無所住,是故如來說名無諍住無諍住。

梵文 aranā 的音譯即是阿蘭那,意譯爲無諍,所以羅什是採音譯,其餘各譯本採意譯。所謂無諍是指斷煩惱,亦即離惑障,斷盡惑障而得無諍三昧,同時亦無我得無諍三昧的取相之惑,故雙舉無諍,稱爲無諍無諍行,或無諍無諍住。[34]此外,奘譯獨翻爲住,本意爲「得而不失」,爲行字所含十義中之第十義,而其否定意義「都無所住」,則是都取其不染著、不住著義。

15.如來在然燈佛所,於法實無所得。

---

33 是名福德者,論經重言福德、福德,此意略判福德凡有二種:一者、有漏福德。二者、無漏福德。是故重言福德、福德。《金剛般若疏》卷第三,T33,n1699,p108c6-9。

34 諍者是何?所謂煩惱。離彼煩惱,名無諍定。須菩提住於此定,障及諍皆不與俱故,隨俗言無諍行無諍行也。《金剛般若波羅蜜經破取著不壞假名論》卷上,T25,n1515,p890a6-8。

什譯：如來在然燈佛所，於法實無所得。

魏譯：如來在然燈佛所，於法實無所得阿耨多羅三藐三菩提。

奘譯：如來昔在然燈如來、應、正等覺所，都無少法而有所取。

魏譯在「於法實無所得」之後加上「阿耨多羅三藐三菩提」，所表達之意義較其他譯本更為清楚。因為如來以往在然燈佛所獲得授記，是屬言說，而語言係眾緣所生法，空無自性，既不可取，亦不能得。但因於諸言說，則可證覺菩提而成佛，所以稱為於法實無所得。[35]亦即以俗諦說得菩提，以真諦說則是說者無說無示，聞者無聞無得。

16.若是經典所在之處，則為有佛，若尊重弟子。

什譯：若是經典所在之處，則為有佛，若尊重弟子。

魏譯：若是經典所在之處，則為有佛，若尊重似佛。

奘譯：此地方所，大師所住，或隨一一尊重處所，若諸有智、同梵行者。

什譯之中所說，經典即是法；則為有佛是佛；若尊重弟子是僧。如此三寶齊備，但顯然在於強調「經典所在之處」，所以是以法為重心。

---

35 語言非實者，謂語言從緣，緣無自性，舉體全空，空故無得也。斯則聞而無聞，說而無說。《金剛經纂要刊定記》卷第四，T33，n1702，p208a3-5。

魏譯將尊重弟子翻為尊重似佛，因為行止似佛者即為佛之弟子。

奘譯為「若諸有智、同梵行者」，有智慧而同修梵行者則與尊重弟子無異。

17.如來說，第一波羅蜜，即非第一波羅蜜，是名第一波羅蜜。

什譯：如來說，第一波羅蜜，即非第一波羅蜜，是名第一波羅蜜。

魏譯：須菩提！如來說第一波羅蜜，非第一波羅蜜。如來說第一波羅蜜者，彼無量諸佛亦說波羅蜜，是名第一波羅蜜。

奘譯：善現！如來說最勝波羅蜜多，謂般若波羅蜜多。善現！如來所說最勝波羅蜜多，無量諸佛世尊所共宣說，故名最勝波羅蜜多。如來說最勝波羅蜜多即非波羅蜜多，是故如來說名最勝波羅蜜多。

什譯只提及一段第一波羅蜜的三句論，奘譯分成三段，首先說明稱為第一的原因是「最勝」，亦即般若之威力無上，無與等者，所以稱為第一。其次是，因為般若波羅蜜多是諸佛所共同宣說的佛法，非其他佛法可以比擬，所以說最勝、第一。而後再以一段三句論作結語。兩者對照，顯示什譯本省略了諸佛共同宣說一段，雖然譯文簡潔，但必須藉助注疏說明以及各譯本對校，才能完整表達經義。

18.如來是真語者、實語者、如語者、不誑語者、不異
　　語者。

什譯：須菩提！如來是真語者、實語者、如語者、不誑
　　　語者、不異語者。

魏譯：須菩提！如來是真語者、實語者、如語者、不異
　　　語者。

奘譯：善現！如來是實語者、諦語者、如語者、不異語
　　　者。

　　各譯本中的這段經文都是四語，包括：真語、實語、如
語、不異語。只有什譯本增加一個「不誑語」。歷代多數疏
家在會通時常說，其他經論是「存別置總」，所以省略，什
譯是「以法兼人」所以加了一句不誑語，以統收四語。[36]如
果此種說法屬實，可以說是因為「譯者增刪」所致。不過，
除此之外，仍應考慮另有來自「版本差異」因素的可能性。

19.如來為發大乘者說，為發最上乘者說。

什譯：如來為發大乘者說，為發最上乘者說。

陳譯：如來但為憐愍利益能行無上乘，及行無等乘人說。

---

36 秦本加不誑語，謂以真實等語施於人，所以不誑，即總上四語。諸論存
　　別置總，故略。什譯以法兼人，所以加之。《金剛經會解》卷下，X24，
　　n462，p583b1-3。

　　奘譯：善現！如來宣說如是法門，為欲饒益趣最上乘諸
　　　　有情故，為欲饒益趣最勝乘諸有情故。

　　什譯臚列大乘與最上乘，真諦譯爲無上乘與無等乘，奘
譯則爲最上乘與最勝乘，其中所列的最上、無上、無等、最
勝，都在於形容大乘是三乘中最殊勝的一乘，無與倫比。[37]另
如前章所述，亦有視最上乘爲一佛乘者。此外，對於修行大
乘法門者的發心啓動，什譯稱爲「發」，真諦譯爲「行」，
奘譯名爲「趣」，都是指「標意擬向，發起修行。」三者意
義無異。

　　20.無量阿僧祇劫、八百四千萬億那由他

　　什譯：須菩提！我念過去無量阿僧祇劫，於然燈佛前，
　　　　　得值八百四千萬億那由他諸佛，悉皆供養承事，
　　　　　無空過者。

　　魏譯：須菩提！我念過去無量阿僧祇阿僧祇劫，於然燈
　　　　　佛前，得值八十四億那由他百千萬諸佛，我皆親
　　　　　承供養，無空過者。

　　奘譯：善現！我憶過去於無數劫復過無數，於然燈如來、

---

37 大乘有種種異名，例如：「過二乘名為大乘、第一乘、勝乘、最勝乘、
上乘、無上乘、利益一切眾生乘。」《大方廣佛華嚴經》卷第五十一，
T10，n279，p268c6-8。另有：「善男子！諸佛如來正真正覺所行之道，
彼乘名為大乘、名為上乘、名為妙乘、名為勝乘、名無上乘、名無上上
乘、名無等乘、名不惡乘、名為無等等乘。」《大寶積經》卷第二十八，
T11，n310，p157b2-5。

> 應、正等覺先復過先，曾值八十四俱胝那庾多百
> 千諸佛，我皆承事，既承事已皆無違犯。

　　什譯與魏譯的阿僧祇，是梵文 asaṁkhya 的音譯，意譯即為奘譯的無數，所以阿僧祇劫即是無數劫。再加上形容詞無數，而為奘譯中所謂的「無數劫復過無數」，極言供養諸佛時間之久長。什譯與魏譯的那由他，以及奘譯的那庾多，皆為梵文 nayuta 的音譯，意譯為億，但此處的億，並非現代所說的萬萬為億，而是指十萬、百萬或千萬等三種數字，不一定是指哪個特定數字。惟無論那由他之前，再加上八百四千萬億或八十四億的形容詞，總是極言其長期累積供養之諸佛數量之多，難以計數。奘譯中尚有俱胝一詞，為梵文 koti 的音譯，意譯亦為億。可能是因為採用的版本不同，而在譯名方面有所差異。

　　21.如來者，即諸法如義。

什譯：如來者，即諸法如義。
魏譯：言如來者，即實真如。
奘譯：言如來者，即是真實真如增語；言如來者，即是
　　　無生法性增語；言如來者，即是永斷道路增語；
　　　言如來者，即是畢竟不生增語。何以故？善現！
　　　若實無生即最勝義。

　　什譯與魏譯都只用八個字，譯出如來即是真如一句，但

奘譯前後共以六十一字詳述如來的含意,包括:真實真如、無生法性、永斷道路、畢竟不生。這四個名詞都是如來的異名,略加詮釋如下:

如諸佛從安穩道而來,故稱如來。

證無生法忍,得法性生身,而成如來。

永斷生死輪迴道路,不受後有,而稱如來。

一切法畢竟不生,既不生亦無滅,不生不滅即是如來。

而四個名詞都可以攝納為不生一詞,所以說若實無生即最勝義。

奘譯本之異於其餘五種漢譯版本,即在於為如來一詞作了詳細的註解。此外,奘譯中的「增語」一詞,包括三種意義:一、名稱。二、無對(「有對礙」的反義詞)。三、同義詞。此處是取名稱或同義詞的意思,意指如來即以上述四種修證得名,或與上述四個名詞同義。

22. 諸心皆為非心,是名為心。

什 譯:如來說諸心皆為非心,是名為心。

陳 譯:心相續住,如來說非續住,故說續住。

奘 譯:心流注、心流注者,如來說非流注,是故如來說名心流注、心流注。

魏 譯:如來說諸心住,皆為非心住,是名為心住。

義淨譯:心陀羅尼者,如來說為無持,由無持故,心遂流轉。

　　什譯的諸心，是指下文的過、現、未三世流轉之心，因
為流轉之心不可得，即是指空無自性，所以說為非心，假名
為心。

　　陳譯的心相續住、奘譯的心流注、魏譯的諸心住等，都
是指心念的流轉不住。

　　義淨採唐梵雙彰的譯法，以音譯陀羅尼作標舉，以意譯
總持與流轉兩義作後續之詮釋，以表達心念流注，念念生滅，
而無所持住，因而名為心念流轉。他特別說明，如果全部翻
為「流」，則無「持」義，反之亦然。因此須以唐梵雙彰，
才能精確呈現流與持的經義。³⁸

　　綜觀各譯本之句義，其實都能完整傳達心念流轉不實的
含意，只有什譯因比較簡潔，尚須配合下文一齊詮釋。

　　　23.於前福德百分不及一，百千萬億分，乃至算數譬喻
　　　　所不能及。

　　　什譯：須菩提！若三千大千世界中所有諸須彌山王，如
　　　　　　是等七寶聚，有人持用布施；若人以此《般若波
　　　　　　羅蜜經》，乃至四句偈等，受持、為他人說，於

---

38 若總譯為流，持理便成不現。咸為持字，流義固乃全無。作此雙兼，方
　為愜當。若譯為流，於理亦得。然含多義，不及陀羅。一處既爾，餘皆
　類知。諸存梵本者，咸有異意。此波若已經四譯、五譯。尋者當須善觀，
　不是好異，重譯意存鞠理。西國聲明，自有一名目多事，一事有多名。
　為此，陀羅一言，遂含眾義，有流，有持。理應體方俗之殊致，不得恃
　昔而膠柱。若勘舊譯，全成疎漏，無暇言其藏否。《能斷金剛般若波羅
　蜜多經論釋》卷中，T25，n1513，p881c9-12。

前福德百分不及一，百千萬億分，乃至算數譬喻
所不能及。

魏譯：須菩提！三千大千世界中，所有諸須彌山王，如
是等七寶聚，有人持用布施。若人以此《般若波
羅蜜經》，乃至四句偈等，受、持、讀誦、為他
人說。於前福德百分不及一，千分不及一，百千
萬分不及一，歌羅分不及一，數分不及一，優波
尼沙陀分不及一，乃至算數譬喻所不能及。

奘譯：復次，善現！若善男子或善女人集七寶聚，量等
三千大千世界其中所有妙高山王，持用布施。若
善男子或善女人，於此《般若波羅蜜多經》中乃
至四句伽他，受持、讀誦、究竟通利，及廣為他
宣說、開示、如理作意。善現！前說福聚於此福
聚，百分計之所不能及，如是千分、若百千分、
若俱胝百千分、若俱胝那庾多百千分、若數分、
若計分、若算分、若喻分、若鄔波尼殺曇分亦不
能及。

此段校德之經文，什譯只提及百分不及一與百千萬億分
兩種，其餘部分則以「算數譬喻所不能及」作概括性的節譯。
魏譯臚列六種數字作校量，其餘亦以「算數譬喻所不能及」
總括。只有奘譯全文照翻，共舉出十種，其中前五個為數字，
後五個以數名作校量單位。以下係參考《不壞假名論》所作

解釋：[39]

數分：以數字校量，世俗福德可以計數，持經功德則非數字可以計數。

計分：以情計校量，布施福德可以識知，持經功德則非情識所能計度。

算分：攝屬數分，皆爲以數字計算。

喻分：以譬喻校量，世間福果可以譬喻，持經功德則無喻可喻。

鄔波尼殺曇分：係梵文 upaniṣad 之音譯，代表分析至極微之數字，意謂再大的世俗福德，也比不上極細微的持經功德，可以作爲得果之因。

至於魏譯中的歌羅，是梵文 kalā 的音譯，意指百分之一的數字。[40]

24.凡夫之人、毛道凡夫生、愚夫異生

什譯：如來說有我者，則非有我，而凡夫之人以爲有我。

魏譯：如來說有我者，則非有我。而毛道凡夫生者，以

---

39 數者，謂六十位。過斯已往，數不能及。歌羅不及校計，不及者此依歌羅微細義說，謂受持福最微細性功德已多，非前所及，窮於校計，終無與等。微細尚爾，況一切耶！優波尼沙者，因也。其義云何？此少分福於最勝果即成因性，總前福聚亦不成因，不能得眞實果故。譬喻不及者，如有童女稱爲月面，女面豈能全類於月？以有光潔少分相同。彼前福聚即不如是，無少相似可爲譬喻。《金剛般若波羅蜜經破取著不壞假名論》卷下，T25，n1515，p893c3-11。

40 析人身上一毛爲百分中之一分也。《一切經音義》卷第二十二，T54，n2128，p441b20。

為有我。

陳譯：嬰兒凡夫眾生者，如來說非眾生，故說嬰兒凡夫眾生。

奘譯：我等執者，如來說為非執，故名我等執，而諸愚夫異生強有此執。

梵文的 bālapṛthagjana，羅什泛譯為凡夫之人，雖不精細，但可以自圓其說。魏譯為毛道凡夫生，則備受批評。因為梵文 bāla 與 vāla 二音相近，但 bāla 為愚蠢之義，vāla 為毛之義，pṛthagjanak 意譯為異生，因此魏譯的毛道凡夫生，常被視為錯譯，而奘譯的愚夫異生似乎比較精確。至於真諦本將 bāla 譯為嬰兒凡夫，亦取其中的愚痴無知之意。

25.發阿耨多羅三藐三菩提者，於法不說斷滅相。

什譯：發阿耨多羅三藐三菩提者，於法不說斷滅相。

陳譯：如來不說行菩薩乘人有法可滅，及以永斷。

奘譯：諸有發趣菩薩乘者，終不施設少法若壞若斷。

什譯中的發阿耨多羅三藐三菩提者，真諦譯為行菩薩乘人，奘譯為發趣菩薩乘者。如果從發菩提心即是菩薩的角度來說，則三種譯本的譯義相同。

《金剛經》強調菩薩乘的原因是，菩薩乘與凡夫及二乘的差別在於，凡夫著有，二乘偏空著無，菩薩不著有無。而經中從始至終皆說離相遮有，唯恐行者因此落於似二乘的偏

空，故須再予掃蕩，以防著空而生斷滅相。正因不著有而不住生死，不著空而不住涅槃，所以稱發心菩薩於法不說斷滅相。

真諦的譯本譯為不說有法可滅及以永斷，對於斷滅的意義表達較為清晰。

奘譯的若壞若斷，壞即是滅壞，斷意指永斷，與真諦的譯本並無出入。

> 26. 若復有人知一切法無我，得成於忍。

什譯：若復有人知一切法無我，得成於忍。
魏譯：若有菩薩知一切法無我，得無生法忍。
奘譯：若有菩薩於諸無我、無生法中獲得堪忍。

什譯中所謂的「得忍」，流支譯為「得無生法忍」，奘譯為「獲得堪忍」。三個譯本中，什譯比較簡約。流支明白譯為無生法忍，句義明確。奘譯中，如果連同上文的諸無我、無生法一齊解釋，則意義最為完整。主要理由是，依據《智論》所下的定義，無生法忍亦稱無生忍，是指「**於無生滅諸法實相中，信受、通達、無礙、不退**」。[41]其中的信受，以至不退轉，四項合觀，義同力能任持，也就是奘譯中的「堪忍」的意思。而一切法無我即是空義，是諸法實相的異名，所以力堪忍持無我、無生法，是為得無生法忍。

---

41 《大智度論》卷第五十，T25，n1509，p417c5-6。

27.一切世間天人阿脩羅等，聞佛所說，皆大歡喜，信
　　受奉行。

什　譯：佛說是經已，長老須菩提及諸比丘、比丘尼、
　　　　優婆塞、優婆夷，一切世間天、人、阿脩羅等，
　　　　聞佛所說，皆大歡喜，信受奉行。
真諦譯：爾時世尊說是經已，大德須菩提，心進歡喜，
　　　　及諸比丘、比丘尼、優婆塞、優婆夷眾，人、
　　　　天、阿修羅等，一切世間踊躍歡喜信受奉行。
隋　譯：佛說是經已，長老須菩提及諸比丘、比丘尼、
　　　　優婆塞、優婆夷、菩薩摩訶薩、一切世間天、
　　　　人、阿脩羅、乾闥婆等，聞佛所說，皆大歡喜，
　　　　信受奉行。
奘　譯：時，薄伽梵說是經已，尊者善現及諸苾芻、苾
　　　　芻尼、鄔波索迦、鄔波斯迦，并諸世間天、人、
　　　　阿素洛、健達縛等，聞薄伽梵所說經已，皆大
　　　　歡喜，信受奉行。
義淨譯：爾時，薄伽梵說是經已，具壽妙生，及諸菩薩
　　　　摩訶薩、苾芻、苾芻尼、鄔波索迦、鄔波斯迦，
　　　　一切世間天、人、阿蘇羅等，皆大歡喜，信受
　　　　奉行。

　　此段流通分的譯文，除玄奘與義淨兩本唐譯之譯名與眾
不同之外，隋譯亦另加乾闥婆。其實前文中已有天及阿脩羅
等，已足以代表天龍八部亦來會聽法，不必再加上乾闥婆一

部眾。

舊譯翻梵文 Bhikṣu、Bhikṣuṇi、Upāsaka、Upāsikā 為比丘、比丘尼、優婆塞、優婆夷等，唐譯則翻為苾芻、苾芻尼、鄔波索迦、鄔波斯迦。由於新舊兩階段的譯本皆採用音譯，雖然採用的漢字不同，但仍談不上有何者比較正確的譯名精確度問題。

至於唐譯本身，亦難免有歧異之處，例如舊譯的阿修羅，奘譯為阿素洛，義淨翻為阿蘇羅。

另奘譯中的尊者，即是具壽的異譯。

第七章 結 語

　　《金剛經》以離相無住的大乘佛教核心理論，對構成現象界的一切有為法的體性作全盤否定，堅定標舉凡所有相皆是虛妄的教說，作為大乘行者深觀般若，廣行菩薩道的不二法門。經中明示，大乘菩薩在化度眾生時，必須離一切相，否則執相度生，即非菩薩。在上求佛道時，應該聞經生信，深解無相，進而證入真如，依此得見如來，完成一期佛道的修證過程。

　　在《金剛經》經初，佛陀即昭示，菩薩度化眾生之時，應行無住布施，並以離相降心。他要求菩薩應平等度化一切眾生，但旋即遣蕩，明示滅度無量眾生之後，不可以心存絲毫有我度生的相想，一旦有我、人、眾生、壽者等四相，就稱不上是菩薩。這一點可以說是大乘菩薩的核心價值。

　　有關宣說上求佛道的範疇中，《金剛經》以多達三十六則的三句論解義，並以此句型為主軸，貫穿全經，充分呈現否定一切相想與我執的主張。而於解義的同時，串連信、行、證等三分的經義，顯示信中有解，因解生信；行中有解，解行並進；證中有解，依解得證。

　　在起發信心部分，古德早已指出，《金剛經》從經初的如是我聞開始，直至經末以應作如是觀結經，徹頭徹尾都強

調信心。經中說：「若復有人得聞是經，信心清淨，則生實相。」其中已明確表達，如果有人得以聽聞《金剛經》，透過聞、思、修的三慧，進而產生堅定不壞的信心，即能顯發實相般若。但佛陀接著以一則顯性三句論遣蕩相想，提示實相本來不可說，所以說：「是實相者，則是非相，是故如來說名實相。」但爲了讓眾生有所了解，不得不假藉文字章句而說。

在啓動修行之前，首重發心，在《金剛經》短短的五千一百多字中，提到「發阿耨多羅三藐三菩提心」一句，竟多達二十九次，可見經中極力強調發心的重要性，可謂已至苦口婆心的地步。但佛陀雖力陳應發菩提心，但又說發心無法，並鼓勵那些發阿耨多羅三藐三菩提者，應當生起離相度生之心，所以又說：「實無有法發阿耨多羅三藐三菩提者。」要求發心時也必須人、法兩空。

《金剛經》中指出：「一切諸佛，及諸佛阿耨多羅三藐三菩提法，皆從此經出。」因爲般若是佛母，所以一切諸佛以及佛菩提法都從《金剛經》流出。如此一部孕育諸佛、法的偉大經典，不但佛教徒應該受持讀誦，更必須「爲人演說」，戮力弘宣，這整個過程就是所謂的「行經」。而經中提及「爲他人說」及相關文句的次數，累計亦多達十次，足可證明佛陀高度重視爲眾生說法，因爲只有推廣佛法，眾生才能聞經解義，依教奉行，進而證得菩提。

然而，佛陀雖然鼓吹精進說法，他還是提出：「說法者，無法可說，是名說法。」的說法軌則，以一則顯性三句論句型破斥著相說法的法執，點出有爲法如幻，所以是說而無說。

至於所說的「法」，也應該心存「**法尚應捨，何況非法。**」
的原則，不沉滯於法相之中。甚至對於佛法的態度，更明示：
「**所謂佛法者，即非佛法。**」這則簡式三句論意指，因為以
俗諦說有佛與法，從第一義說，一切法畢竟空，無佛與法可
得。佛陀隨後並揭示：「**實無有法得阿耨多羅三藐三菩提。**」
不但諸佛、法畢竟空，連大菩提果也是畢竟空，不可得。如
此一來，又是更深一層的否定包括佛、法、菩提在內的一切
法的實體。或許是基於說者、聽者、所說法三者皆不可得，
所以佛陀在經中多處提及「隨說是經以及四句偈」，雖凸顯
出四句偈居於重要地位。然而，四句偈究竟是指經中的哪一
句？或是僅指少數幾句經文，佛陀在經中從不明說。

　　在信、解、行之後，佛道修行的最終階段是證果。《金
剛經》對於證果所提示的原則，也是「離相」。經中對於聲
聞、菩薩、佛的修證，全部以一個「無」字徹底否定執相可
以證果的偏見。經中說，須陀洹名為入流，而「無」所入；
斯陀含名一往來，而實「無」往來；阿那含名為不來，而實
「無」來；實「無」有法名阿羅漢；若有我相等四相，則「非」
菩薩；「離」一切諸相，則名諸佛。更明確指出，不可以身
相得見如來，只有見相非相，才能面見如來，成就佛道。

　　簡而言之，《金剛經》在信、解、行、證等四分，段段
垂示的是：起無所得正信；依二諦解無相法；發菩提心度生
而無所度；為他人說而無所說；得菩提而無所得；證道果而
無所證。然而，經義並非表示佛道的修行「什麼都沒有」，
甚至因此而流於斷滅，它所表達的是，菩薩經過上求菩提與
下化眾生的修行過程，是有佛果可證可覺，因此才會在經中，

臚列從須陀洹至如來的各層修行階位。但經中更強調，絕對不能心存「我起正信」、「我解佛說」、「我度眾生」、「我得菩提」的相想，只有離一切相，才是佛道修行的正途。

《金剛經》的另一個特殊性格是「破而不立」。佛陀在經中亢標賢聖以無爲法而有差別之後，並未說明無爲法是何種法。在經末以如是觀有爲法如夢幻泡影結經，也不說無爲法到底如何證入。經中破斥以六塵觀如來是行邪道，不能見如來，其目的顯然在於破斥一切相想，而以無住、離相作爲佛道修證的圭臬。但在一連串的否定之後，卻不說如來在何處。經末提出一合相即非一合相的論述，隨後卻又指出一合相即是不可說。凡此種種，皆展現其破而不立的性格。然而，誠如所謂的披沙若盡則金體自純，在否定一切有爲法的虛妄相狀之後，般若空慧即能自然顯發諸法實相，正如《中論》所說：「以有空義故，一切法得成。」亦如經論中常說的：「不壞假名而說實相，不動真際建立諸法。」正因爲徹底的破斥一切有爲法的實體概念，指出其無實自性、畢竟空、不可得，才能在此空義之上有眾緣和合，進而成立一切有爲法所建構的森羅現象界，這才是《金剛經》中破而不立的真義。

參考書目

一、《大正新脩大藏經》

01.《長阿含經》，T1，n1。

02.《中阿含經》，T1，n26。

03.《雜阿含經》，T2，n99。

04.《緣起經》，T2，n124。

05.《增壹阿含經》，T2，n125。

06.《大般若經・第九會能斷金剛分》，T7，n220。

07.《摩訶般若波羅蜜多經》，T8，n223。

08.《大明度經》，T8，n225。

09.《金剛般若波羅蜜經》，T8，n235。

10.《金剛般若波羅蜜經》，T8，n236。

11.《金剛般若波羅蜜經》，T8，n237。

12.《金剛能斷般若波羅蜜經》，T8，n238。

13.《佛說能斷金剛般若波羅蜜經》，T8，n239。

14.《般若波羅蜜多心經》T8，n251。

15.《妙法蓮華經》，T9，n262。

16.《大薩遮尼乾子所說經》，T9，n272。

17.《無量義經》，T9，n276。

18.《大方廣佛華嚴經》，T9，n278。

19.《大方廣佛華嚴經》，T10，n279。

20.《大寶積經》，T11，n310。

21.《佛說阿彌陀經》，T12，n366。

22.《大般涅槃經》，T12，n374。

23.《大般涅槃經》，T12，n375。

24.《維摩詰所說經》，T14，n475。

25.《思益梵天所問經》，T15，n586。

26.《坐禪三昧經》，T15，n614。

27.《佛說無常經》，T17，n801。

28.《占察善惡業報經》，T17，n839。

29.《大方廣圓覺修多羅了義經》，T17，n842。

30.《大佛頂萬行首楞嚴經》，T19，n945。

31.《優婆塞戒經》，T24，n1488。

32.《大智度論》，T25，n1509。

33.《金剛般若論》，T25，n1510a。

34.《金剛般若波羅蜜經論》，T25，n1510b。

35.《金剛般若波羅蜜經論》，T25，n1511。

36.《金剛仙論》，T25，n1512。

37.《能斷金剛般若波羅蜜多經論釋》，T25，n1513。

38.《金剛般若波羅蜜經破取著不壞假名論》，T25，n1515。

39.《十地經論》，T26，n1522。

40.《中論》，T30，n1564。

41.《菩薩地持經》，T30，n1581。

42.《中邊分別論》，T31，n1599。

43.《發菩提心經論》，T32，n1659。

44.《大乘起信論》，T32，n1666。

45.《釋摩訶衍論》，T32，n1668。

46.《金剛般若疏》，T33，n1699。

47.《金剛般若經贊述》，T33，n1700。

48.《金剛般若經疏論纂要》，T33，n1701。

49.《金剛經纂要刊定記》，T33，n1702。

50.《金剛般若波羅蜜經註解》，T33，n1703。

51.《般若波羅蜜多心經幽贊》，T33，n1710。

52.《般若波羅蜜多心經略疏》，T33，n1712。

53.《妙法蓮華經玄義》，T33，n1716。

54.《法華文句》，T34，n1718。

55.《法華義疏》，T34，n1721。

56.《妙法蓮華經玄贊》，T34，n1723。

57.《華嚴經探玄記》，T35，n1733。

58.《大方廣佛華嚴經疏》，T35，n1735。

59.《大方廣佛華嚴經隨疏演義鈔》，T36，n1736。

60.《注維摩詰經》，T38，n1775。

61.《維摩義記》，T38，n1776。

62.《金剛般若論會釋卷》，T40，n1816。

63.《中觀論疏》，T42，n1824。

64.《起信論疏筆削記》，T44，n1848。

65.《大乘義章》，T44，n1851。

66.《肇論》，T45，n1858。

67.《止觀大意》，T46，n1914。

68.《釋禪波羅蜜次第法門》，T46，n1916。

69.《法界次第初門》，T46，n1925。

70.《法華經安樂行義》，T46，n1926。

71.《六祖大師法寶壇經》，T48，n2008。

72.《信心銘》，T48，n2010。

73.《永嘉證道歌》，T48，n2014。

74.《宗鏡錄》，T48，n2016。

75.《大唐大慈恩寺三藏法師傳》，T50，n2053。

76.《景德傳燈錄》，T51，n2076。

77.《南海寄歸內法傳》，T54，n2125。

78.《一切經音義》，T54，n2128。

79.《開元釋教錄》，T55，n2154。

二、卍新纂續藏經

01.《金剛般若波羅蜜經注》，X24，n454。

02.《金剛經註疏》，X24，n456。

03.《金剛經解義》，X24，n459。

04.《金剛經註》，X24，n461。

05.《金剛經會解》，X24，n462。

06.《金剛般若波羅蜜經采微》，X24，n464。

07.《銷釋金剛科儀會要註解》，X24，n467。

08.《金剛經註解》，X24，n468。

09.《金剛經宗通》，X25，n471。

10.《金剛經鎞》，X25，n475。

11.《金剛經正眼》，X25，n477。

12.《金剛經筆記》，X25，n478。

13.《金剛般若波羅蜜經破空論》，X25，n479。

14.《金剛經大意》，X25，n484。

15.《金剛經如是解》，X25，n485。

16.《金剛經郢說》，X25，n488。

17.《金剛經疏記科會》，X25，n491。

18.《金剛經直說》，X25，n496。

19.《金剛經石注》，X25，n497。

20.《金剛經心印疏》，X25，n505。

21.《金剛經解義》，X25，n509。

22.《金剛經易解》，X25，n510。

23.《祖庭事苑》，X64，n1261。

24.《善慧大士錄》，X69，n1335。

三、近代著作

01. 印順著，《空之探究》，新竹：正聞，2000。

02. 印順著，《般若經講記》，台灣・正聞，2003。

03. 印順著，《初期大乘佛教之起源與開展》，新竹：正聞，2003。

04. 印順著，《中觀論頌講記》，新竹：正聞，2004。

05. 瓦鄧伯葛著，《宗教學入門》，台北：東大，2003。

06. 呂澂著，《佛典泛論》，台北：新文豐，1993。

07. 梶山雄一著，吳汝鈞譯，《龍樹與中後期中觀學》，台北：文津，2000。

08.湯用彤著，《隋唐佛教史稿》，台北：佛光，2001。

09.蘇公望著，〈真諦三藏譯述考〉，《佛典翻譯史論》，台北：大乘，1981。

四、論文學報

01. 楊惠南，〈金剛經的詮釋與流傳〉，《中華佛學學報》第十四期，2001。

02. 葉宣模，〈舊譯漢傳佛教論典翻譯品質諍論之研究〉，佛光大學碩士論文，2009。

附錄：

金剛般若波羅蜜經

── 姚秦三藏法師鳩摩羅什譯

　　如是我聞。一時，佛在舍衛國祇樹給孤獨園，與大比丘眾千二百五十人俱。爾時，世尊食時，著衣持鉢，入舍衛大城乞食。於其城中，次第乞已，還至本處。飯食訖，收衣鉢，洗足已，敷座而坐。」

　　時，長老須菩提在大眾中即從座起，偏袒右肩，右膝著地，合掌恭敬而白佛言：「希有！世尊！如來善護念諸菩薩，善付囑諸菩薩。世尊！善男子、善女人，發阿耨多羅三藐三菩提心，應云何住？云何降伏其心？」

　　佛言：「善哉，善哉。須菩提！如汝所說：如來善護念諸菩薩，善付囑諸菩薩，汝今諦聽！當為汝說：善男子、善女人，發阿耨多羅三藐三菩提心，應如是住，如是降伏其心。」

　　「唯然。世尊！願樂欲聞。」

　　佛告須菩提：「諸菩薩摩訶薩應如是降伏其心！所有一切眾生之類：若卵生、若胎生、若濕生、若化生；若有色、若無色；若有想、若無想、若非有想非無想，我皆令入無餘涅槃而滅度之。如是滅度無量無數無邊眾生，實無眾生得滅度者。何以故？須菩提！若菩薩有我相、人相、眾生相、壽

者相，即非菩薩。」

「復次，須菩提！菩薩於法，應無所住，行於布施，所謂不住色布施，不住聲香味觸法布施。須菩提！菩薩應如是布施，不住於相。何以故？若菩薩不住相布施，其福德不可思量。」

「須菩提！於意云何？東方虛空可思量不？」

「不也，世尊！」

「須菩提！南西北方四維上下虛空可思量不？」

「不也，世尊！」

「須菩提！菩薩無住相布施，福德亦復如是不可思量。須菩提！菩薩但應如所教住。」

「須菩提！於意云何？可以身相見如來不？」

「不也，世尊！不可以身相得見如來。何以故？如來所說身相，即非身相。」

佛告須菩提：「凡所有相，皆是虛妄。若見諸相非相，則見如來。」

須菩提白佛言：「世尊！頗有眾生，得聞如是言說章句，生實信不？」

佛告須菩提：「莫作是說。如來滅後，後五百歲，有持戒修福者，於此章句能生信心，以此為實，當知是人不於一佛二佛三四五佛而種善根，已於無量千萬佛所種諸善根。聞是章句，乃至一念生淨信者，須菩提！如來悉知悉見，是諸眾生得如是無量福德。何以故？是諸眾生無復我相、人相、眾生相、壽者相。」

「無法相，亦無非法相。何以故？是諸眾生若心取相，

則爲著我人眾生壽者。」

「若取法相，即著我人眾生壽者。何以故？若取非法相，即著我人眾生壽者，是故不應取法，不應取非法。以是義故，如來常說：汝等比丘，知我說法，如筏喻者，法尙應捨，何況非法。」

「須菩提！於意云何？如來得阿耨多羅三藐三菩提耶？如來有所說法耶？」

須菩提言：「如我解佛所說義，無有定法名阿耨多羅三藐三菩提，亦無有定法，如來可說。何以故？如來所說法，皆不可取、不可說、非法、非非法。所以者何？一切賢聖，皆以無爲法而有差別。」

「須菩提！於意云何？若人滿三千大千世界七寶以用布施，是人所得福德，寧爲多不？」

須菩提言：「甚多，世尊！何以故？是福德即非福德性，是故如來說福德多。」

「若復有人，於此經中受持，乃至四句偈等，爲他人說，其福勝彼。何以故？須菩提！一切諸佛，及諸佛阿耨多羅三藐三菩提法，皆從此經出。須菩提！所謂佛法者，即非佛法。」

「須菩提！於意云何？須陀洹能作是念：『我得須陀洹果』不？」

須菩提言：「不也，世尊！何以故？須陀洹名爲入流，而無所入，不入色聲香味觸法，是名須陀洹。」

「須菩提！於意云何？斯陀含能作是念：『我得斯陀含果』不？」

須菩提言：「不也，世尊！何以故？斯陀含名一往來，

而實無往來，是名斯陀含。」

「須菩提！於意云何？阿那含能作是念：『我得阿那含果』不？」

須菩提言：「不也，世尊！何以故？阿那含名爲不來，而實無來，是故名阿那含。」

「須菩提！於意云何？阿羅漢能作是念：『我得阿羅漢道』不？」

須菩提言：「不也，世尊！何以故？實無有法名阿羅漢。世尊！若阿羅漢作是念：『我得阿羅漢道』，即爲著我人眾生壽者。世尊！佛說我得無諍三昧，人中最爲第一，是第一離欲阿羅漢。我不作是念：『我是離欲阿羅漢』。世尊！我若作是念：『我得阿羅漢道』，世尊則不說須菩提是樂阿蘭那行者！以須菩提實無所行，而名須菩提是樂阿蘭那行。」

佛告須菩提：「於意云何？如來昔在然燈佛所，於法有所得不？」

「世尊！如來在然燈佛所，於法實無所得。」

「須菩提！於意云何？菩薩莊嚴佛土不？」

「不也，世尊！何以故？莊嚴佛土者，則非莊嚴，是名莊嚴。」

「是故須菩提，諸菩薩摩訶薩應如是生清淨心，不應住色生心，不應住聲香味觸法生心，應無所住而生其心。」

「須菩提！譬如有人，身如須彌山王，於意云何？是身爲大不？」

須菩提言：「甚大，世尊！何以故？佛說非身，是名大身。」

「須菩提！如恒河中所有沙數，如是沙等恒河，於意云何？是諸恒河沙寧爲多不？」

須菩提言：「甚多，世尊！但諸恒河尙多無數，何況其沙！」

「須菩提！我今實言告汝：若有善男子、善女人，以七寶滿爾所恒河沙數三千大千世界，以用布施，得福多不？」

須菩提言：「甚多，世尊！」

佛告須菩提：「若善男子、善女人，於此經中，乃至受持四句偈等，爲他人說，而此福德勝前福德。復次，須菩提！隨說是經，乃至四句偈等，當知此處，一切世間、天、人、阿修羅，皆應供養，如佛塔廟，何況有人盡能受持讀誦。須菩提！當知是人成就最上第一希有之法。若是經典所在之處，則爲有佛，若尊重弟子。」

爾時，須菩提白佛言：「世尊！當何名此經？我等云何奉持？」

佛告須菩提：「是經名爲《金剛般若波羅蜜》，以是名字，汝當奉持。所以者何？須菩提！佛說般若波羅蜜，則非般若波羅蜜。須菩提！於意云何？如來有所說法不？」

須菩提白佛言：「世尊！如來無所說。」

「須菩提！於意云何？三千大千世界所有微塵是爲多不？」

須菩提言：「甚多，世尊！」

「須菩提！諸微塵，如來說非微塵，是名微塵。如來說：世界，非世界，是名世界。」

「須菩提！於意云何？可以三十二相見如來不？」

「不也，世尊！何以故？如來說：三十二相，即是非相，是名三十二相。」

「須菩提！若有善男子、善女人，以恒河沙等身命布施；若復有人，於此經中，乃至受持四句偈等，爲他人說，其福甚多！」

爾時，須菩提聞說是經，深解義趣，涕淚悲泣，而白佛言：「希有，世尊！佛說如是甚深經典，我從昔來所得慧眼，未曾得聞如是之經。世尊！若復有人得聞是經，信心清淨，則生實相，當知是人，成就第一希有功德。世尊！是實相者，則是非相，是故如來說名實相。世尊！我今得聞如是經典，信解受持不足爲難，若當來世，後五百歲，其有眾生，得聞是經，信解受持，是人則爲第一希有。何以故？此人無我相、人相、眾生相、壽者相。所以者何？我相即是非相，人相、眾生相、壽者相即是非相。何以故？離一切諸相，則名諸佛。」

佛告須菩提：「如是！如是！若復有人，得聞是經，不驚、不怖、不畏，當知是人甚爲希有。何以故？須菩提！如來說：第一波羅蜜，非第一波羅蜜，是名第一波羅蜜。須菩提！忍辱波羅蜜，如來說非忍辱波羅蜜。何以故？須菩提！如我昔爲歌利王割截身體，我於爾時，無我相、無人相、無眾生相、無壽者相。何以故？我於往昔節節支解時，若有我相、人相、眾生相、壽者相，應生瞋恨。須菩提！又念過去於五百世作忍辱仙人，於爾所世，無我相、無人相、無眾生相、無壽者相。是故須菩提！菩薩應離一切相，發阿耨多羅三藐三菩提心，不應住色生心，不應住聲香味觸法生心，應生無所住心。若心有住，則爲非住。」

「是故佛說：菩薩心不應住色布施。須菩提！菩薩為利益一切眾生，應如是布施。如來說：一切諸相，即是非相。又說：一切眾生，則非眾生。須菩提！如來是真語者、實語者、如語者、不誑語者、不異語者。」

「須菩提！如來所得法，此法無實無虛。須菩提！若菩薩心住於法而行布施，如人入暗，則無所見；若菩薩心不住法而行布施，如人有目，日光明照，見種種色。」

「須菩提！當來之世，若有善男子、善女人，能於此經受持讀誦，則為如來以佛智慧，悉知是人，悉見是人，皆得成就無量無邊功德。」

「須菩提！若有善男子、善女人，初日分以恒河沙等身布施，中日分復以恒河沙等身布施，後日分亦以恒河沙等身布施，如是無量百千萬億劫以身布施；若復有人，聞此經典，信心不逆，其福勝彼，何況書寫、受持、讀誦、為人解說。」

「須菩提！以要言之，是經有不可思議、不可稱量、無邊功德。如來為發大乘者說，為發最上乘者說。若有人能受持讀誦，廣為人說，如來悉知是人，悉見是人，皆成就不可量、不可稱、無有邊、不可思議功德，如是人等，則為荷擔如來阿耨多羅三藐三菩提。何以故？須菩提！若樂小法者，著我見、人見、眾生見、壽者見，則於此經，不能聽受讀誦、為人解說。」

「須菩提！在在處處，若有此經，一切世間、天、人、阿修羅，所應供養；當知此處，則為是塔，皆應恭敬，作禮圍遶，以諸華香而散其處。

「復次，須菩提！善男子、善女人，受持讀誦此經，若

為人輕賤，是人先世罪業，應墮惡道，以今世人輕賤故，先世罪業則為消滅，當得阿耨多羅三藐三菩提。」

「須菩提！我念過去無量阿僧祇劫，於然燈佛前，得值八百四千萬億那由他諸佛，悉皆供養承事，無空過者；若復有人，於後末世，能受持讀誦此經，所得功德，於我所供養諸佛功德，百分不及一，千萬億分、乃至算數譬喻所不能及。

「須菩提！若善男子、善女人，於後末世，有受持讀誦此經，所得功德，我若具說者，或有人聞，心則狂亂，狐疑不信。須菩提！當知是經義不可思議，果報亦不可思議。」

爾時，須菩提白佛言：「世尊！善男子、善女人，發阿耨多羅三藐三菩提心，云何應住？云何降伏其心？」

佛告須菩提：「善男子、善女人，發阿耨多羅三藐三菩提者，當生如是心，我應滅度一切眾生。滅度一切眾生已，而無有一眾生實滅度者。何以故？若菩薩有我相、人相、眾生相、壽者相，則非菩薩。所以者何？須菩提！實無有法發阿耨多羅三藐三菩提者。」

「須菩提！於意云何？如來於然燈佛所，有法得阿耨多羅三藐三菩提不？」

「不也，世尊！如我解佛所說義，佛於然燈佛所，無有法得阿耨多羅三藐三菩提。」

佛言：「如是，如是。須菩提！實無有法如來得阿耨多羅三藐三菩提。須菩提！若有法如來得阿耨多羅三藐三菩提，然燈佛則不與我授記：『汝於來世，當得作佛，號釋迦牟尼。』以實無有法得阿耨多羅三藐三菩提，是故然燈佛與我授記，作是言：『汝於來世，當得作佛，號釋迦牟尼。』

何以故？如來者，即諸法如義。」

「若有人言：如來得阿耨多羅三藐三菩提。須菩提！實無有法，佛得阿耨多羅三藐三菩提。須菩提！如來所得阿耨多羅三藐三菩提，於是中無實無虛。是故如來說：一切法皆是佛法。須菩提！所言一切法者，即非一切法，是故名一切法。

「須菩提！譬如人身長大。」

須菩提言：「世尊！如來說：人身長大，則為非大身，是名大身。」

「須菩提！菩薩亦如是。若作是言：『我當滅度無量眾生』，則不名菩薩。何以故？須菩提！無有法名為菩薩。是故佛說：一切法無我、無人、無眾生、無壽者。須菩提！若菩薩作是言：『我當莊嚴佛土』，是不名菩薩。何以故？如來說：莊嚴佛土者，即非莊嚴，是名莊嚴。須菩提！若菩薩通達無我、法者，如來說名真是菩薩。」

「須菩提！於意云何？如來有肉眼不？」

「如是，世尊！如來有肉眼。」

「須菩提！於意云何？如來有天眼不？」

「如是，世尊！如來有天眼。」

「須菩提！於意云何？如來有慧眼不？」

「如是，世尊！如來有慧眼。」

「須菩提！於意云何？如來有法眼不？」

「如是，世尊！如來有法眼。」

「須菩提！於意云何？如來有佛眼不？」

「如是，世尊！如來有佛眼。」

「須菩提！於意云何？恒河中所有沙，佛說是沙不？」

「如是，世尊！如來說是沙。」

「須菩提！於意云何？如一恒河中所有沙，有如是等恒河，是諸恒河所有沙數，佛世界如是，寧爲多不？」

「甚多，世尊！」

佛告須菩提：「爾所國土中，所有眾生，若干種心，如來悉知。何以故？如來說：諸心皆爲非心，是名爲心。所以者何？須菩提！過去心不可得，現在心不可得，未來心不可得。」

「須菩提！於意云何？若有人滿三千大千世界七寶以用布施，是人以是因緣，得福多不？」

「如是，世尊！此人以是因緣，得福甚多。」

「須菩提！若福德有實，如來不說得福德多；以福德無故，如來說得福德多。」

「須菩提！於意云何？佛可以具足色身見不？」

「不也，世尊！如來不應以色身見。何以故？如來說：具足色身，即非具足色身，是名具足色身。」

「須菩提！於意云何？如來可以具足諸相見不？」

「不也，世尊！如來不應以具足諸相見。何以故？如來說：諸相具足，即非具足，是名諸相具足。」

「須菩提！汝勿謂如來作是念：『我當有所說法。』莫作是念，何以故？若人言：如來有所說法，即爲謗佛，不能解我所說故。須菩提！說法者，無法可說，是名說法。」

爾時，慧命須菩提白佛言：「世尊！頗有眾生，於未來世，聞說是法，生信心不？」

佛言：「須菩提！彼非眾生，非不眾生。何以故？須菩提！眾生眾生者，如來說非眾生，是名眾生。」

須菩提白佛言：「世尊！佛得阿耨多羅三藐三菩提，為無所得耶？」

「如是，如是。須菩提！我於阿耨多羅三藐三菩提乃至無有少法可得，是名阿耨多羅三藐三菩提。」

「復次，須菩提！是法平等，無有高下，是名阿耨多羅三藐三菩提；以無我、無人、無眾生、無壽者，修一切善法，則得阿耨多羅三藐三菩提。須菩提！所言善法者，如來說非善法，是名善法。」

「須菩提！若三千大千世界中所有諸須彌山王，如是等七寶聚，有人持用布施；若人以此《般若波羅蜜經》，乃至四句偈等，受持、為他人說，於前福德百分不及一，百千萬億分，乃至算數譬喻所不能及。」

「須菩提！於意云何？汝等勿謂如來作是念：『我當度眾生。』須菩提！莫作是念。何以故？實無有眾生如來度者，若有眾生如來度者，如來則有我人眾生壽者。須菩提！如來說：『有我者，則非有我，而凡夫之人以為有我。』須菩提！凡夫者，如來說則非凡夫。」

「須菩提！於意云何？可以三十二相觀如來不？」

須菩提言：「如是！如是！以三十二相觀如來。」

佛言：「須菩提！若以三十二相觀如來者，轉輪聖王則是如來。」

須菩提白佛言：「世尊！如我解佛所說義，不應以三十二相觀如來。」

爾時，世尊而說偈言：

「若以色見我，以音聲求我，是人行邪道，不能見如來。」

「須菩提！汝若作是念：『如來不以具足相故，得阿耨多羅三藐三菩提。』須菩提！莫作是念：『如來不以具足相故，得阿耨多羅三藐三菩提。』」

「須菩提！汝若作是念，發阿耨多羅三藐三菩提者，說諸法斷滅。莫作是念！何以故？發阿耨多羅三藐三菩提者，於法不說斷滅相。」

「須菩提！若菩薩以滿恒河沙等世界七寶布施；若復有人知一切法無我，得成於忍，此菩薩勝前菩薩所得功德。須菩提！以諸菩薩不受福德故。」

須菩提白佛言：「世尊！云何菩薩不受福德？」

「須菩提！菩薩所作福德，不應貪著，是故說不受福德。」

「須菩提！若有人言：如來若來若去、若坐若臥，是人不解我所說義。何以故？如來者，無所從來，亦無所去，故名如來。」

「須菩提！若善男子、善女人，以三千大千世界碎為微塵，於意云何？是微塵眾寧為多不？」

「甚多，世尊！何以故？若是微塵眾實有者，佛則不說是微塵眾，所以者何？佛說：微塵眾，則非微塵眾，是名微塵眾。世尊！如來所說三千大千世界，則非世界，是名世界。何以故？若世界實有，則是一合相。如來說：一合相，則非一合相，是名一合相。」

「須菩提！一合相者，則是不可說，但凡夫之人貪著其事。」

「須菩提！若人言：佛說我見、人見、眾生見、壽者見。須菩提！於意云何？是人解我所說義不？」

「世尊！是人不解如來所說義。何以故？世尊說：我見、人見、眾生見、壽者見，即非我見、人見、眾生見、壽者見，是名我見、人見、眾生見、壽者見。」

「須菩提！發阿耨多羅三藐三菩提心者，於一切法，應如是知，如是見，如是信解，不生法相。須菩提！所言法相者，如來說即非法相，是名法相。」

「須菩提！若有人以滿無量阿僧祇世界七寶持用布施，若有善男子、善女人，發菩薩心者，持於此經，乃至四句偈等，受持讀誦，爲人演說，其福勝彼。云何爲人演說，不取於相，如如不動。何以故？」

「一切有爲法，如夢幻泡影，如露亦如電，應作如是觀。」

佛說是經已，長老須菩提及諸比丘、比丘尼、優婆塞、優婆夷、一切世間、天、人、阿修羅，聞佛所說，皆大歡喜，信受奉行。